Heidi Christa Heim

Lebensfeste märchenhaft feiern

Geburtstag, Hochzeit, Taufe …

Märchen, Rituale, Naturbegegnung, Spiele und Tanz
mit zahlreichen kreativen Festprogrammen

Verlag Via Nova

Heidi Christa Heim

Lebensfeste märchenhaft feiern

Geburtstag, Hochzeit, Taufe …

Märchen, Rituale, Naturbegegnung, Spiele und Tanz
mit zahlreichen kreativen Festprogrammen

Mit Fotos von Klaus Heim
und Gedichten von Sigrid Schreiter

vianova
Verlag Via Nova

1. Auflage 2005

Verlag Via Nova, Alte Landstraße 12, 36100 Petersberg

Telefon: (06 61) 6 29 73

Fax: (06 61) 9 67 95 60

E-Mail: info@verlag-vianova.de

Internet:

www.verlag-vianova.de

www.transpersonal.com

Umschlag: Marketing Design Service GmbH, Hamburg

Satz: typo-service kliem, 97647 Neustädtles

Druck und Verarbeitung: Rindt-Druck, 36037 Fulda

ISBN 3-936486-81-6

Inhaltsverzeichnis

Einführung

Plädoyer für eine neue Festkultur

Eine wachsende Zahl von Menschen kann mit Festen herkömmlicher Art nichts mehr anfangen: Das ist verständlich, denn Feste, bei denen nur gegessen, getrunken und geredet wird, sind flach und eintönig. Oft haben sie nicht einmal Erholungswert. Sie führen nicht über das Alltägliche hinaus und lassen auch keine festliche Gemeinschaft entstehen. An die Stelle echter Festfreude tritt die oft künstlich erzeugte „Stimmung". Die Bewirtung ist zwar meist ausgezeichnet, doch Seele und Geist bleiben dabei hungrig und die Sehnsucht nach echten Festen ungestillt. Letztlich sind diese Konsumfeste noch geprägt von einem veralteten Weltbild, in dem Materie und Mensch mechanistisch und eindimensional betrachtet werden. Dies führt auf die Festkultur bezogen zu der irrigen Annahme, dass mit einer guten Bewirtung alle festlichen Bedürfnisse des Menschen abgedeckt seien.

Nun wachsen erfreulicherweise aber seit einigen Jahren hier und dort schon zarte Pflänzchen einer neuen Festkultur, die für die Menschen in unserer Zeit stimmiger ist. Es werden etwa jahreszeitliche Rituale gefeiert, und einzelne Menschen versuchen, neue Formen für die Feste des Kirchenjahres zu finden. Frauen wie Luisa Francia, Barbara G. Walker, Diane von Weltzien, Anna Dinkelmann, Zsuzsanna Budapest und andere haben aus den Festen und Ritualen früherer Kulturen neue Frauenfeste entwickelt. Ich selbst habe, als meinen Beitrag zu einer neuen Festkultur, die in diesem Buch beschriebenen thematischen *Lebensfeste* entwickelt, anfangs gemeinsam mit meinem früheren Mann. Wir haben sie mit unseren Freundinnen und Freunden gefeiert – und durch jedes dieser Feste wurden wir bereichert, gestärkt und verwandelt. Auch hat sich unsere Beziehung zu den Vögeln, Bäumen, Edelsteinen und anderen Wesen und Dingen des jeweiligen Festthemas dauerhaft verändert.

Immer mehr Menschen sind heute auf der Suche nach neuen, echten Festen und Ritualen. Sie suchen besonders für die Übergänge ihres Lebens, beispielsweise für Geburtstag, Hochzeit, Taufe und Beerdigung, neue Festformen. Die Schöpfungsmythen der Völker können dabei hilfreiche Wegweiser sein, denn sie erzählen, wie das Fest ursprünglich gemeint war. Es wurde den ersten Menschen als eine kostbare göttliche Gabe geschenkt, als Gegenpol zu Arbeit und Alltag sowie als Möglichkeit, sich in Freude und Ekstase für Göttliches zu öffnen. Echte Feste verbinden die Menschen mit Himmel und Erde. Alle Festmythen drücken in ihrer jeweiligen Bildersprache aus, dass es ein Urbedürfnis des Menschen ist, Feste und Rituale zu feiern, sich grenzenlos zu verströmen und eins mit dem All zu werden. Sie zeigen aber auch Möglichkeiten auf, wie beim Feiern die eigene Individualität bewahrt und entwickelt werden kann. Bei keiner dieser Geschichten sind Essen und Trinken das Wichtigste. Im Mittelpunkt stehen ganzheitliches Erleben und gemeinsames Tun (damit sind auch kontemplative Festelemente gemeint).

Dies soll an vier Beispielen erläutert werden, die uns Anregungen für unsere heutigen Feste und Rituale geben können: Im biblischen Schöpfungsbericht zeigt Gott den Menschen, wie das erste Fest, der Sabbat, gefeiert werden kann: Gott betrachtet das Geschaffene, freut sich darüber und ruht nach getaner Arbeit. Hier sind also Rückschau, Freude und Kontemplation wichtig.

Die Mythe der Blackfoot-Indianer „Sternenjunge und Sonnentanz"[1] schildert, wie ein junger Mann vom Sonnenmann in die Geheimnisse des Sonnentanzes eingeweiht wird und wie er danach die Menschen lehrt, durch Tanz und Ekstase eine Verbindung zu kosmischen Wesen und Ordnungen zu schaffen.

Platon hebt beim altgriechischen Festverständnis besonders die unsichtbaren Festbegleiter hervor:

Die Götter aber, sich erbarmend über der Menschen zur Arbeit geborenes Geschlecht, haben ihnen, zur Erquickung in der Mühsal, die wiederkehrenden Götterfeiern gesetzt und ihnen zu Festgenossen die Musen und den Musenführer Apollon und den Dionysos gegeben, auf dass sie, sich nähernd im festlichen Umgang mit den Göttern, wieder Geradheit empfingen und Richte.[2]

Eine Aufzählung der Künste, die durch die neun Musen personifiziert wurden, zeigt, welche vielseitigen Festelemente das antike Griechenland kannte: Musik, Geschichtswissenschaft, Komödie, Tragödie, Tanz, Liebeslyrik, Lyraspiel, Astronomie und Epos. – Die Inuitmythe „Wie die Heilige Gabe des Festes zu den Menschen kam“[3] erzählt von der göttlichen Adlermutter, die das freud- weil festlose Dasein der ersten Menschen durch das Fest verwandelt. Das Fest der Adlerfrau enthält apollinische Elemente: Musik und Poesie, Fantasie und Kreativität, Stille, Kontemplation und den erfüllten Augenblick. Ihre dionysischen Festelemente sind: viel Essen, Lärm und Gelächter, ekstatischer Tanz und eine lange Festnacht im großen Festhaus als Kontrast zum Alltagsleben. Die Adlerfrau lehrt die Menschen aber zusätzlich noch etwas Neues: ihre Verbundenheit mit allen Wesen der Schöpfung und gleichzeitig mit der numinosen Dimension der Göttlichen Mutter. In der Geschichte wird dies dadurch ausgedrückt, dass Tiere „mit ihrem leichteren Sinn“ die Festgäste der Menschen sind und dass auch die alte Adlermutter verwandelt wird. „Denn wenn die Menschen Feste feiern, werden alle alten Adler wieder jung.“

Die Feste der Adlerfrau decken sich erstaunlicherweise mit weiten Teilen des modernen wissenschaftlichen Weltbildes, „welches das Universum als ein unendlich einheitliches Gewebe aus gegenseitigen Beziehungen darstellt und alle Grenzen als letztlich willkürlich und überwindbar betrachtet“[4]. Sie entsprechen auch dem Menschenbild moderner Psychologie. Der Mensch ist, wie Huizinga ihn nennt, ein „homo ludens“, und nach Harvey Cox ein „homo phantasiae“ und ein „homo festivus“. Er ist also ein Wesen, das gern tanzt, spielt, Geschichten erzählt, Kreatives gestaltet und in Freude und Ekstase feiert. Nicht zuletzt hat und sucht er dadurch Zugang zu transpersonalen und spirituellen Dimensionen. Die Humanistische Psychologie hat sich diesem Themenkreis besonders zugewandt. Abraham Maslow beschreibt Augenblicke höchster Freude, größter Glückseligkeit, tiefster Erfüllung und nennt sie Gipfelerfahrungen. Diese „peak-experiences“ können bei jedem Menschen auftauchen; sie haben verwandelnde Kraft und tragen zur Sinnerneuerung des Lebens bei. Auch Grof beschreibt die Ekstase als eine Möglichkeit des Menschen, sich zu transzendieren:

Der Mensch besitzt eine eigentümliche Doppelnatur, die etwa der Dichotomie von Teilchen und Welle ähnelt, wie sie beim Licht und bei der subatomaren Materie zu finden ist. In manchen Situationen lassen sich Menschen mit Erfolg als einzelne materielle Objekte und biologische Maschinen beschreiben, in anderen hingegen zeigen sie Merkmale von weit ausgedehnten Bewusstseinsfeldern, die die Grenzen von Raum, Zeit und linearer Kausalität überschreiten können.[5]

Diese Doppelnatur will bei der Gestaltung von Festen berücksichtigt werden. Sie ist eigentlich nur eine Wiederentdeckung, denn sie war bei den bereits beschriebenen Festen ebenso bekannt wie bei den Festen der archaischen und mystischen Traditionen. Jene Feste öffneten den Menschen den Weg zu dem, was Maslow heute „Gipfelerfahrung" und Grof „Transpersonale Erfahrung" nennt.

Sie selbst haben sicher auch schon eigene Erfahrungen in dieser Richtung gemacht. Sie hatten etwa beglückende Naturbegegnungen, bewegende, archetypische Träume und tiefgehende Erlebnisse in Kursen und Seminaren. Oder Sie feierten jahreszeitliche Rituale, bei denen Sie zum Einklang mit dem Kosmos finden und sich neu an den universellen Kraftstrom anschließen konnten. Alle diese Erfahrungen sind aber nur schwer in den Alltag mit seinen Leistungs- und Rollenzwängen zu integrieren. Auch bei herkömmlichen Festen ist das undenkbar. Die hier beschriebenen thematischen Regenbogenfeste können dagegen ein guter Nährboden für solche Erfahrungen sein. Wie ein Regenbogen viele Farben hat, so enthalten auch die Regenbogenfeste eine bunte Palette folgender Festelemente:

FESTELEMENTE

- Tanz und Musik
- Märchen und Mythen
- Spiele und Rollenspiele
- Kunst und Poesie
- Naturbegegnung in der Stille
- Sinnesfreuden und andere Sinneserfahrungen
- Kreatives Gestalten
- Fantasiereisen und Stille
- Improvisieren mit Stimme und Instrumenten
- Erzählen von Erlebnissen und kreativen Geschichten
- Essen und Trinken

Selbstverständlich müssen nicht alle Elemente bei jedem Fest vertreten sein: Vor allem, wenn Sie zum ersten Mal ein solches Regenbogenfest wagen, genügen drei bis vier Elemente völlig. Wichtig ist aber, dass Sie mit Ihren Gästen etwas *gemeinsam gestalten* und dass auch Raum für Muße und Unvorhergesehenes bleibt.

Lebensübergänge individuell feiern

Das Fazit meiner persönlichen Erfahrung in Form vieler Festseminare und der Nachfrage nach Festprogrammen ist: Die Menschen wollen nicht irgendein Thema irgendwann im Jahr feiern. Sie wollen vor allem ihren Geburtstag auf neue Weise feiern. Ferner brauchen sie Anregungen für Rituale zu Hochzeit und Taufe, zum Abschied vor einem Umzug oder zur Beerdigung. Kurz gesagt, sie wollen die Übergänge ihres Lebens feiern. Viele wollen heute bewusst mit einem Fest über die Schwellen und durch die Tore ihres Lebensweges gehen. Dieses Buch möchte dabei Rückenstärkung und Anregungen geben. Hier sei nun der Lebensübergang des Geburtstags ausführlich betrachtet, ist er doch für viele Menschen das wichtigste Fest und oft das einzige, das sie feiern. Vieles davon gilt entsprechend auch für Taufe, Hochzeit, Umzug und Beerdigung. Ich beschränke mich deshalb bei Aussagen über Sinn und Bedeutung dieser Feste auf kurze Hinweise vor den jeweiligen Festprogrammen.

Menschen begehen ihren Geburtstag auf unterschiedliche Weise, manche feiern ihn überhaupt nicht. Dennoch gibt es viele gute Gründe, gemeinsam mit vertrauten Menschen und mit einem Fest über die Schwelle eines neuen Lebensjahres zu gehen. Der erste Grund zum Feiern ist unsere Geburt selbst: dass neues Leben entstanden, dass in der Gebärmutter ein neuer Mensch herangewachsen ist. Bei der Geburt wird die bisherige symbiotische Einheit von Mutter und Kind durchtrennt, das Kind wird ein eigenständiges Wesen. Der Geburtsvorgang ist für beide schwierig. Grof schreibt dazu:

Auf jeden Fall geht aus der Aktivierung des Geburtserlebnisses im Rahmen von Selbsterfahrungstherapien deutlich hervor, dass der Geburtsvorgang innerlich als Feuerprobe, als wahrhafte Reise des Helden erlebt und interpretiert wird, die mit extremen Anstrengungen und Kämpfen verbunden ist. Das Geburtserlebnis hat also psychisch die Funktion eines Prototyps für alle künftigen Situationen, in denen man auf eine schwere Probe gestellt wird.[6]

Die Volksmärchen, insbesondere die Zaubermärchen, erzählen von ähnlich anstrengenden Fahrten und Abenteuern sowie von ihrem glücklichen Ausgang. Deshalb gehören Märchen in besonderer Weise zu einem Lebensübergang.

Die Geburt ist die „Sternstunde“ eines jeden Menschen. Erfahrene Hebammen und Astrologen meinen, dass das Kind den Zeitpunkt seiner Geburt – und damit seine Lebensthemen und -ziele – selbst bestimmt, wenn man den Dingen ihren Lauf lassen kann. Der Geburtstag kann ein Anlass sein, wieder einmal den roten Faden des eigenen Schicksals zu suchen und sich zu fragen: Was ist eigentlich aus meinen Geburtsimpulsen geworden? Wie möchte ich sie im neuen Jahr leben? Was will jetzt geboren werden?

Eng mit dem Rückblick auf die Geburt ist die Freude an der eigenen Existenz und an dem wunderbaren Netzwerk dieser Schöpfung verbunden. Ich bejahe also mich selbst und die Welt, obwohl es auch viele Schatten gibt. In diesem Sinne sind alle Feste „Dennoch-Feste“. Ein Geburtstagsfest feiern heißt „die immer schon und alle Tage vollzogene Gutheißung der Welt aus besonderem Anlass auf unalltägliche Weise begehen“[7]. Dazu gehört der Rückblick auf das, was mir im vergangenen Jahr (Jahrsiebt, Jahrzehnt) trotz allem Schweren an Gutem geschenkt wurde, und der Dank dafür: der Dank des Geburtstagskindes und der der Gäste. Es ist wichtig, dass ein Geburtstag nicht „spurlos“ vorübergeht, sondern gefeiert wird. „Was nicht gefeiert wird, was nicht ritualisiert wird, geht unbemerkt vorbei, und Gefühle und Geschehnisse werden so langfristig entwertet.“[8]

Geburtstagsfeste können Schnittpunkte von innerer und äußerer Biografie sein. Es sollte dabei auch die eigene innere Arbeit gewürdigt werden. Bei einem Stamm der australischen Aborigines geschieht das so:

Für jeden in der Gruppe wird irgendwann einmal ein eigenes Fest gefeiert, aber es hat nichts mit dem Alter oder dem Geburtsdatum dieser Person zu tun. Die Stammesmitglieder glauben, Sinn der verstreichenden Zeit sei es, dass ein Mensch sein eigenes Selbst immer deutlicher zum Ausdruck bringen kann. Wenn man selbst der Meinung ist – und wer könnte es sonst so genau wissen –, im vergangenen Jahr ein anderer Mensch geworden zu sein, lädt man zu einem Fest ein. Alle anderen werden es respektieren, wenn man selbst so weit zu sein glaubt.[9]

Ich halte das für eine sehr gute Idee und habe sie in die Festprogramme eingebaut.

Jeder Geburtstag gehört einem linearen Zahlenstrahl an, der von der Geburt bis zum Tod reicht – er ist deshalb auch ein sanftes Memento mori. Er kann ein Innehalten und Sich-Orientieren sein: Was war? Wo stehe ich jetzt? Wo geht es hin? Vom Alten abzuweichen macht aber Angst. Diese Angst anzunehmen, neue Lebensthemen zu erkennen und zu bejahen, den Schritt über die Schwelle im Vertrauen zu tun, fällt in der Geborgenheit und mit der Zeugenschaft des Freundeskreises leichter. „Der Übergang braucht Zeugen, die den existenziellen Charakter dieser Erfahrung bestätigen und gutheißen. Sie helfen, die Realität des Jetzt anzunehmen und die Verwandlungsarbeit in ein neues Gefühl der Lebens-Sicherheit zu überführen.“[10] Bei Übergangsritualen sollten gute (Segens-)Wünsche der Gäste nie fehlen, denen das Geburtstagskind noch einen eigenen Wunsch für die Zukunft beifügen kann. Hier machen wieder die Märchen und vielleicht ein Gedicht wie Hermann Hesses „Stufen“ Mut.

Jeder Geburtstag gehört auch der kreisförmigen rhythmischen Zeit eines Jahreslaufes an. Ein weiterer Jahresring ist dem Leben zugewachsen. Oder im Bild der Spirale ausgedrückt: Ich bin eine weitere Rundung nach innen gegangen:

Ich lebe mein Leben in wachsenden Ringen,
die sich über die Dinge ziehn
Ich werde den letzten vielleicht nicht vollbringen,
aber versuchen will ich ihn.[11]

Teil der kreisförmigen Zeit ist auch der Wechsel der Jahreszeiten und der Sternbilder. Den ersteren habe ich bei der Auswahl der Themen oft berücksichtigt.

Zu den Rhythmen des Lebens gehören auch die Jahrsiebte. Siebenjährige Perioden spielten schon in alten Kulturen eine wichtige Rolle – die Entfaltung des Menschenlebens in Siebenjahresstufen ist ein altes Erfahrungswissen. Martin Luther sagt: „Das siebente Jahr wandelt allzeit den Menschen. So ist das siebente Jahr ein Stufenjahr, das einen neuen Charakter und einen anderen Zustand herbeiführt.“[12] Es ist hier nun nicht möglich, die siebenjährigen Perioden ausführlich darzustellen, für die Feste aber ist wichtig zu wissen, dass jedes Jahrsiebt sein großes Lebensthema hat, das von den einzelnen sieben Jahren entfaltet, entwickelt und gestaltet wird.[13] Ein Jahrsiebt kann ein Wendepunkt sein zu mehr Identität, Individualität und von daher zu mehr Weite des Bewusstseins. Ein 28., 35. oder 42. Geburtstag kann eine Motivation sein, sein Leben zur eigenen Schöpfung zu machen und sich zu fragen: „Für welchen Sinn möchte ich mein Herz erstrahlen lassen?“ Deshalb sollten nicht nur die „runden“ Zehner-, sondern auch die Siebenergeburtstage besonders gefeiert werden.

Jeder Geburtstag hat aber auch eine zeit*lose* Komponente. So, wie die Achse im Mittelpunkt eines Rades unbeweglich bleibt, gilt: „Unser tiefstes Wesen kennt weder Geborenwerden noch Sterben.“[14] Damit diese Einheit mit unserem tiefsten Wesen auch bei Festen erfahren werden kann, sollte die *Stille* hier nie fehlen, sei es bei der Naturbegegnung, beim Spaziergang, in einer Meditation oder in einer Imagination. Auch die Übergangsrituale sollten aus der Stille beginnen und in einen Augenblick der Stille münden.

Nicht zuletzt ist es einfach schön, ein Fest im Freundeskreis zu feiern. Ein Geburtstag kann ein willkommener Anlass sein, das wieder einmal zu tun. Dabei kann das tragende Netzwerk der Freundinnen und Freunde beglückend erfahren werden, wir können einander neu unsere Zuneigung und unseren Dank ausdrücken. Sehr schön ist es, wenn das Geburtstagskind nicht selbst durch das Programm führt, sondern wenn das die Partnerin oder der Partner, eine Freundin oder ein Freund tut. Bei den Ritualen ist das sogar unerlässlich.

Aus diesen Überlegungen ergibt sich ein neues Festelement als Mittelpunkt für alle Schwellenfeste: ein *Übergangsritual* mit den Elementen *Rückschau* und *Dank*, *Glückwunsch* und *Segen*. Sie finden es auf das jeweilige Thema bezogen bei jedem Programm.

Wie kommen Sie nun zu Ihrem ganz persönlich gestalteten Fest? In früheren Generationen wäre das keine Frage gewesen, denn damals war der Mensch von Traditionen getragen. Er war in die Großfamilie und in die Dorfgemeinschaft eingebettet, in der es klare Festformen gab. Heute müssen, können und dürfen Sie Ihre Feste selbst so gestalten, dass sie Ihrem inneren Wesen und Ihrer Biografie entsprechen. Sie sollten also auch die Programme dieses Buches so weit verändern, bis sie für Sie stimmen. Das beginnt schon bei der Wahl des Themas. Netzwerkfeste blühen erst richtig durch ein Thema auf. Hat man erst das Thema, ergibt sich daraus meist wie von selbst das Programm. Bei einem 70. Geburtstag kann das Thema das Leben des Betreffenden selbst sein. Aber auch hier wird nicht primär der Mensch, sondern das wunderbare Gewebe des

Lebens überhaupt gefeiert. Es kann aber auch ein Thema sein, das Sie in diesem Buch besonders anspricht oder das Ihnen gerade wichtig geworden ist. Sie können fast alle Wesen der Schöpfung feiern. Die Teilnehmerin eines Seminars glaubte das nicht und schlug als Gegenbeispiel das Thema „Gras“ vor: In kürzester Zeit war ein Programm für ein Grasfest entworfen, das so attraktiv ist, dass ich es sicher einmal feiern werde.

Wie finden Sie nun Ihr Thema? Zunächst stehen Ihnen die hier vorgeschlagenen Themen als „Ideensteinbruch“ zur Verfügung. Diese Themen sind nicht starr an den jeweiligen Monat gebunden (so kann ein „Sonnenfest“ sehr wohl auch im Juni oder August gefeiert werden). Wenn Sie hier nichts finden, werden Sie vielleicht von einem Kunstwerk, einem Traum, einer astrologischen Beratung usw. inspiriert. Suchen Sie vielleicht ein Thema für einen „runden“ Zehnergeburtstag? Hier eignen sich besonders das Torfest oder das Brückenfest, während für einen Siebenergeburtstag das Wegefest oder das Wurzel- und Flügelfest denkbar ist.[15] Sie werden sehen, es gibt viele Möglichkeiten. Sobald Sie Ihr Thema gefunden haben, wird der Fluss der Ideen für Programm, Einladung und Dekoration wie von selbst zu strömen beginnen.

Bei der Gestaltung des Programms sollten Sie nur die Bausteine auswählen, die Sie ansprechen und die Sie den Gästen vermitteln wollen. Wie gesagt, wenn Sie zum ersten Mal ein solches thematisches Fest wagen, genügen drei bis vier Bausteine. Bringen Sie eigene Ideen ein, verändern Sie die vorgeschlagenen Spiele. Nur so wird es Ihr ganz individuell gestaltetes Fest.

Feststörungen und Freudenhemmer

Wir alle sehnen uns nach beglückenden, verwandelnden, ja ekstatischen Festen, doch haben wir alle auch misslungene erlebt. Auch die Volksmärchen kennen das gestörte und bedrohte Fest.

Das bekannteste Beispiel hierfür ist das Geburtstagsfest in „Dornröschen“: Hier gibt es einen König, der immerhin so außergewöhnlich ist, dass er Feen kennt, der diese Helfermächte zum Fest bittet und dem es wichtig ist, dass sie seinem Kind gute Wünsche mit auf den Lebensweg geben. Er scheitert aber daran, dass er erstens nur zwölf goldene Teller hat und zweitens meint, dass man Feen nur auf goldenem Geschirr bewirten dürfe. Er bleibt also in Etikette und Konvention stecken. Spontane Behelfslösungen, die häufig bei Festen gefunden werden müssen, sind ihm fremd. Als Lösung fällt ihm nur ein, die dreizehnte Fee auszugrenzen, was zum gestörten Fest und zur tödlichen Bedrohung des Kindes führt.

Gleichen wir nicht diesem König, wenn wir meinen, vor einem Fest alles perfekt aufräumen und putzen zu müssen, und wenn wir unseren Gästen eine ebenso perfekte Tischdekoration und Bewirtung bieten wollen? Diese angestrengte äußere Vorbereitung führt oft zur Erschöpfung der Gastgeber und häufig auch zum Streit vor dem Fest. Für die Vorfreude, die Einstimmung auf das Thema und das eigentliche Fest bleibt zu wenig Energie übrig. Wie wäre es, wenn wir uns statt um „goldene Teller“ lieber um die eigene goldene Mitte bemühten? Sicher gehört Selbstbewusstsein dazu, anderen ein „unvollkommenes“ Zuhause zu öffnen, doch wenn die Ausstrahlung der Gastgeber stimmt, spielt das für das Gelingen des Festes überhaupt keine Rolle. Gönnen Sie sich also am Festtag Zeit für Stille, Freude, Meditation, Zärtlichkeit, einen Spaziergang usw. Ihre Gäste entlasten Sie gewiss gern mit einem Beitrag zum Essen oder zum Programm, wenn Sie in der Einladung darum bitten. Das hat auch eine erfreuliche Nebenwirkung: In jeder mit Liebe zubereiteten Speise steckt auch etwas von der Lebensenergie des Menschen, der sie mitgebracht hat.

Wenn wir nun diese Gerichte bei den Mahlzeiten miteinander teilen, erfolgt ein Austausch der verschiedenen Energien. So wird auch das Netzwerk der festlichen Gemeinschaft dichter geknüpft.

Ein weiteres Beispiel für das gestörte und bedrohte Fest ist das Märchen von König Lindwurm.[16]

König Lindwurm

Es war einmal ein König, der hatte eine wunderschöne Königin. Als sie Hochzeit hielten und in der ersten Nacht zu Bette gingen, war noch nichts auf ihrem Bette geschrieben; aber als sie aufstanden, war darauf zu lesen, dass sie keine Kinder haben würden. Darüber war der König sehr traurig, aber die Königin noch mehr; die dachte, es sei doch gar zu schlimm, dass sie keinen Erben für ihr Reich haben sollten.

Eines Tages ging sie in tiefen Gedanken und kam an eine abgelegene Stelle. Da begegnete ihr eine alte Frau, die fragte, ob die Königin ihr nicht sagen wolle, warum sie denn gar so traurig sei. Die Königin schaute auf und sagte: „Ach, das hilft mir doch nichts, wenn ich es dir auch sage, du kannst mir doch nicht helfen." – „Vielleicht doch", sagte die Alte und bat die Königin, sie möge es ihr doch sagen. Da erzählte die Königin, dass nach der Hochzeitsnacht auf dem Bett geschrieben stand, dass sie keine Kinder haben werde, und darüber sei sie so sehr traurig. Da könne sie ihr wohl helfen, sagte die Alte, sie könne schon Kinder bekommen. Am Abend bei Sonnenuntergang solle sie eine Schüssel nehmen und sie umgestürzt in der Nordwestecke des Gartens aufstellen. Am Morgen, bei Sonnenaufgang, solle sie sie wieder wegnehmen. Dann würden zwei Rosen darunter stehen, eine rote und eine weiße. „Nimmst du nun die rote und isst sie, so wird es ein Sohn, nimmst du aber die weiße, so wird es ein Mädchen. Beide zusammen aber darfst du nicht essen!"

Die Königin ging heim und tat, wie die Alte ihr gesagt hatte. Am Morgen, als die Sonne aufging, ging sie in den Garten und hob die Schüssel auf, und da standen zwei Rosen, eine rote und eine weiße. Nun wusste sie nicht recht, welche sie nehmen sollte. Nahm sie die rote, so würde es ein Knabe, aber der konnte in einen Krieg kommen und erschlagen werden und dann hatte sie wieder kein Kind. Also dachte sie, sie wollte lieber die weiße nehmen; dann würde es ein Mädchen, und das konnte bei ihr zu Hause bleiben und dann heiraten und in einem anderen Reich Königin werden. Also nahm sie die weiße Rose und aß sie. Aber die schmeckte so vorzüglich, dass sie die rote auch nahm und aß, denn sie dachte bei sich: „Wenn es Zwillinge gibt, so geht es in einem hin."

Nun geschah es, dass zu dieser Zeit der König im Krieg war. Als nun die Königin merkte, dass sie schwanger war, schrieb sie ihm und ließ es ihn wissen, und er war sehr glücklich darüber. – Es ging nun eine Weile, und als die Zeit kam, dass sie gebären sollte, da gebar sie einen Lindwurm. Kaum war er geboren, so schlüpfte er unter das Bett in der Kammer, und dort hatte er seinen Aufenthalt. – Es dauerte nun wieder eine Weile, da schrieb der König, dass er in kurzer Zeit heimkehren werde. Als nun der König in seinem Wagen vor dem Schloss anhielt, da kam auch der Lindwurm und wollte ihn begrüßen. Er sprang an dem Wagen in die Höhe und rief: „Willkommen daheim, Vater!“ – „Bin ich dein Vater?“ – „Ja, wenn du nicht mein Vater sein willst, so fresse ich dich und das ganze Schloss auf!“ Da musste der König ja sagen. Sie gingen ins Schloss, und die Königin musste bekennen, was zwischen ihr und der Alten vorgefallen war.

Einige Tage darauf versammelten sich der Rat und alle Vornehmen, um dem König zum Sieg über seine Feinde Glück zu wünschen. Als nun alle zu Tische saßen, kam auch der Lindwurm und sagte: „Vater, jetzt will ich heiraten!“ – „Ja, was glaubst du denn, wer wird dich wohl nehmen“, sagte der König. – „Ja, wenn du mir nicht eine Frau verschaffst, sie sei jung oder alt, reich oder arm, so fresse ich dich und das ganze Schloss auf!“ – Da schrieb der König an alle Königreiche, ob jemand seinen Sohn heiraten wolle. Da kam auch eine wunderschöne Prinzessin; aber es kam ihr sonderbar vor, dass sie ihren Verlobten nicht eher sehen durfte, als bis sie in dem Saal standen, wo sie getraut werden sollten. Da erst kam der Lindwurm zum Vorschein und stellte sich neben sie. Der Hochzeitstag ging zu Ende, und sie sollten miteinander in die Kammer. Aber kaum waren sie darin, so fraß er sie auf.

Es verging eine Weile, und dann kam der Geburtstag des Königs. Als alle bei Tische saßen, kam wieder der Lindwurm und sagte: „Vater, ich will jetzt heiraten!“ Der König sagte: „Was für eine Frau wird dich wohl nehmen wollen?“ – „Ja, wenn du mir nicht eine Frau verschaffst, sie sei reich oder arm, jung oder alt, so fresse ich dich und das ganze Schloss auf!“ Da schrieb der König wieder an alle Königreiche, ob jemand seinen Sohn heiraten wolle. Da kam wieder eine wunderschöne Prinzessin von weit her. Sie bekam ihren Bräutigam auch nicht zu sehen, bis sie in dem Saal stand, wo sie getraut werden sollten. Da kam der Lindwurm und stellte sich neben sie. Aber als sie am Abend in die Kammer gingen, brachte der Lindwurm sie um.

Nach einiger Zeit war der Geburtstag der Königin; da kam der Lindwurm herein, als alle am Tische saßen, und sagte wieder: „Vater, und jetzt will ich heiraten!“ – „Nun kann ich dir keine Frau mehr verschaffen“, sagte der König. „Schon zwei mächtige Könige, deren Töchter ich dir zur Frau gegeben habe, wollen Krieg gegen mich führen, was soll ich da anfangen?“ – „Ach, lass sie nur kommen! Solange du mit mir gut stehst, mögen sie ruhig kommen, und wenn es gleich zehn wären. Aber wenn du mir keine Frau verschaffst, sie sei jung oder alt, reich oder arm, so fresse ich dich und das Schloss auf!“ Da musste der König nachgeben, aber er war sehr unglücklich.

Nun hatte der König einen Schäfer, der hatte eine einzige Tochter, die war sehr schön. Zu dem ging der König und fragte ihn: „Höre, lieber Mann, willst du deine Tochter nicht meinem Sohn zur Frau geben?“ – „Nein, das kann ich nicht, denn einmal habe ich nur das eine Kind, um in meinem Alter für mich zu sorgen, und dann wird der Prinz, wenn er so schöne Prinzessinnen nicht geschont hat, auch meine Tochter nicht verschonen.“ Aber der König wollte sie haben, und der Alte musste sich darein fügen.

Der Schäfer ging heim und erzählte alles seiner Tochter. Sie wurde sehr traurig und ging in tiefen Gedanken in den Wald. Da begegnete sie einer alten Frau, die hatte einen roten Rock und eine blaue Jacke an. „Warum bist du denn so traurig?“, fragte sie. „Ich habe wohl Grund, traurig zu sein, denn ich soll den Sohn des Königs heiraten, der aber ist ein Lindwurm. Er hat schon zwei Königstöchter umgebracht, und er wird auch mich nicht verschonen.“ – „Vielleicht doch“, sagte die Alte, „wenn du auf mich hören willst, könnte dir wohl geholfen werden. Wenn die Trauung vorbei ist, sollst du zehn Hemden verlangen und einen Armvoll Haselruten und einen Kübel voll Lauge und einen voll süßer Milch, und das alles soll in die Kammer gebracht werden.“ Und dann sagte die Alte ihr noch, was sie damit tun solle. Das Mädchen dankte für den guten Rat; aber Angst hatte sie trotzdem, denn es war doch ein arges Unterfangen mit einem so unheimlichen Tier.

Am Hochzeitstag kamen in einer großen und prächtigen Kutsche zwei Damen gefahren, die das Mädchen mit dem Brautstaat schmücken sollten. Sie wurde ins Schloss geführt und in den Saal hinein. Der Lindwurm kam und stellte sich neben sie, und sie wurden getraut. Am Abend sollten sie ins Brautbett gebracht werden. Da verlangte die Braut zehn Hemden und einen Armvoll Haselruten und einen Kübel voll Lauge und einen voll süßer Milch.

Die Herren lachten sie aus, das sei Bauernaberglaube. Der alte König aber sprach, man solle ihr geben, was sie verlange. Bevor sie nun die Kammer betrat, zog sie die Hemden übereinander an. Als sie nun allein waren, sprach der Lindwurm: „Schöne Jungfrau, zieht Euer Hemd aus!“ Da sagte sie „König Lindwurm, zieht Eure Haut aus!“ Da streifte er eine Haut ab, während sie ein Hemd auszog. Und so ging es weiter, bis sie neun Hemden ausgezogen hatte und er neun Häute. Da hatte sie noch ein Hemd, aber er keine Haut mehr. Da fasste sie wieder Mut, denn er lag am Boden und konnte sich kaum rühren, und das Blut lief an ihm herunter. Da nahm sie die Ruten, tauchte sie in Lauge und schlug ihn, so stark sie nur konnte. Dann tauchte sie ihn in die süße Milch und wickelte ihn in die neun

Hemden, ging ins Bett, legte ihn in ihren Arm und schlief ein, denn sie war sehr müde geworden. Als sie aber wieder aufwachte, da lag sie im Arm eines schönen Königssohns.

Am Morgen traute sich niemand, zur Tür der Kammer hineinzusehen, denn sie dachten alle, es sei dem Mädchen gegangen wie den Königstöchtern. Der alte König aber schaute hinein, und als er die Tür öffnete, rief sie: „Kommt nur herein! Es steht alles wohl!“ Da sah der König zum ersten Mal seinen Sohn, war voll Freude und holte die Königin und all die anderen. Da war ein so großes Glückwünschen am Brautbett, wie noch nie eines gewesen war. – Dann standen sie auf und gingen in ein anderes Gemach, wo sie angekleidet wurden, denn in dieser Kammer sah es gräulich aus. Dann wurde mit Pracht und Freude aufs neue Hochzeit gehalten. Der alte König und die Königin hatten die junge Königin sehr gern, und sie wussten gar nicht, was sie ihr alles zuliebe tun sollten, weil sie ihren Lindwurm erlöst hatte. (Märchen aus Dänemark, bearbeitet von Heidi Heim)

In diesem Märchen gibt es viele gestörte Feste: Die Hochzeit des Königspaares wird nachträglich durch das Urteil der Unfruchtbarkeit entwertet. Festfreude verwandelt sich so in Trauer. Vielleicht waren bei diesem Fest das schöne Äußere, die Etikette und die Fortführung der Dynastie das Wichtigste. Und wenn das Urteil ausgerechnet auf dem Brautbett steht, kann das ein Hinweis dafür sein, dass es um die Liebesfähigkeit der beiden nicht zum Besten steht, sie lassen einander ja auch mit ihrem Kummer allein. Nun wird die Königin durch magische Mittel dennoch schwanger. Weil sie aber gegen den Rat der weisen Alten ihre Gier nicht bezwingen kann, wird ein entsetzliches Wesen geboren. Das Freudenfest, das sonst bei der Geburt eines Königskindes gefeiert wird, entfällt beim Lindwurm ganz.

Die nächsten drei Feste (die Siegesfeier und die Geburtstage des Königspaares) werden durch den Lindwurm gestört, der sich immer bedrohlicher zu Wort meldet und dabei wohl letztlich nach seiner Erlösung verlangt. Diese misslingt aber bei den ersten beiden Hochzeiten, hier herrschen nur Angst, Entsetzen und Tod. Wenn wir den Lindwurm als Schattenfigur des Königspaares sehen, wird in dem Märchen deutlich, dass sich gerade auch bei einem Fest unsere Schattenseiten zu Wort melden können. Alte Verletzungen, Prägungen und Ängste können das Fest stören. In welcher Gestalt tauchen nun solche Lindwürmer auf? Den Lindwurm der Etikette habe ich schon bei „Dornröschen“ erwähnt. Es gibt leider aber noch andere.

Der Lindwurm der Ängstlichkeit und des Zweifels

Vielleicht sind Sie unsicher, ob Sie sich mit einer aus dem Rahmen fallenden schriftlichen Einladung nicht lächerlich machen und ob so ein Fest überhaupt gelingen kann. Sie zweifeln daran, dass Ihr Programm den Gästen Spaß machen wird und dass alle mitmachen werden. Sie trauen sich vielleicht nicht zu, neben der Gastgeberrolle auch noch die des Festführers zu übernehmen. Und was werden die Nachbarn denken, wenn im Garten plötzlich getanzt und gespielt wird? Nur Mut! Die Festprogramme dieses Buches haben sich in der Praxis bewährt, und viele Menschen feiern mit großer Freude schon Feste dieser Art. Ihre Gäste werden gerade bei einem Übergangsfest eher bereit sein, sich auf Neues einzulassen. Die Liebe Ihrer Freundinnen und Freunde und die festliche Gemeinschaft werden Sie stützen und tragen. Vielleicht hilft es Ihnen auch, die Flucht nach vorn anzutreten und Ihren Gästen anfangs zu erzählen, dass Sie aufgeregt sind, weil Sie zum ersten Mal so ein Fest feiern. Entlastend kann auch sein, dass nicht Sie im Mittelpunkt stehen, sondern das Wesen des Festthemas.

Der Lindwurm der mangelnden Sensibilität

Es ist hilfreich, wenn Sie sich vor dem Fest ein Programm notieren und das benötigte Material bereitstellen. Förderlich ist auch, das Thema während des ganzen Festes im Blick zu behalten und auch einmal mit Festigkeit einen neuen Programmpunkt anzukündigen, wenn das Gespräch zu sehr verflacht.

Ein Programm zu haben bedeutet aber umgekehrt nicht, dass alle alles mitmachen müssen – sprechen Sie das zu Beginn deutlich aus. Das Programm soll auch nicht wie ein Schulpensum durchgezogen werden. Wenn der Fluss des Themas Sie anderswohin trägt als geplant, ist das auch gut. Erfahrungsgemäß wird bei besonders gelungenen Festen nur höchstens die Hälfte des geplanten Programms verwirklicht. Sie werden mit der Zeit ein Gespür dafür entwickeln, was nun weggelassen oder verändert werden soll. Dabei sollten aber möglichst das Übergangsritual und ein klares Schlusselement erhalten bleiben. Wichtig ist auch, dass alle

Gäste zwei bis drei Wochen vorher darüber informiert werden, welches Thema gefeiert werden soll. So haben auch sie Zeit, sich innerlich darauf einzustimmen und Bilder, Texte usw. zu besorgen. Vielleicht sagt auch jemand ab, der mit diesem Thema nichts anfangen kann.

Ebenfalls vorher sollte geklärt werden, wer das Übergangsritual leiten wird, denn das Geburtstagskind bzw. der Mensch, der die Schwelle überschreitet, kann das nicht selbst tun.

Abzuraten ist von Festelementen, die religiöse Zwänge ausüben könnten. Wer bestimmte meditative Tänze oder religiöse Lieder einbringen will, möge sich schon bei der Einladung vergewissern, ob das für *alle* Gäste stimmig ist. Folkloretänze und Ausdrucksspiele mit Märchen sind dagegen weltanschaulich neutral. – Ferner ist eines noch ganz wichtig: Auch wenn dabei oft Heilendes geschieht, dürfen Sie ein Regenbogenfest nicht mit einer Selbsterfahrungsgruppe verwechseln. Es ist ganz wichtig, dass Sie sich schon zu Beginn der festlichen Vorbereitung der absichtslosen, spielerischen Lebensfreude öffnen.

Der Lindwurm des Rivalisierens und der Eifersucht

Nach unseren Erfahrungen warne ich davor, spannungsgeladene Dreiecksbeziehungen der Gastgeber oder der Gäste in ein Fest integrieren zu wollen. Wenn Sie als Paar oder als Gruppe einladen, müssen *alle* mit der Auswahl der Gäste einverstanden sein.

Lebensfeste können von ihrem Wesen her überhaupt nur gefeiert werden, wenn jegliches Rivalisieren unterbleibt und alle für alle und alles offen sind. Solche Feste blühen in Liebe auf: in der Liebe eines jeden für sich selbst, für die anderen und für die Wesen des Festthemas.

Für all diese „Lindwürmer“ gibt es Erlösungsmöglichkeiten. Auch das Märchen bleibt nicht beim gestörten Fest stehen: Es weiß um den Beistand der Helfermächte, die in der Geschichte durch eine weise Alte vertreten sind. Nachdem deren Rat befolgt und der Lindwurm verwandelt und erlöst ist, wird ein Fest mit einer noch nie dagewesenen Freude gefeiert.

Auch unsere Feste haben ihre Helfermächte: die Macht des Tanzes, die Bildkraft der Märchen, die Poesie der Gedichte, die Heiterkeit des Spiels, die Freude kreativen Gestaltens, das Staunen bei der Naturbegegnung, die Kraft der Stille und die Schönheit von Kunst und Musik. Zudem entfaltet jedes Festthema seine eigene Dynamik, weitet das Herz und hebt uns über den Alltag hinaus. Nicht zuletzt können Sie Ihre hilfreichen Mächte, die Engel der Gäste und den Engel des Festes einladen. Diese unsichtbaren Gäste sind die wichtigsten Helfer für das Gelingen Ihres Festes. Sie können ihnen wirklich vertrauen.

Hinweise zu den Festprogrammen

Die Geburtstagsfeste in diesem Buch sind den einzelnen Kalendermonaten zugeordnet. So können Sie für Ihr Geburtsdatum rasch eine Festidee finden. Alle Kapitel haben denselben Aufbau:

- Foto und Gedicht
- Hinführung zum Symbolverständnis des Themas in den Volksmärchen
- Festmärchen
- Tipps zur Festvorbereitung
- Festprogramm in Bausteinen
- Materialliste

Die *Fotos und Gedichte* sollen Sie auf das jeweilige Thema einstimmen. Sie können sie auch auf Ihre Einladungen kopieren. Gedichte gehören zu den apollinischen Festelementen. Wie die Märchen wollen sie beim Fest gesprochen werden, erst dann entfalten sie ihre volle Schönheit und Kraft. Für einzelne Gedichte habe ich auch Gestaltungsvorschläge gemacht.

Die *Hinführungen* sollen das Verständnis des Themas vertiefen. Es ist sinnvoll und fruchtbar, sich vor einem Fest mit dem Symbolgehalt eines Themas zu beschäftigen. Ich habe den Blick dabei nur auf die Märchen und Mythen gerichtet. Wenn Sie ergänzend in den Texten der Bibel und in denen anderer Religionen, in Literatur, Musik und Kunst dem Festthema nachgehen, werden Sie neue Schätze finden. Aus diesem vertieften Verständnis des Themas entwickeln sich oft Ideen für Einladung, Programm und Tischdekoration.

Für die *Festmärchen* habe ich Volksmärchen gewählt, weil sie uralte Menschheitserfahrungen weitergeben (im Gegensatz zu den Kunstmärchen, die nur die Erfahrung einzelner Menschen überliefern). Märchen sind ein kostbares Kulturgut der Völker. Ein gesprochenes, möglichst ein erzähltes Märchen kann die Essenz eines Festes grundlegend und wohltuend verändern. Dazu eine kleine Geschichte: Nach der Lektüre meines Buches „Die Feste der Adlerfrau“ wollte eine junge Frau den Geburtstag ihres Mannes mit einem Fest dieser Art feiern. Wir entwickelten gemeinsam ein Programm für ihr Thema. Obwohl sie den Gästen vorher mitgeteilt hatte, dass diesmal ein thematisches Fest geplant sei, drohte schon kurz nach Beginn eine ganz normale Party daraus zu werden. Sie erzählte mir: „Ich war schon ganz verzweifelt. Aber dann habe ich das indische Märchen vom Tempel der 1000 Spiegel erzählt. Schlagartig hat sich dadurch die Stimmung verändert. Danach haben alle gern die geplanten Spiele mitgemacht. Beim Abschied haben sie sich für das tolle Fest bedankt und gemeint, so etwas sollte man öfter machen.“

Es ist sinnvoll, Märchen gerade bei Lebensübergängen zu erzählen, denn sie sind Weggeschichten. Sie erzählen von Abenteuern und Irrfahrten, von langen Suchwanderungen „bis an der Welt Ende“, von hilfreichen Begegnungen und Begleitern und vom letztlich gelingenden Leben. Sie berichten häufig vom Übergang in andere Bereiche und Rollen und zeigen in ihrer Bildsprache Möglichkeiten auf, wie diese bewältigt werden können. Sie machen Mut und stärken das Vertrauen in die Sinnhaftigkeit des Lebensweges.

Märchen werden der Doppelnatur des Menschen gerecht. Wenn wir Märchen hören, wird unsere rechte Hirnhälfte aktiviert, die anschaulich, analog und in Bildern denkt und für Intuition und Kreativität zuständig ist. Die Bildsprache der Märchen wird von den Tiefen unserer Seele unmittelbar verstanden und aufgenommen. Ein zum Festthema passendes Märchen erhellt und vertieft die jeweilige Thematik über die verstandesmäßige Ebene hinaus. Gehörte Märchen bewegen uns innerlich und drängen oft zum Ausdruck im Rollenspiel, im kreativen Gestalten, im Improvisieren mit Stimme oder Instrument, in Imagination und Gespräch. So kann ein Festmärchen Ausgangspunkt für weitere Aktivitäten sein, die um das Thema kreisen und die Geist, Seele und Leib gleichermaßen einbeziehen. Natürlich kann ein Märchen aber auch ein Festbaustein für sich sein, der nicht weiter ausgestaltet wird.

Die in diesem Buch verwendeten Volksmärchen gehören meist zu den Zaubermärchen, nicht aber zu Sagen, Legenden, Mythen und Schwänken (nur das Festmärchen für das Beerdigungsritual hat legendenhafte Züge, ferner ist die Windgeschichte eine Mythe).

Zaubermärchen sind mündliche Literatur. Sie entfalten ihr Wesen und ihre magische Kraft erst im gesprochenen Wort. Die gedruckte Form eines Märchens gleicht den Noten einer Partitur. Erst das Erzählen (oder Vorlesen) verwandelt das Märchen in Leben und Klang und bringt es in die Gegenwart.

Vor allem wenn es aus der Stille aufblüht und wieder in sie mündet, kann das gesprochene Wort magische Kraft haben. Die Indianer Nordamerikas heilten deshalb ihre Kranken auch mit dem Erzählen von Geschichten.

Das Wort ist tatsächlich eine Kraft. Es ist Leben, Substanz, Wirklichkeit. Indem der Sänger das Wort singt oder ausspricht, erhebt er sich in einen Zustand des Bewusstseins, in dem ihm Kraft zuwächst und er Kraft verströmen lässt.[17]

Wird das Märchen aus diesem „Kraftfeld der Stille" heraus gesprochen, so kann es das Bewusstsein der Zuhörer in andere Dimensionen der Welt und der Zeit tragen, auch an Orte, wo Heilung möglich ist. Märchen können uns bei einem Fest über das Alltägliche hinausheben, wir können im schönsten doppelsinnigen Sinne wirklich märchenhafte Feste feiern. – Aber auch das sonstige *Erzählen* hat bei einem Fest großen Wert. Mit erzählten Erlebnissen, die mit dem Geburtstagskind, der Verstorbenen oder mit den Wesen der Festthemen gemacht wurden, teilen die Gäste kostbare Geschenke miteinander. Dazu gehören auch erzählte innere Bilder, Fantasiereisen und kreative Gruppengeschichten.

Die Festvorbereitung: Schon sie kann zu einem kleinen Fest werden. Hier ist stets wichtig, dass Sie dem Wesen vorher auch wirklich begegnen, zu dessen Ehren das Fest gefeiert wird. Spüren Sie also den Wind, gehen Sie über eine Brücke, sitzen Sie eine Zeit lang in einer Höhle, erleben Sie einen Sonnenaufgang – lassen Sie sich von Ihrem Thema bewegen und erfüllen! Verinnerlichen Sie auch das Gedicht. Lesen Sie sich das Festmärchen auf jeden Fall laut vor und lernen Sie es möglichst auswendig, so dass Sie es „by heart", vom Herzen her, sprechen können. Entwickeln Sie Ihr Programm und suchen Sie das benötigte Material zusammen, auch das für eine liebevoll gestaltete Mitte, um die dann getanzt wird. Üben Sie auch die Tänze zuerst so lange für sich, bis Sie diese sicher anleiten können.

Zugegeben, thematische Feste brauchen für das Programm mehr Vorbereitungszeit. Aber diese können Sie bei Dekoration und Bewirtung wieder einsparen, besonders wenn Sie Ihre Gäste um einen Beitrag für die Mahlzeiten bitten.

Die Wahl der Gäste: Laden Sie Menschen ein, die Neuem gegenüber aufgeschlossen sind, denen ihre persönliche Weiterentwicklung wichtig ist, ebenso wie die Wesen der Schöpfung. Die Anzahl der Gäste sollte sich nach den zur Verfügung stehenden Räumlichkeiten richten. Sieben bis 15 Gäste sind eine gute Anzahl für ein Lebensfest, doch können Sie „runde" Geburtstage auch mit 30 bis 40 Menschen feiern, wenn der Saal groß genug ist. Wenn Sie eine Frau sind, haben Sie vielleicht auch einmal Lust, nur mit Frauen zu feiern. Sie werden feststellen, dass Frauenfeste ihre besondere Schönheit haben und eine starke weibliche Energie entwickeln. Im allgemeinen sind sie problemloser zu feiern.

Die schriftliche *Einladung* sollte etwa zwei bis drei Wochen vorher verschickt werden. Wenn Sie Ihre Freundinnen und Freunde bitten, etwas zum Thema mitzubringen, hat dies eine doppelte Wirkung: Erstens beschäftigen sich die Gäste schon vorher mit dem Thema, und zweitens wird das Fest durch eine große Vielfalt von mitgebrachten Bildern, Texten, Ideen und Gegenständen bereichert. Treffen Sie darüber hinaus klare Absprachen, wer als Festführer bzw. Festführerin für welchen Teil des Programms verantwortlich ist. Die Leitung des Übergangsrituals für das Geburtstagskind oder für das Brautpaar sollte aber stets von einem Gast übernommen werden.

Die *Programme* erheben keinen Anspruch auf Allgemeingültigkeit, sie möchten nur Anregungen geben. Sie sind Samenkörner, aus denen Ihre Feste sprießen können. Dazu werden Sie in jedem Programm mehr Anregungen finden, als Sie bei einem Fest verwirklichen können, selbst wenn es schon am Nachmittag beginnt.
Wählen Sie also aus. Wenn Sie zum ersten Mal ein Regenbogenfest feiern, genügen drei bis vier Elemente völlig.

Nun noch einige Tipps für einzelne Festelemente:
Die Tänze: Einige heitere Kreistänze aus der Folklore verleihen der Festfreude Flügel und schaffen sofort eine festliche Gemeinschaft. Nichts sorgt rascher für Stimmung als der Tanz, er ist ein höchst wünschenswerter Bestandteil jedes Regenbogenfestes. An dieser Stelle

würde ich Ihnen am liebsten persönlich für Ihr Festthema einige Tänze zeigen, denn es ist außerordentlich schwierig, diese in einer schriftlichen Tanzbeschreibung zu vermitteln. Weil das aber leider nicht möglich ist, habe ich mich auf einige einfache Tänze beschränkt und hoffe, dass es in Ihrer Nähe Kurse gibt, in denen Sie Folklore- und meditative Tänze lernen können. – Einen Tanz aber möchte ich Ihnen weitergeben, weil er, von der Beerdigung abgesehen, als Begrüßungstanz für alle Feste passt. Er ist leicht mitzutanzen und mitzusingen nach der CD oder Musikkassette von Hans Spielmann „Lichtertanz“:

Der „Sonnengesang“ als Begrüßungstanz

Fassen Sie einander dazu im Kreis an der Hand.
Takte 1 und 2: 8 Schritte nach rechts, lange Note dabei austanzen.
Takte 3 und 4: 8 Schritte nach links, lange Note austanzen.
Takt 5: Mit 4 Schritten zur Mitte, dabei Arme heben.
Takt 6: Mit 4 Schritten zurück, dabei Arme senken.
Takte 7 und 8: Hände loslassen, jede/r dreht sich mit 8 Schritten um sich selbst.
Hände neu fassen und von vorn beginnen.

Die Spiele: Heiterkeit und Stimmung, Ausgelassenheit und Festfreude stellen sich nicht von selbst ein, Sie müssen dabei unbedingt etwas nachhelfen. Neben den Tänzen eignen sich Spiele in besonderem Maße dazu. Bei Regenbogenfesten darf und soll unser inneres Kind unbeschwert spielen. „So ihr nicht werdet wie Kinder“ – so möchte ich das neutestamentliche Jesuswort in Matthäus 18,2 abwandeln –, „so könnt ihr kein wahres Fest feiern.“ Diese Abwandlung ist nicht untheologisch, denn im Gleichnis vom Großen Gastmahl[18] und auch an anderer Stelle hat Jesus das Reich Gottes mit einem Fest verglichen.

Die Spiele dieses Buches kommen oft in einem einfachen Gewand daher, manchmal habe ich sogar alte Kinderspiele und -lieder verwendet. Dennoch sind sie alles andere als kindisch und zu wenig tiefgründig. Sie haben, wie die Volksmärchen, oft eine spirituelle Bedeutung, deren Symbolik allerdings häufig verschlüsselt ist. Ich werde bei den einzelnen Programmen jeweils darauf hinweisen. Ferner machen Spiele bei näherer Betrachtung oft die Wesen des Festthemas auf einer nonverbalen tieferen Ebene erfahrbar. Bei einem Schildkrötenfest etwa zeigte sich, dass alle Teilnehmerinnen das Wesen dieses Tieres am tiefsten erlebten, als sie gleichzeitig auf allen vieren Schildkröten spielten, ja „wurden“, wobei eine sehr archaische Musik im Hintergrund Hilfestellung gab.

Und wenn ein Spiel keinen tieferen Sinn als das Gelächter hat? Dann hat es dennoch zwei wichtige Funktionen. Erstens hilft es den Gästen in der Anfangsphase eines Festes, sich gegenseitig zu „beschnuppern“ und Vertrauen und Offenheit zu entwickeln. „Das Ziel eines Spieles kann z. B. sein, der Gruppe über die Schwierigkeit des Sich-Kennenlernens in der Anfangsphase hinwegzuhelfen.“[19] Viele Aufwärmspiele tun dies, indem sie einen ersten behutsamen Körperkontakt der Gäste herstellen. Zweitens gilt für die Spiele dieses Buches dasselbe wie für das kreative Erzählen: Beide lassen unsere Fantasie tanzen. „Wir gewinnen den Anschluss nicht nur an das Kind, das wir früher einmal waren, sondern gleichzeitig auch an die schier unerschöpflichen, fantasievollen Möglichkeiten des Kindes überhaupt, auch des sogenannten ‚inneren Kindes‘, das in jedem Erwachsenen weiterlebt und für ihn zeitlebens schöpferische Kindheitskräfte bereithält.“[20]

Überhaupt gehören zur Spiritualität auch Lachen, Humor und Sinnesfreude, was heute besonders die Frauen wiederentdeckt haben. „Nach Jahrhunderten der Unterdrückung erhebt sich der weibliche Geist aufs Neue, um dafür einzustehen, dass Göttlichkeit durch die Sinne entdeckbar ist, dass Lachen der Spiritualität nicht feindlich gegenübersteht und dass das Spiel tiefgründige Resonanzen in der menschlichen Psyche haben kann.“[21]

In diese Richtung weisen auch die vielen „apollinischen“ Spiele dieses Buches. Dazu zählen etwa alle Sinneswahrnehmungen, das kreative Gestalten und nicht zuletzt die Rituale. „Man kann ohne weiteres jedes Ritual als eine Art Spiel betrachten und umgekehrt. Ritual und Spiel überschneiden sich in vielerlei Hinsicht.“ Wandeln Sie daher die Programme in diesem Buch so weit ab, bis sie für Sie ganz stimmig sind.

Das Ausdrucksspiel ist eine weitere sehr empfehlenswerte Spielform. Mit ihm gewinnen Märchen und Gedichte eine unvergessliche Gestalt. Diese Spiele regen in besonderer Weise Kreativität und Fantasie an und machen Spaß. Es ist verblüffend, wie leicht es den Menschen fällt, ganz in eine Rolle zu schlüpfen, sobald sie nur ein wenig, z. B. mit Tüchern, verkleidet sind. Eine Sammlung einfarbiger Tücher ist deshalb für das Ausdrucksspiel unentbehrlich.

Ablauf des Ausdrucksspiels

- Märchen oder Gedicht erstmals vortragen.
- Augen schließen, Bilder des Märchens noch einmal am inneren Auge vorbeiziehen lassen.
- „Welches Bild war mir das wichtigste?" Augen öffnen und es den anderen stichwortartig mitteilen.
- Rollen aus dem Märchen wählen: ein Mensch, ein Tier, ein Element (wie Feuer und Wasser), einen Gegenstand (wie Spiegel oder Tor) oder ein Gefühl (wie Freude oder Vertrauen), also etwas, das man gern verkörpern und darstellen möchte. Dabei können einzelne Rollen auch gleichzeitig von mehreren gespielt werden. Nicht jede Rolle muss besetzt werden.
- Spielorte festlegen und unter Umständen auch mit Tüchern umgestalten.
- Alle verkleiden sich mit Tüchern. Wer mag, schminkt sich auch. Nun begeben sich alle an ihre Spielorte.
- Stille. Danach ein Klangzeichen für den Beginn.
- Das Märchen oder Gedicht wird nun noch einmal laut vorgetragen; dabei werden lange Pausen für das Spiel gemacht. Die Spieler geben nun in ihrer Körpersprache dem Ausdruck, was sie erleben und fühlen, aber ohne dabei zu sprechen.
- Ein zweites Klangzeichen und eine weitere stille Pause für das Spielende.
- Erste Gesprächsrunde: Jede/r teilt nur eigenes Erleben mit.
- Zweite Gesprächsrunde: Ein Austausch über das Spiel der anderen, den Sinn der Märchenbilder usw. Da dies ein Fest und keine Gruppentherapie ist, sind jedoch zu „kopflastige" Deutungen zu vermeiden.

Die Tüchersammlung: Bei den meisten Festen gehört eine Sammlung unifarbener Tücher zu den wünschenswerten Utensilien. Ich empfehle einen Set kleiner Nylontücher und außerdem große einfarbige Tücher in verschiedenen Größen (Stoffe vom Restetisch, alte Tischdecken, Vorhänge usw.). Sie können Ihre Tüchersammlung auch erweitern, indem Sie sich als Geschenk von den Gästen große Tücher von zwei bis drei Metern Länge wünschen. Sammeln Sie außerdem alte Bänder, Gürtel, Hüte,

Handschuhe, Schleier, Fächer, Federn und Ähnliches; Theaterschminke bereitzuhalten empfiehlt sich ebenfalls.

Nun ist der Festablauf geplant, alle Materialien sind zusammengestellt und die einzelnen Elemente vorbereitet – das Fest kann beginnen.

Die Geburtstagsfeste

Januar: Ein Torfest

Das Tor

Gestern noch war es unbewachsen
Das Mauerwerk kahl
Grau und abweisend

Ich wagte den Blick hindurch
Die Welt da draußen
Neu und Angst machend

Heute ist es von Rosen umrankt
Das Tor dort
Einladend und verlockend

Wie im Märchen, über Nacht gewachsen
Die Rosen
Duftend, aber dornig

Ob ich es wage, hindurchzugehen
In die andere, neue Welt
Bewegend und lebendig

Was erzählen die Volksmärchen von Türen und Toren?

Menschen gehen in ihrem Leben durch viele Türen und Tore. So ist es nicht verwunderlich, dass diese häufig auch in Märchen auftauchen und vielfältige Symbolbezüge haben. Das beginnt schon beim Eintritt ins Leben, den rumänische Märchen als aktive Tat des Kindes schildern: „Es trat durch die Pforte der Geburt."

Türen und Tore als Schranke und Schutz

Ein Turm ohne Türen verwehrt in „Rapunzel" und im „Turm zu den Sternen"[22] den eingesperrten Töchtern den freien Zugang zur Welt. Dagegen müssen Schneewittchen ebenso wie die sieben Geißlein ihre Tür fest verschlossen halten, denn davor lauert die tödliche Bedrohung. Dem „Eselein" etwa bleibt das Stadttor verschlossen, bis ihm sein Lautenspiel das Tor öffnet, während im „Wasser des Lebens" das Tor des verwünschten Schlosses nur mit einer Zauberrute geöffnet werden kann und in „Simeliberg" sich das Felsentor nur auf das richtige Wort hin öffnet. Himmel und Hölle sind ebenfalls mit einem Tor verschlossen. Umgekehrt kann im Märchen ein stets offenes Schlosstor anzeigen, dass dort Gefahr lauert.

Die Hüter des Tores

Am Tor gibt es manchmal Grenzwächter in Gestalt von Löwen, Riesen, Schlangen oder Drachen. Sie müssen zuerst mit Zaubergaben, mit Freundlichkeit oder mit einer Hilfeleistung besänftigt werden, ehe sie den Zugang freigeben.

Die geöffnete oder zugeschlagene Tür

Wird anklopfenden Wanderern die Tür geöffnet, ist dies häufig ein Symbol für ein offenes, mitfühlendes und gastfreundliches Herz. Umgekehrt steht die vor bittenden Wanderern zugeschlagene Tür für Hartherzigkeit und Geiz.

Die Überraschung hinter der Tür

Öffnet ein Märchenmensch eine Tür, so ist es stets spannend, was dahinter vorgefunden wird. Das Märchen steigert häufig diese Spannung, indem es erzählt, dass ein menschenleerer Raum nach dem anderen betreten wird, ehe dann im letzten die verzauberte Königstochter, der Zwerg, die Hexe usw. warten.

Die verbotene Tür

Eng mit der Überraschung hinter der Tür ist das Motiv der verbotenen Tür verbunden. Diese dreizehnte, hundertste oder hinterste Tür wird stets gegen ein ausdrückliches Verbot geöffnet. Dieser Ungehorsam hat meist schmerzliche Folgen, leitet aber stets einen neuen Entwicklungsschritt ein. Was sich hinter diesen verbotenen Türen verbirgt, ist so vielgestaltig wie unsere verschiedenen Teilpersönlichkeiten oder die uns noch fremden Seiten unseres eigenen oder des kollektiven Unbewussten. Das kann z. B. eine vitale Kraft in Gestalt des Hundes „Snati-Snati“ sein oder ein Pferd, da so gefesselt ist, dass es nur die glühenden Kohlen vor seinem Maul, nicht aber das gute Heu dahinter erreichen kann. Tauscht der hilfsbereite Bursche beides um, so gewinnt er einen machtvollen Helfer. Hinter der Tür kann auch eine gefangene Königstochter sitzen, aber auch etwas Bedrohliches wie ein Drache. In allen Blaubartvarianten befindet sich dahinter eine Leichenkammer. Hinter der verbotenen Tür kann sich auch ein numinoses Geheimnis verbergen, etwa die Große Mutter als „schwarze Frau“ oder als „grüne Jungfer“. Diese beiden Figuren erscheinen in einer außergewöhnlichen Gestalt, in der sie nicht gesehen werden wollen. Die eine „war ganz weiß, nur die Zehenspitzen waren noch schwarz“. Von der anderen heißt es: „Siehe, da sitzt die grüne Jungfer und ist halb Fisch und halb Mensch, und darum herum sitzen laute kleine Männlein mit steinernen Beinen auf kleinen Treppen.“ Wer nun diese Geheimnisse lüftet, sie aber nicht preisgibt und selbst bei Todesgefahr schweigt, wird belohnt und vollendet dadurch auch die Verwandlung der Großen Mutter. In diesen beiden Märchen kennt man noch die Ehrfurcht vor dem Numinosen und weiß, dass man über die Mysterien am besten schweigt.

Weniger überzeugend ist für mich dagegen das christianisierte Parallelmärchen „Marienkind“ (Kinder- und Hausmärchen der Brüder Grimm). Dieses Mädchen sieht statt der Großen Mutter „die Dreifaltigkeit in Glanz und Feuer“ sitzen; bei ihr wird das anfängliche Schweigen als kindlicher Trotz missverstanden und das „Beichten“ der Verbotsübertretung belohnt.

Tore und Türen als Übergang zwischen zwei Bereichen

Frau Holle belohnt und bestraft im Tor, das sich zur Welt der Menschen hin öffnet und umgekehrt ihren Bereich abgrenzt. „Die Gänsemagd“ kann unter dem Tor mit dem Kopf des toten Pferdes Fallada sprechen. Eine Falltür führt den Jüngsten in „Die drei Federn“ ins unterirdische Zauberreich der Kröten, wo er seine königliche Braut findet. In unserem Festmärchen wird das Tor zur königlichen Hochzeit nur demjenigen geöffnet, dem irdisches Gold nichts gilt, weil ihn die Sehnsucht nach dem Höchsten treibt.

Das Festmärchen: Das Wasser des Lebens

Es war einmal ein König, der war krank, und niemand glaubte, dass er mit dem Leben davonkäme. Er hatte aber drei Söhne, die waren darüber betrübt, gingen hinunter in den Schlossgarten und weinten. Da begegnete ihnen ein alter Mann, der fragte sie nach ihrem Kummer. Sie erzählten ihm, ihr Vater wäre so krank, dass er wohl sterben würde, denn es wollte ihm nichts helfen. Da sprach der Alte: „Ich weiß noch ein Mittel, das ist das Wasser des Lebens, wenn er davon trinkt, so wird er wieder gesund; es ist aber schwer zu finden.“ Da sagte der Älteste: „Ich will es schon finden“, ging zum kranken König und bat um die Erlaubnis auszuziehen, um das Wasser des Lebens zu suchen, das allein ihn heilen könne.

„Nein“, sprach der König, „dabei sind zu große Gefahren, lieber will ich sterben.“ Er bat aber so lange, bis der König einwilligte. Der Prinz aber dachte in seinem Herzen: „Hol’ ich das Wasser, so bin ich meinem Vater der Liebste und erbe das Reich.“

Also machte er sich auf, und als er eine Zeit lang fortgeritten war, stand da ein Zwerg auf dem Wege, der rief ihn an und sprach: „Wo hinaus so geschwind?“ – „Du Knirps“, sagte der Prinz ganz stolz, „das brauchst du nicht zu wissen“, und ritt weiter. Das kleine Männchen aber war zornig geworden und hatte einen bösen Wunsch getan; wie nun der Prinz fortritt, kam er in eine Bergschlucht, und je weiter er ritt, desto enger taten sich die Berge zusammen, und endlich ward der Weg so eng, dass er keinen Schritt weiter konnte, und auch das Pferd konnte er nicht wenden und selber nicht absteigen und musste da eingesperrt bleiben. Indessen wartete der kranke König auf ihn, aber er kam und kam nicht. Da sagte der zweite Prinz: „So will ich ausziehen und das Wasser suchen“, und dachte bei sich: „Das ist mir eben recht, ist mein Bruder tot, so fällt das Reich mir zu.“ Der König wollt’ ihn anfangs nicht ziehen lassen, endlich aber musste er’s doch zugeben. Der Prinz zog also gleichen Weges fort und begegnete demselben Zwerg, der hielt ihn wieder an und fragte: „Wo hinaus so geschwind?“ – „Du Knirps“, sagte der Prinz, „das brauchst du nicht zu wissen“, und ritt in seinem Stolz fort. Aber der Zwerg verwünschte ihn, und er geriet wie der andere in eine Bergschlucht und konnte nicht vorwärts und rückwärts. So geht’s aber den Hochmütigen.

Wie nun der zweite Prinz ausblieb, sagte der jüngste, er wollte ausziehen und das Wasser holen, und der König musste ihn endlich auch gehen lassen. Als er den Zwerg auf dem Wege fand, und der ihn fragte: „Wo hinaus so geschwind?“, so antwortete er ihm: „Ich suche das Wasser des Lebens, weil mein Vater sterbenskrank ist.“ – „Weißt du denn, wo das zu finden ist?“ – „Nein“, sagte der Prinz. „So will ich dir’s sagen, weil du mir ordentlich Rede gestanden hast; es quillt aus einem Brunnen in dem Hofe eines verwünschten Schlosses, und damit du dazu gelangst, geb’ ich dir da eine eiserne Rute und zwei Laiberchen Brot. Mit der Rute schlag drei Mal an das eiserne Tor am Schloss, so wird es aufspringen. Inwendig werden dann zwei Löwen liegen und den Rachen aufsperren, wenn du ihnen aber das Brot hinwirfst, wirst du sie stillen, und dann eil’ dich und hol’ von dem Wasser des Lebens, ehe es zwölf Uhr schlägt, sonst geht das Tor wieder zu und du bist eingesperrt.“ Da dankte ihm der Prinz und nahm die Rute und das Brot, ging hin und alles war da, wie der Zwerg gesagt hatte. Das Tor sprang beim dritten Rutenschlag auf, und als die Löwen mit dem Brot gesänftigt waren, ging er in das Schloss hinein und fand einen großen, schönen Saal. Darin saßen verwünschte Prinzen, denen zog er die Ringe vom Finger, dann lagen da ein Schwert und ein Brot, das nahm er weg. Und weiter kam er in ein Zimmer, darin war eine schöne Jungfrau, die freute sich, als sie ihn sah, küsste ihn und sagte, er hätte sie erlöst und sollte ihr ganzes Reich haben; in einem Jahr sollt’ er wiederkommen und die Hochzeit mit ihr feiern. Dann sagte sie ihm auch, wo der Brunnen wäre mit dem Lebenswasser, er müsste sich aber eilen, ehe es zwölf schlüge. Da ging er weiter und kam endlich in ein Zimmer, darin stand ein schönes frischgedecktes Bett, und weil er müde war, wollt’ er sich erst ein wenig ausruhen. Also legte er sich und schlief ein; als er erwachte, schlug es dreiviertel auf zwölf. Da sprang er ganz erschrocken auf, lief zu dem Brunnen und schöpfte sich einen Becher voll, der daneben stand, und eilte, dass er fortkam. Wie er eben zum eisernen Tor hinausging, da schlug's zwölf, und das Tor schlug so heftig zu, dass es ihm noch ein Stück von der Ferse wegnahm.

Er war aber froh, dass er das Wasser des Lebens hatte, und ging heimwärts und wieder an dem Zwerg vorbei. Als dieser das Schwert und das Brot sah, sprach er: „Damit hast du großes Gut gewonnen, mit dem Schwert kannst du ganze Heere schlagen, das Brot aber wird niemals alle." Da dachte der Prinz: „Ohne deine Brüder willst du nicht nach Hause kommen", und sprach: „Lieber Zwerg, kannst du mir nicht sagen, wo meine zwei Brüder sind? Sie sind früher als ich nach dem Wasser des Lebens ausgezogen und sind nicht wiedergekommen." – „Zwischen den Bergen sind sie eingeschlossen", sprach der Zwerg, „dahin hab' ich sie verwünscht, weil sie hochmütig waren." Da bat der Prinz so lange, bis der Zwerg sie wieder losließ, aber er sprach noch: „Hüte dich vor ihnen, sie haben ein böses Herz."

Als seine Brüder kamen, da freute er sich und erzählte ihnen alles, wie es ihm ergangen wäre, dass er das Wasser des Lebens gefunden und einen Becher voll mitgenommen und eine schöne Jungfrau erlöst hätte, die wolle ein Jahr auf ihn warten, dann sollte Hochzeit gehalten werden, und er bekäme ein großes Reich. Danach ritten sie zusammen fort und gerieten in ein Land, wo Hunger und Krieg war, und der König glaubte schon, er sollte verderben in der Not. Da ging der Prinz zu ihm und gab ihm das Brot, damit speiste und sättigte er sein ganzes Reich, und dann gab ihm der Prinz auch das Schwert und damit schlug er das Heer seiner Feinde und konnte nun in Ruhe und Frieden leben. Da nahm der Prinz sein Brot und sein Schwert wieder zurück, und die drei Brüder ritten weiter. Sie kamen aber noch in zwei Länder, wo Hunger und Krieg herrschten, und da gab der Prinz den Königen jedes Mal sein Brot und sein Schwert und hatte so drei Reiche gerettet. Und danach setzten sie sich auf ein Schiff und fuhren übers Meer. Während der Fahrt sprachen die beiden Ältesten unter sich: „Der Jüngste hat das Wasser des Lebens gefunden und wir nicht, dafür wird ihm unser Vater das Reich geben, das uns gebührt, und er wird uns unser Glück wegnehmen." Da wurden sie rachsüchtig und verabredeten miteinander, dass sie ihn verderben wollten. Sie warteten, bis er einmal fest eingeschlafen war, da gossen sie das Wasser des Lebens aus seinem Becher und nahmen es für sich, ihm aber gossen sie bitteres Meerwasser hinein.

Als sie nun heimkamen, brachte der Jüngste dem kranken König seinen Becher, damit er daraus trinken und gesund werden sollte. Kaum aber hatte er ein wenig von dem bitteren Meerwasser getrunken, da ward er noch kränker als zuvor. Und wie er darüber jammerte, kamen die beiden ältesten Söhne und klagten den jüngsten an, er habe ihn vergiften wollen; das rechte Wasser des Lebens hätten sie gefunden und mitgebracht, und reichten es dem König hin. Kaum hatte er davon getrunken, so fühlte er seine Krankheit verschwinden und ward stark und gesund wie in seinen jungen Tagen.

Danach gingen die beiden zu dem jüngsten, verspotteten ihn und sagten: „Nun, du hast das Wasser des Lebens gefunden? Du hast die Mühe gehabt, und wir den Lohn, du hättest die Augen aufbehalten sollen, wir haben's dir genommen, wie du auf dem Meer eingeschlafen warst. Übers Jahr, da holt sich einer von uns deine schöne Königstochter. Aber hüte dich, dass du davon nichts dem Vater verrätst, er glaubt dir doch nicht, und wenn du ein einziges Wort sagst, so sollst du auch dein Leben verlieren, schweigst du aber, so soll es dir geschenkt sein."

Der alte König aber war zornig über seinen jüngsten Sohn und glaubte, er hätte ihm nach dem Leben getrachtet, also ließ er den Hof versammeln und das Urteil über ihn sprechen, dass er heimlich sollte erschossen werden. Als der Prinz nun einmal auf die Jagd ritt, musste der Jäger des Kaisers mitgehen. Draußen, als sie ganz allein im Wald waren und der Jäger so traurig aussah, sagte der Prinz zu ihm: „Lieber Jäger, was fehlt dir?" Der Jäger sprach: „Ich kann's nicht sagen und soll es doch." Da sprach der Prinz: „Sag's nur heraus, was es ist, ich will es dir verzeihen." – „Ach", sagte der Jäger, „ich soll Euch totschießen, der König hat mir's befohlen." Da erschrak der Prinz und sprach: „Lieber Jäger, lass mich leben, da geb' ich dir mein königliches Kleid, gib mir dafür dein schlechtes." Der Jäger sagte: „Das will ich gern tun, ich hätte doch nicht nach Euch schießen können." Da nahm der Jäger des Prinzen Kleid und der Prinz das schlechte vom Jäger und ging fort in den Wald hinein.

Über eine Zeit, da kamen zu den alten König drei Wagen mit Geschenken an Gold und Edelsteinen für seinen jüngsten Sohn. Sie waren aber von den drei Königen geschickt, denen der Prinz das Brot und das Schwert geliehen, womit sie die Feinde geschlagen und ihr Land ernährt hatten. Das fiel dem alten König aufs Herz, und er dachte, sein Sohn könnte doch unschuldig gewesen sein, und sprach zu seinen Leuten: „Ach! Wäre er noch am Leben, wie tut's mir so herzlich leid, dass ich ihn habe töten lassen." – „So habe ich ja recht getan", sprach der Jäger, „ich habe ihn nicht totschießen können", und sagte dem König, wie es zugegangen war. Da war der König froh und ließ in allen Reichen bekannt machen, sein Sohn sollte wiederkommen und er sollte in Gnaden aufgenommen werden.

Die Königstochter aber ließ eine Straße vor ihrem Schloss machen, die war ganz golden und glänzend, und sagte ihren Leuten, wer darauf geradewegs zu ihr geritten käme, das wäre der Rechte und den sollten sie einlassen, wer aber daneben käme, der wär' der Rechte nicht und den sollten sie nicht einlassen. Als nun die Zeit bald herum war, dachte der Älteste, er wollte sich eilen und zur Königstochter gehen und sich für ihren Erlöser ausgeben, da bekäm' er sie zur Gemahlin und das Reich daneben. Also ritt er fort; als er vor das Schloss kam und die schöne goldene Straße sah, dachte er: „Ei, das wäre jammerschade, wenn du darauf rittest", lenkte ab und ritt rechts nebenher. Wie er aber vors Tor kam, sagten die Leute zu ihm, er wäre der Rechte nicht, er sollte wieder fortgehen. Bald darauf machte sich der zweite Prinz auf, und wie der zur goldenen Straße kam und das Pferd den einen Fuß daraufgesetzt hatte, dachte er: „Es wäre jammerschade, das könnte etwas abtreten", lenkte ab und ritt links nebenher. Wie er aber vor das Tor kam, sagten die Leute, er wäre der Rechte nicht, er sollte wieder fortgehen. Als nun das Jahr ganz herum war, wollte der Dritte aus dem Wald fort zu seiner Liebsten reisen und bei ihr sein Leid vergessen. Also machte er sich auf und dachte immer an sie und wär' schon gern bei ihr gewesen und sah die goldene Straße gar nicht. Da ritt sein Pferd mitten darüber hin, und als er vor das Tor kam, ward es aufgetan, und die Königstochter empfing ihn mit Freuden und sagte, er wäre ihr Erlöser und Herr des Königreichs, und die Hochzeit ward gehalten mit großer Glückseligkeit. Und als sie vorbei war, erzählte sie ihm, dass sein Vater ihn zu sich entboten und ihm verziehen hätte. Da ritt er hin und sagte ihm alles, wie seine Brüder ihn betrogen und er doch dazu geschwiegen hätte. Der alte König wollte sie strafen, aber sie hatten sich aufs Meer gesetzt und waren fortgeschifft und kamen ihr Lebtag nicht wieder.

(Kinder und Hausmärchen der Brüder Grimm)

Zum Festmärchen

Das wohl bekannteste Tormädchen ist „Frau Holle", das sich für einen Frauengeburtstag empfiehlt. Ich habe dennoch „Das Wasser des Lebens" gewählt, seiner eindrücklichen Torsymbolik wegen und weil es ein besonders schönes, tiefgründiges und wohltuendes Märchen ist.

Die Festvorbereitung

Ein Torfest ist besonders stimmig zu Beginn eines Jahrzehnts, Sie können es aber auch abgewandelt zu Silvester feiern. Sehen Sie sich Tore in Ihrer

Umgebung an, vielleicht finden Sie auch ein Baum- oder Felsentor. Gehen Sie bewusst hindurch und nehmen Sie wahr, was Sie dabei fühlen. Durch ein Tor zu gehen entspricht offensichtlich einem tiefen menschlichen Bedürfnis, das Tor gehört zu den Urbildern unserer Seele. Zu den riesigen Felsentoren im Arches-Nationalpark in den USA pilgern beispielsweise jährlich Tausende von Menschen.

Sehr interessant sind auch die Tore in den verschiedenen Religionen. „Noch vor dem Bau von Tempeln galten Tore als Kultstätten der Großen Mutter.“[23] Der Itsukushima-Schrein in Japan etwa besteht nur aus einem großen orangefarbenen Tor, das mitten im Wasser steht. Später wurden Tore errichtet als Schutz und Begrenzung des sakralen Bereiches. Denken Sie etwa an die vielen Tore in chinesischen Tempelanlagen, die durchschritten werden müssen, ehe der Haupttempel betreten werden kann. Es gibt dort auch kreisrunde Tempeltore. Bereichernd ist auch, was biblische Texte über Türen und Tore aussagen: Angefangen beim Tor des Paradieses, das nach dem Sündenfall von einem Cherub bewacht wird, bis hin zu den stets geöffneten Edelsteintoren des Neuen Jerusalem werden Sie vieles finden, das teilweise auch von der Märchensymbolik her vertraut ist. – Lernen Sie das Festmärchen möglichst auswendig oder lesen Sie es sich zumindest einmal laut vor.

Die Einladung

Schreiben Sie Ihren Gästen, dass sie zum Fest Bilder, Texte und Erinnerungen zum Thema „Tor“ mitbringen können. Außerdem soll ein Gegenstand mitgebracht werden, der symbolisch einen guten Wunsch sichtbar macht, z. B. einen Pfennig für Glück im neuen Jahr, einen rotbackigen Apfel für gute Gesundheit, eine Kerze für Licht auf dem Weg usw. – Wenn Sie das Segenstor als „Danktor“ feiern wollen, bitten Sie Ihre Gäste zusätzlich um ein aus Papier ausgeschnittenes Herz, ca. 15 Zentimeter hoch, das an einem Bändchen hängt. Darauf soll ein Erlebnis mit dem Geburtstagskind gestaltet werden (mit Foto, Collage, Zeichnung, Text), vielleicht auch ein Erlebnis, bei dem ihm die Tür zu einem neuen Bereich geöffnet wurde.

Wenn Sie malen lassen wollen, bitten Sie um Farbkreiden. Sie können sich auch, anstelle von Geschenken, einen Beitrag zu den Mahlzeiten wünschen.

Bausteine für ein Torfest

1. Tortanz: Es gibt viele Folkloretänze, bei denen man durch ein Tor geht (siehe hierzu u. a. die Titel von Maria-Gabriele Wosien im Literaturanhang).

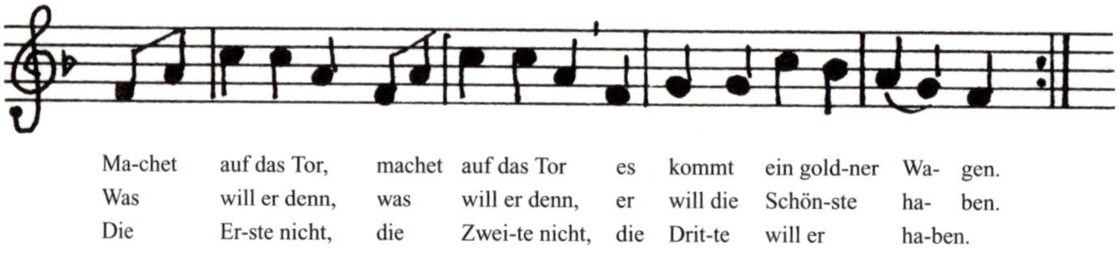

2. Spiellied: „Machet auf das Tor“: Dieses alte Singspiel macht Spaß und ist auch für Erwachsene spannend, denn man weiß nicht, wann man im Tor angehalten und das Tor für einen selbst relevant wird. Die Spielhandlung betont den Weg vor dem Übergang, die Wichtigkeit der richtigen Entscheidung im Torbogen und die Konsequenzen, die sich daraus für die Zeit danach ergeben. Das gilt für das Tor eines Geburtstages, kann aber auch den Durchgang durch das Tor des Todes spielerisch vorausnehmen.

Zwei Gäste vereinbaren leise, wer Apfel und Birne und wer Engel und Teufel ist. Dann bilden sie ein Tor. Alle fassen sich an den Händen und ziehen in langer Schlange singend hindurch, bis bei „die Dritte will er haben“ jemand gefangen wird. Er wird gefragt: „Willst du Apfel oder Birne?“ Dann stellt er sich hinter denjenigen der beiden Spielführer, der die bezeichnete Frucht spielt. Nach etwa sieben Durchgängen wird das Geheimnis gelüftet, wer nun zu den „Engeln“ und wer zu den „Teufeln“ gehört. Alle „Teufel“ werden ausgelacht: „Pfui Teufele!“ Alle „Engel“ werden gestreichelt: „Schöne Engele!“

3. Teerunde: Vielleicht regen Sie beim Teetrinken ein Gespräch über Torerlebnisse der Gäste an, betrachten Torbilder oder lesen Torgedichte vor.

4. Das Torsuchspiel: Vereinbaren Sie zu Beginn eine Spielzeit, z. B. zehn Minuten. Die Gäste stehen einander in zwei Gruppen gegenüber. Gruppe A vereinbart leise, welche zwei Personen das unsichtbare Tor bilden. Dann stellen sich alle zu einer gleichförmigen „Mauer“ in einer Reihe auf und fassen sich an den Händen. Einer aus Gruppe B geht auf die

Mauer zu, rät und zeigt auf zwei Gäste: „Seid ihr das Tor?“ Hat er richtig geraten, folgen ihm die beiden zu Gruppe B. Lag er falsch, ist bei sehr großen Gruppen eine zweite Frage erlaubt. Sonst darf jetzt ein Gast aus Gruppe A raten. Gewonnen hat die Gruppe, die am Ende der Spielzeit die meisten Mitglieder hat.

5. Das Torhüterspiel: Die Hälfte der Gäste bildet eine „Mauer“, in der das Tor deutlich zu sehen ist. Vor ihm versperren ein oder zwei Grenzwächter (Drachen, Löwen, Riesen usw.) den Eintritt. Zwei Gäste werden nach draußen geschickt. Die anderen machen aus, wie die Türhüter besänftigt werden können, so dass sie den Eingang freigeben. So müssen etwa die Löwen gestreichelt oder gefüttert werden, irgendein Zauberwort muss gesprochen werden usw. Nun wird der erste Gast hereingerufen, der versucht, durch das Tor zu kommen. Er hat drei Versuche – waren sie vergeblich, wird der zweite Gast hereingeführt. Gelingt es auch diesem nicht, die Türhüter zu besänftigen, wird das Geheimnis gelüftet, und beide dürfen durchs Tor gehen. War der erste erfolgreich, wird für den zweiten eine neue Aufgabe ersonnen.

6. Das Festmärchen: „Das Wasser des Lebens“; für ein Frauenfest eignet sich auch das Tormärchen von „Frau Holle“ (beide aus den Kinder- und Hausmärchen der Brüder Grimm).

7. Ausdrucksspiel zum Märchen: Beide Märchen eignen sich in besonderem Maße für das Ausdrucksspiel (siehe S. 31 f.). Sie können statt dessen aber auch ein Bild zum wichtigsten inneren Motiv des Märchens malen lassen.

8. Abendessen

9. Das Segenstor (Übergangsritual): Stellen Sie das große Tor aus Zweigen auf, an dem oben das Schild mit dem Lebensalter hängt. Das Geburtstagskind steht davor, alle anderen mit ihren symbolischen Geschenken dahinter. Wenn es möchte, so hat das Geburtstagskind vor dem Durchgang die Gelegenheit, den anderen mitzuteilen, was es im alten Jahr oder Jahrzehnt oder Jahrsiebt zurücklassen möchte, was ihm neu zugewachsen ist und was es in die Zukunft mitnehmen möchte. Dann schreitet das Geburtstagskind *bewusst* durchs Tor, während alle ein Geburtstagslied singen. Dahinter wird es herzlich umarmt und setzt sich; nun wird ein guter Wunsch nach dem anderen ausgesprochen und das dazugehörende Geschenk überreicht. Der Wunsch bekommt mehr Kraft, wenn alle ihn mit einem laut gesprochenen „So sei es“ bekräftigen.

Erweiterung des Dank- und Segenstors (Übergangsritual): Wenn es sich um den runden Geburtstag eines älteren Menschen handelt, beispielsweise um einen 60., 70. oder 75. Ehrentag, kann das Segenstor erweitert werden. Hier entfallen die Spiele 4, 5 und 7, und das Ritual beginnt nach dem Teetrinken.

Das Tor aus Zweigen wird aufgestellt bzw. gehalten. Die Gäste werden in der zeitlichen Reihenfolge, in der sie das Geburtstagskind kennen gelernt haben, aufgerufen. Es beginnt also jemand vom „Tor der Kindheit“. Z.B. sagt die Schwester: „Klaus, du hast damals mit mir Tanzstunde gehabt, und in den letzten Jahren hast du mir ein Tor zum griechischen Tanz geöffnet. Danke.“ Dann erzählt sie vielleicht noch ein lustiges Erlebnis vom Tanzen und hängt ihr Herz an das große Tor. Nun folgt jemand vom „Tor der Schulzeit“ usw. (Auf diese Weise erfolgt übrigens auch eine zwanglose Vorstellung der Gäste!) – Danach findet der Durchgang durch das Tor statt, und die Glückwünsche mit den symbolischen Gegenständen werden wie oben beschrieben ausgesprochen.

10. Schlusstanz

11. Zusätzlicher Baustein: der Lebensrückblick. Ein weiteres schönes Festelement für einen runden Geburtstag ist der Lebensrückblick. Sie haben aus alten Fotos für jede Lebensepoche ein bis zwei Dias hergestellt – insgesamt aber sollten es nicht mehr als 25 Dias werden. Gliedern Sie den Lebenslauf unter dem Aspekt des Tores: das erste Tor, die „Pforte der Geburt“, etwa mit einem Dia vom Säugling. Dann folgen die Tore der frühen Kindheit, der Schulzeit, der Jugend, des Berufs, der Hochzeit, der Elternschaft usw. Sprechen Sie die jeweiligen Tore deutlich an und sagen Sie dem Geburtstagskind, dass dieses Fest ihm helfen soll, getrost durch das neue Tor zu gehen.

Materialliste

Für das „Dank"- bzw. Segenstor: Ein großes, stabiles Tor zum Durchgehen, an dem oben ein großes Schild mit dem neuen Lebensalter des Geburtstagskindes befestigt ist. Im Januar fallen oft große Äste beim Baumschnitt oder im Wald beim Holzfällen an, die Sie zum Binden nehmen können. An das fertige Tor binden Sie das Schild.

Für 7.: Für das Ausdrucksspiel brauchen Sie Ihre Tüchersammlung (siehe S. 32). Wenn Sie malen wollen, müssen sie Zeichenpapier und Farben bereitstellen.

Für den „Lebensrückblick" brauchen Sie Dias, Projektor, Leinwand.

Februar: Ein Fischefest

Fisch

Du wassergeborenes Geschöpf
Voll Heiterkeit in deinem Element
Schwimmst du tanzend dein Leben

Vom Fließenden getragen
Empfängst du die Woge
Wogst mit ihr in schillerndem Kleid

Geheimnisvolle Weisheit Neptuns
Bewahrst du in der Seele
Zärtlich ergründend ihre Rätsel

Was erzählen die Volksmärchen von Fischen?

Die vielen Volksmärchen, in denen Fische eine wichtige Rolle spielen, sind sicher auch beeinflusst von den Überlieferungen der frühen Kulte und Religionen und von biblischen Berichten. So galten schon im Paläolithikum Fische als Symbole für die Fülle und Fruchtbarkeit der Großen Mutter. „Die weiblichen Gottheiten, die als Fische dem Meer entstiegen, waren die ersten Kulturbringer ... In der frühen Kunst und im Mythos verherrlicht der Fisch die Große Mutter und ihren Schoß.“[24] In biblischen Berichten ist der Fisch meist ein *Sinnbild des Wassers, des Lebens und der Fruchtbarkeit.* In diesem Zusammenhang sei an die alttestamentarischen Geschichten von Jona und Tobias erinnert, im Neuen Testament an den wunderbaren Fischzug des Petrus, an den Fisch als Speise und Symbol für Jesus und seine Jünger sowie an die Sendung der Jünger als „Menschenfischer“.

Die Volksmärchen verstehen unter Fischen alle Wasserbewohner, die sich mit Flossen fortbewegen, dazu zählen auch die Wassersäugetiere Wal und Delfin. Von den Fischmotiven im Märchen seien hier nur die wichtigsten erwähnt.

Es gibt viele ätiologische Erzählungen, die schildern, wie alle Fische oder wie die einzelnen Arten entstanden sind oder warum manche Fische in den Tiefen des Meeres schwimmen und andere oben. Die Volksmärchen stellen sich die Fische gesellschaftlich geordnet vor mit einem *Fischkönig* an der Spitze oder erzählen von einem Herrn oder einer Herrin aller Tiere, auf deren Geheiß die Fische herbeigeschwommen kommen. Oft kann einer von ihnen Auskunft über verborgene Dinge geben oder einen ins Meer gefallenen Gegenstand wieder ans Tageslicht bringen.

Der Wunsch des meist armen Fischers nach einem *reichen Fischfang* wird in vielen Märchen auf wunderbare Weise erfüllt.[25] Umgekehrt wird vereinzelt auch von riesigen und gefährlichen Fischen erzählt, die Menschen verschlingen können. Meist aber sind Fische *hilfreich und heilend.* Durch den Verzehr eines Goldfisches werden in „Die Goldkinder“ zwei goldene Kinder, zwei goldene Fohlen und zwei ebensolche Lilien geboren. Auch in anderen Märchen werden Frauen durch das Essen eines besonderen Fisches schwanger. Unser Festmärchen erzählt vom Blut des „Roten Fisches“ als einem Heilmittel für Blindheit.

Wenn ein Märchenmensch einen *Fisch auf dem Trockenen* findet und ihn wieder ins Wasser zurückwirft, also in sein eigentliches Element, ohne das er nicht überleben kann, gewinnt er einen wunderbaren Helfer: Sei es, dass der Fisch ihn vor dem Ertrinken rettet oder über das Meer trägt, sei es, dass er ihn einen wünscheerfüllenden Zauberspruch lehrt oder dass er die Wünsche seines Retters erfüllt (wie in „Der Fischer und sine Fru“) – stets verfügt der Fisch über *übernatürliche Kräfte*, so z. B. im „Meerhäschen“, wo ein Fisch dem Helden bei der Versteckwette hilft. In unserem Festmärchen wird der Fisch sogar zu einem *Helfer, Begleiter und Retter*. Er ähnelt dabei dem Engel, der dem biblischen Tobias im Buch Tobit zur Seite stand.

Meerjungfrauen und Nixen sind oft bis zum Gürtel wie eine Frau, darunter wie ein Fisch gebildet. Meist sind sie verführerisch schön. Je nach dem Verhalten des Menschen können sie hilfreich oder bedrohlich sein. Die Schönheit der *wunderbaren Märchenfische* übertrifft die Farbenpracht der zoologischen Fische bei weitem: Sie können golden sein oder in so numinoser Schönheit leuchten, dass es unmöglich ist, sie zu töten, wie unser Festmärchen erzählt. Diese Märchenfische können sprechen, weissagen, ja sogar beten (wie ein Märchen aus Java erzählt). Oder sie werden, wie in einem russischen Märchen, vom Guslispieler „Sadko“ durch Musik aus der Tiefe eines Sees gelockt. Wunderbare Fische sind im Märchen auch diejenigen, die eine Perle, einen Edelstein oder einen Ring im Leibe tragen.

Mit all diesen Bildern bringen die Märchen zum Ausdruck, wie wichtig es ist, dass wir selbst seelisch nicht austrocknen, sondern Verbindung zu unserem inneren, „wässrigen“ Element, etwa zu unseren Gefühlen, behalten. Sie ermuntern uns, aus dem Meer unseres Unbewussten die goldenen Fische herauszuangeln. Sie zeigen uns aber auch, wie wir mit den gefährlichen Meerungeheuern aus der eigenen Tiefe umgehen können.

Das Festmärchen: Der Rote Fisch

Es war einmal ein König, der war vom Alter blind geworden. Die Ärzte sagten ihm, im Weißen Meer sei ein bunter Fisch, der habe ein Horn auf dem Kopf und heiße „Der Rote Fisch“. Wenn man ihn fangen und mit seinem Blut des Königs Augen bestreichen könnte, dann käme das Augenlicht wieder. Da schickte der König seinen Sohn aus, um den Fisch zu fangen. Der Königssohn holte sich die Fischer zusammen, und sie fuhren auf den Fang aus.

Zwei Tage warfen sie ihre Netze vergebens aus, erst am dritten Tag fingen sie den Roten Fisch. Aber er war schön, so schön, dass sie es nicht übers Herz brachten, ihn zu töten, und so warfen sie ihn ins Meer zurück. Den Fischern aber nahm der Königssohn den Eid ab, sie dürften nichts von dem Fang erzählen. Dann kehrten sie nach Hause zurück.

Danach geschah es eines Tages, dass der Königssohn einen Diener seines Vaters prügelte. Der aber lief zu seinem Herrn und erzählte ihm die Geschichte von dem Roten Fisch. Da wurde der König furchtbar zornig und verwies seinen Sohn des Landes. Als dieser von seiner Mutter Abschied nahm, sagte sie zu ihm: „Wenn dir auf der Straße ein Mann nachgeht, so bleib abseits stehen und tu, als ob du pissen wolltest. Wartet er abseits, so nimm ihn zum Gefährten. Wenn er dir beim Essen mehr gibt, als sich selbst, werdet Freunde. Wenn er nachts die Wache auf sich nimmt, so stelle dich schlafend. Bleibt er wach, so bleibe sein Freund!“

Der Königssohn nahm Abschied von seiner Mutter und ging in die Fremde. Unterwegs sah er einen Unbekannten auf sich zukommen. Er tat, wie ihn seine Mutter geheißen hatte, und der Fremde blieb in einiger Entfernung stehen. Abends beim Imbiss gab der Fremde dem Königssohn mehr, als er sich selbst nahm. Nachts blieben sie auf freiem Feld. Der Königssohn tat, als ob er schliefe. Der Fremde aber wachte die ganze Nacht, so dass sich der Königssohn sagte: „Aus dem Fremden wird mir ein guter Freund werden.“

Bald kamen sie in eine Stadt, wo sie bei einer alten Frau einkehrten. „Was gibt es denn Neues in eurer Stadt?“, fragten sie die Alte. – „Was es Neues gibt? Unser König hat eine Tochter, die sprach bis zu ihrem siebenten Lebensjahr. Von da an hörte sie auf zu sprechen. Der König hat gelobt, sie dem zur Frau zu geben, der sie wieder zum Sprechen bringt. Wer es aber versucht und es gelingt ihm nicht, dem wird der Kopf abgehauen. Viele haben's schon probiert, und aus ihren Schädeln könnte man ein Haus errichten.“ Als der Königssohn und sein Gefährte das gehört hatten, beschlossen sie, das Wagnis auch zu versuchen.

Viele Menschen versammelten sich da am Königshofe, um Zeugen des Versuches zu sein. Der Freund des Königssohnes bat alle, dreimal auf seine Fragen nicht zu antworten. Darauf gingen sie in das Zimmer, in dem die Königstochter hinter einem Vorhang saß. Dann fing der Gefährte zu erzählen an:

„Ein Schneider ging einmal seines Weges. Zu ihm gesellte sich ein Zimmermann und später noch ein Mullah. Sie übernachteten in einem dunklen Wald. Der Zimmermann hielt die erste Wache. Als ihn der Schlaf ankam, nahm er ein Stück Holz und schnitzte daraus einen Jungen. Der Schneider hatte die zweite Wache. Als es ihn zu schläfern anfing, nähte er Kleider für den hölzernen Jungen und zog sie ihm an.

Die dritte Wache hatte der Mullah. Als der nun den hölzernen Jungen erblickte und sah, dass er Kleider anhatte, da flehte er zu Gott, dass er dem Jungen eine Seele geben möge. Der Allmächtige erhörte sein Gebet, und der Junge wurde lebendig. Am Morgen aber fingen alle drei zu streiten an, jeder wollte den Jungen für sich haben. ‚Mir gehört er!‘, sagte der Zimmermann. – ‚Nein, mir!‘, rief der Schneider. – ‚Was fällt euch ein, der Junge ist mein!‘, rief der Mullah. – Was meint nun ihr, liebe Leute, die ihr hier versammelt seid, sagt, wem soll der Junge gehören?“

Aber niemand antwortete, und auch, als der Erzähler seine Frage wiederholte, blieb alles stumm. Nur die Königstochter hielt es nicht länger aus. „Warum antwortet ihr denn nicht?“, rief sie hinter dem Vorhang vor. „Der Junge gehört doch dem Mullah!“ – „Gut, schön, sie hat gesprochen!“, riefen sie alle durcheinander. Der König aber gab seine Tochter dem Königssohn zur Frau.

Abends, als der Neuvermählte sich zu seiner Braut begeben wollte, sagte ihm sein Gefährte, er solle das Brautgemach nicht verschließen. Und als die beiden jungen Eheleute schliefen, trat der Freund ins Zimmer und sah, wie eine ungeheure Schlange zum Fenster hereinkroch. Diese zerhieb er mit seinem diamantenen Schwert. Als der Tag gekommen war, konnten alle sehen, was sich da nachts ereignet hatte.

Zehn Tage später entließ der König seinen Schwiegersohn nach Hause und gab ihm zehn Diener, seiner Tochter aber zehn Dienerinnen sowie zehn Kamele mit zehn Lasten voll Kostbarkeiten.

Als sie wieder an den Ort kamen, wo die Freunde einander begegnet waren, sagte der Gefährte zum Königssohn: „Nun wollen wir alle diese Sachen teilen.“ Der war’s zufrieden, und so teilten sie alles. Blieb nur die Königstochter übrig. „Die müssen wir in zwei Hälften spalten“, sagte der Gefährte. „Nein, töte sie nicht, nimm sie lieber ganz!“, bat der Königssohn. Aber umsonst, der andere wollte davon nichts hören. Sie banden also die Königstochter an einen Baum, der Gefährte zog sein diamantenes Schwert und tat, als wolle er ihr den Kopf spalten. Die Königstochter erbrach sich aber vor Angst und … es waren kleine Schlangen, die da aus ihrem Mund kamen. Ein zweites und ein drittes Mal schwang der Freund sein Schwert, dann aber dankte er Gott und band die Königstochter los.

„Eine Schlange hatte sich in sie verliebt“, sagte er dann, „und hat jede Nacht bei ihr geschlafen. Vom Atem der Schlange ist die Königstochter stumm geworden. – Jetzt muss ich dich verlassen. Meinen Anteil schenke ich dir. Dein Vater ist blind. Nimm ein wenig Erde vom Hufe meines Pferdes und bestreiche damit seine Augen, dann kehrt das Licht in sie zurück. Du wirst mich nicht mehr sehen; ich bin jener Rote Fisch, den du nicht töten lassen wolltest.“ Kaum hatte er’s gesagt, war er auch schon verschwunden. Der Königssohn aber kehrte mit seiner jungen Frau, mit Dienern und Dienerinnen, Kamelen und Kostbarkeiten, nach Hause zurück. Mit ein wenig Erde vom Hufe des Pferdes seines Gefährten bestrich er die Augen seines Vaters, der sogleich wieder sehend wurde. Und … das Märchen ist zu Ende. (Märchen aus dem Kaukasus)

Die Festvorbereitung

Fische sind ein wunderbares und vielfältiges Festthema. Mein Programm bezieht sich nicht auf das Sternzeichen der Fische, sondern auf die lebendigen Fische der Bäche und Flüsse, der Seen und Meere. Ferner feiert dieses Fest die Fische der Märchen, der Träume, der Kunst und der Musik. Es kann deshalb auch sehr wohl von Menschen gefeiert werden, die im Februar beispielsweise im Zeichen des Wassermanns geboren sind. Der Wassermann ist übrigens in Märchen und Sage oft der Herr der Fische. Betrachten Sie vor dem Fest Fische im Aquarium eines Zoos oder einer Tierhandlung. Schauen Sie sich Fischbilder in der Kunst an und Fischfotografien in Tierbüchern. – Je nach Witterung wird es im Februar noch früh dunkel. Gestalten Sie daher das Programm so, dass das Malen noch bei Tageslicht stattfinden kann.

Die Einladung

Bitten Sie Ihre Gäste, Folgendes mitzubringen: Malkittel oder Schürze, Bilder, Erlebnisse, Träume zum Thema Fisch. Vereinbaren Sie vorher mit einem Gast, wer das Ritual gestaltet und leitet. Das Geburtstagskind selbst kann dies nicht tun.

Bausteine für ein Fischefest

1. Tänze, die Wasser und Wellen darstellen, z. B. Tänze von den griechischen Inseln.

2. Der Tanz der Fische: Es gibt eine Fülle von Fischnamen, die die Fantasie anregen:

Juwelenbarsch, Rotfeder, Schleierschwanz, Sonnenkarpfen, Gestreifter Husarenfisch, Pfauenkaiser, Clownfisch, Sandtiger, Schmetterlingsfisch, Leierfisch, Fledermausfisch, Katzenhai, Drachenkopf, Kaiserfisch, Goldfisch, Regenbogenforelle … Schreiben Sie sie auf kleine Kärtchen. Alle ziehen eines und suchen sich zum Namen passende kleine Nylontücher als „Flossen", die in den Händen gehalten und vielleicht auch an Kleidung und Kopf befestigt werden. Zunächst tanzt jede/r für sich in freier Bewegung zu Musik, dann tanzen zwei, drei, vier … und zuletzt alle Gäste miteinander. Sehr schön ist es, wenn jeder einzelne „Fisch" am Ende für die anderen seinem Fischnamen in einem Tanz Ausdruck verleiht. Die anderen schauen zu und versuchen, diesen zu erraten.

3. Das Hechtspiel: Dieses Aufwärmspiel bringt die Gäste in Bewegung und fördert auf heitere Weise den Körperkontakt zwischen ihnen.

Erzählen Sie Ihren Gästen, dass manchmal viele kleine Fische als Schwarm in der Gestalt eines Riesenfisches durch das Meer schwimmen, um Raubfische zu täuschen und abzuschrecken. Vielleicht zeigen Sie dazu ein Bild aus dem Swimmi-Bilderbuch von Leo Lionni. – Alle Fische laufen zu den Klängen einer schnellen Musik durch den Garten oder Raum. Hört die Musik auf, ruft die Spielleiterin eine Zahl zwischen zwei und fünf, beispielsweise: „Vier!" Dann bilden alle rasch Fischschwärme aus vier Einzelfischen, die einander fest anfassen. Wer übrigbleibt, wird „vom Hecht gefressen", d. h. er scheidet aus. Das Spiel geht so lange weiter, bis zuletzt zwei Sieger feststehen, die gefeiert werden.

4. Tee: Beim Teetrinken können Fischerlebnisse, -texte, -träume erzählt, Bilder gezeigt und vielleicht auch Schuberts Lied „Die Forelle" gehört werden.

5. Das Fischerspiel: Alle legen ihre rechte Hand zu einem Kreis auf den abgeräumten Tisch. Ein Gast, der „Fischer", kreist mit seiner Hand über den Händen der anderen. Dabei spricht er:

Ich habe gefischt, ich habe gefischt,
ich habe die ganze Nacht gefischt,
und habe keinen einzigen Fisch erwischt.

Bei *„-wischt"* versucht er, eine der anderen Hände abzuschlagen. Der Getroffene wird neuer Fischer. Auch wer seine Hand zu früh wegzieht, muss Fischer werden.

6. Brainstorming zum Begriff „Fisch“: Auf einem großen Papierbogen schreibt ein Gast die Wörter auf, die ihm zum Stichwort „Fisch“ zugerufen werden. Zuletzt werden alle Assoziationen vorgelesen und das Blatt an der Wand befestigt. Nun ist die „Fischewelt“ auch begrifflich erschlossen.

7. Imagination „Begegnung mit meinem inneren Fisch“: Dazu läuft leise eine Musik, in der Wasserrauschen zu hören ist. Sprechen sie eine Anleitung, bei der jeder in Gedanken die Fischschuppe eines Zauberfisches reibt und dadurch in einen Fisch verwandelt wird. „Das Wasser ist zuerst türkisblau, dann tiefblau. Es wird immer ruhiger, je tiefer ich schwimme. Ich habe Zeit, unendlich viel Zeit. Ich gebe mich ganz dieser tiefen Stille hin und schaue mich in dem gedämpften Licht um, das hier herrscht. Ich sehe Korallen, Seeanemonen … und zuletzt schwimmt ein Fisch auf mich zu. Ich weiß: Dies ist *mein* Fisch. Ich betrachte ihn: seine Größe, Form, Farbe, seine Schuppen, seinen Schwanz … Ich schaue ihm tief in die Augen. Er spricht mit mir, wie ein Fisch im Märchen. Vielleicht schenkt er mir etwas. Er schwimmt einmal im Kreis um mich herum. Ich nehme dann von ihm Abschied und tauche langsam wieder auf.“

Lassen Sie diese Imagination nachklingen.

8. Einen „Märchenfisch“ malen (in einer Zweier- oder Dreiergruppe): Mit Acrylfarben werden die Fische besonders schön. Beim Malen sollte nicht gesprochen werden, es sollte auch möglichst jeweils immer nur ein Mitglied der Gruppe malen. Wenn alle Gruppen fertig sind, werden die Bilder gemeinsam betrachtet.

9. Das Festmärchen: „Der Rote Fisch“ wird möglichst erzählt oder vorgelesen. Danach schließen alle die Augen und lassen die Bilder des Märchens noch einmal am inneren Auge vorüberziehen.

10. Abendessen: Hier können Bilderbücher oder Bildbände von Fischen gezeigt werden.

11. Atemübung: Meeresfische schwimmen im unendlich großen Ozean. Dazu passt folgende „Lemniskaten-Atemübung“: Legen Sie beide Hände vor der Brust aneinander. Die linke Hand sinkt wieder herab, während die rechte Hand dreimal eine große Lemniskate – eine liegende Acht –

beschreibt, wobei die Augen folgen und der ganze Körper mitschwingt. Dann beschreibt die linke Hand, ebenfalls von der Brustmitte ausgehend, drei Lemniskaten. Stets wird dabei zuerst die aufsteigende Rundung ausgeführt, also zuerst nach rechts und links oben. Zuletzt verschränken Sie beide Hände und beschreiben dreimal eine Lemniskate – es wird also neunmal das Zeichen für Unendlichkeit ausgedrückt.

12. Ritual für das Geburtstagskind (Übergangsritual): Der Ehrengast verlässt den Raum, während die anderen ihm mit Tüchern ein neues „Gewässer" legen, in dem er im neuen Jahr schwimmen kann, z. B. einen Bachlauf mit einzelnen Hindernissen. Nun kehrt er zurück und erzählt zwei Erlebnisse, bei denen er in der inneren Entwicklung einen Schritt weiter gekommen ist und die er deshalb mit in das neue Jahr nehmen will. Der Ehrengast geht nun durch den Bachlauf, wobei ein Segen über ihn gesprochen wird. Dabei kann man ihm einen neuen Namen geben oder er wählt selbst einen aus.

Anschließend wird der „Wunschfisch" gespielt: Alle Gäste beschriften eine oder mehrere Schuppen mit je einem guten Wunsch für das Geburtstagskind. Dann werden die Schuppen (mit Fotoklebstoff) auf den vorbereiteten großen Fisch geklebt.

13. Der Fischschwarm – eine Bewegungsimprovisation: Setzen Sie sich in Dreier- oder Vierergruppen auf den Boden, und zwar in Form eines Dreiecks oder eines Quadrats. Alle blicken in Richtung der Person, die vorn sitzt bzw. die der „Vortänzer" ist. Sie beginnt, sich sehr langsam zu einer entsprechenden Musik zu bewegen. Die Schwarmmitglieder bewegen sich gleichzeitig in derselben Weise. Nach einiger Zeit dreht sich der Vortänzer zu einem anderen Mitglied des Schwarmes um, das nun die erste Position einnimmt. Alle richten sich zu ihm hin aus und ahmen nun seine Bewegungen nach.

Materialliste

Für 2.: Kärtchen mit Fischnamen, dünne Nylontücher, „fließende“ Musik.

Für 3.: Schnelle Musik oder ein Instrument zum Improvisieren. Eventuell zusätzlich noch das Bilderbuch „Swimmi“ von Leo Lionni.

Für 6.: Ein großer Papierbogen, Stifte zum Aufschreiben der zugerufenen Begriffe.

Für 7.: Eine Kassette mit Meeresrauschen oder eine meditative Musik mit Wassergeräuschen.

Für 8.: Dunkelblaues Tonpapier DIN A3, Acrylfarben, dünne Borstenpinsel, Wassergefäße, Mallappen, kleine Tortenpappen als Paletten, Schürzen.

Für 12.: Große Tücher in Blautönen für den Bachlauf, ein hellgelber großer Fisch auf einem dunklen, ovalen Untergrund, der ca. 40 Zentimeter breit ist, einzelne ausgeschnittene Schuppen, ca. 3 Zentimeter lang, in verschiedenen Farben (alles aus Tonpapier), Schreibstifte, Fotoklebestoff. Die Anzahl der Schuppen richtet sich nach der Größe des Fisches.

Für 14.: Langsame, fließende Musik, die aber einen klaren Rhythmus hat.

März: Ein Wurzel- und Flügelfest

Wurzel bist du mir
Und Flügel zugleich
Für mein Strömen

Du gewährst mir Halt
In der Erde
Und lässt meine Flügel gleiten
In den Himmel

Wurzel und Flügel
Werden EINS
Himmel sinkt auf die Erde

Was erzählen die Volksmärchen von Wurzeln und Flügeln?

Es ist reizvoll, den Metaphern von Wurzeln und Flügeln in Märchen nachzuspüren, geben sie doch in ihrer Bildersprache uralte Erfahrungen der Menschheit weiter.

Wurzeln und Flügel können stehen für:

- Bindung und Autonomie
- Geborgenheit und Aufbruch
- Sicherheit und Wagnis
- Alltagstrott und Vision
- Vertrautes und Fremdes
- Zufriedenheit und Sehnsucht
- Resignation und Begeisterung
- Nähe und Ferne
- Materie und Geist

Diese spannungsgeladene Thematik ist auch in den Märchen nicht nur auf die Paarbeziehung beschränkt, sie zieht sich durch unzählige Märchenbiografien. Aus Platzgründen sollen hier lediglich die Festmärchen dieses Buches als Beispiele herangezogen werden. Ich kann hier nur knappe Hinweise geben und hoffe, dass Sie in anderen Volksmärchen selbst auf Entdeckungsreise nach Wurzeln und Flügeln gehen.

Der Aufbruch aus dem Elternhaus

Die elterliche Geborgenheit wird oft wegen einer Notlage verlassen: So soll etwa für den kranken Vater das „Wasser des Lebens“ oder der „Rote Fisch“ geholt werden. Entscheidend für das Gelingen des Weges ist aber die Frage, ob der Märchenmensch den Weg ohne Berechnung antritt und in welcher Haltung er den Geschöpfen auf dem Weg begegnet. Wenn z. B. die Schönheit eines Fisches wichtiger ist als der Zorn des Vaters, oder wer ein Tier aus einer Falle befreit, der gewinnt gute Begleiter und gelangt am Ende zum Königtum seines Lebens.

Die Wurzeln des Elternhauses können auch sehr einengend und destruktiv sein. Aber selbst wenn überängstliche Väter und neidische Stiefmütter die Töchter in den Turm oder ein anderes Gefängnis einsperren – die Mädchen breiten dennoch ihre Flügel aus und fliegen davon. Häufig treibt auch die Bosheit der (Stief-)Mutter die Tochter aus dem Haus oder in den Wald. Manchmal ist es aber auch der Wunsch der Tochter selbst (die sich etwa das ungewöhnliche Mitbringsel einer Rose wünscht), der die Wurzeln zum Elternhaus lockert, so dass der Weg zum Partner angetreten werden kann.

Wurzeln und Flügel in den Paarbeziehungen der Märchen

Sehnsucht verleiht Flügel. Auch beim Märchenmenschen ist die Sehnsucht nach der oder dem fernen Liebsten Triebfeder und Energie. Durch sie kann er Gefahren bestehen, Mühsal und tödliche Bedrohung bewältigen, durch sie gelangt er ans Ziel. Das Märchen von den drei Brücken (siehe S. 117 ff.) drückt besonders schön aus, dass *beide* Partner an dieser Suchwanderung beteiligt sein können. Sind die Liebenden endlich vereint und ist das Fest der Hochzeit gefeiert, werden sie aber in vielen Märchen wieder getrennt. Oft wird ein Partner dabei verleumdet und erniedrigt, es kann sogar ein anderer Mensch seinen Platz bei seinem oder seiner Liebsten einnehmen. Nur die unbeirrbare Liebe und Treue gibt dann die Kraft etwa zu einer siebenjährigen Zeit des Wanderns oder Schweigens. Und sollte der oder die Liebste „bis an der Welt Ende" entrückt sein oder die Treue vergessen haben, so genügt es, wenn die oder der andere daran festhält. Dann verwurzeln beide sich zuletzt neu ineinander. Das Märchen drückt durch all diese Suchwanderungen aus, dass in jeder Beziehung und in jeder Biografie Zeiten der Nähe und der Ferne abwechseln und stets beides gelebt werden will, die Wurzeln *und* die Flügel.

Wurzeln und Flügel bei Märchengeschwistern

Auch hier gibt es Entwicklungen voneinander weg und zueinander hin. So können drei Söhne zuerst gemeinsam über die Krankheit des Vaters weinen und später unbarmherzig um das Erbe streiten: Schwestern können miteinander rivalisieren oder einander helfen. Eine stets wiederkehrende Märchenweisheit aber ist, dass der „zurückgebliebene“ Dummling, der Aschenhocker, der am häuslichen Herd scheinbar fest verwurzelt ist, zuletzt die Brüder oder Schwestern überflügelt. Dasselbe gilt auch für alle Aschenputtel-Märchen.

Wurzeln und Flügel in Leben, Tod und neuem Leben

Es gibt einige Märchen, in denen Kinder oder Ehepartner getötet werden, die dann aber in stets neuer Gestalt wieder erscheinen. Das Märchen macht deutlich: Wenn wir unsere Wurzeln aus der ursprünglichen Existenz ziehen, breiten wir unsere Flügel aus und können in einer anderen wieder Wurzeln schlagen. Auch im Märchen „Die weiße Schwanenfrau“ klingt die Sehnsucht an, unsere Verwurzelung in der Materie zu verlassen und uns „zu blauen Himmelshöhen“, also in eine andere Dimension, aufzuschwingen. Während in den meisten anderen Schwanenfrau-Märchen die Frau aber wieder fortfliegt, gelingt es im folgenden der Liebe des Mannes, sie festzuhalten. Das Märchen endet damit, dass beide auch in der Verwurzelung auf der Erde Flügel des Glücks ausbreiten können.

Das Festmärchen: Die weiße Schwanenfrau

Es war einmal ein Zarensohn. Er ritt jeden Tag auf die Jagd ins freie Feld, in den weiten Wald und an den Strand des blauen Meeres. Gänse, Schwäne und graue Enten jagte er, und einmal schoss er ein junges, weißes Schwänchen in den Flügel. Das fiel nun auf eine grüne Wiese. Der Zarensohn wollte es töten, aber es sah ihn so traurig an, dass ihm das Herz schwer wurde. Er hatte Mitleid, hob es auf sein Pferd, brachte es in sein weißes Zelt und setzte es in eine Ecke aufs Stroh.

Am nächsten Morgen ritt der Zarewitsch wieder auf die Jagd. Da kam das Schwänchen aus seiner Ecke heraus, sprang auf den Boden und verwandelte sich in eine schöne junge Frau. Sie räumte das Zelt auf, bereitete das Essen und deckte den Tisch. Dann verwandelte sie sich wieder in den kleinen Schwan und setzte sich in eine Ecke aufs Stroh. Als der Zarewitsch von der Jagd zurückkehrte, sah er sich erstaunt um. Was war denn das? Das weiße Zelt war aufgeräumt, das Essen zubereitet, und auch der Tisch war gedeckt. „Wie ist das nur möglich?“, dachte er. „Wer mag bloß hier gewesen sein?“

Am nächsten Tag, kaum war er zur Jagd geritten, kam die weiße Schwanenfrau hervor und verwandelte sich wieder in die junge Frau. Sie räumte das Zelt auf, bereitete das Essen und deckte den Tisch. Dann bestickte sie ein Leinenhemd mit Seide und legte es auf die Bank. Bald darauf nahm sie wieder die Gestalt der Schwanenfrau an, setzte sich in die Ecke und wartete auf den Zarewitsch.

Da kam er zurück, brachte Gänse, Schwäne und graue Enten mit, und als er ins Zelt eintrat, wunderte er sich über alle Maßen: „Ja, wer richtet mir denn das alles so schön her? Wer mag es sein, der sich vor mir versteckt? Vielleicht ist es ein schönes Mädchen oder eine junge Frau?“ – Niemand antwortete ihm. Kein Laut war zu hören.

Am dritten Tag machte er sich zur Jagd fertig, aber nur zum Schein. Er verließ das Zelt – und versteckte sich. „Nun will ich einmal aufpassen“, dachte er, „wer alles so schön bereitet.“ Da kam die weiße Schwanenfrau aus ihrer Ecke hervor, verwandelte sich in eine schöne junge Frau und ging an die Arbeit. Der Zarewitsch hörte Geräusche im Zelt und rief laut: „Wer wirtschaftet denn bei mir im Zelt herum? Wenn du ein altes Mütterchen bist, so sei mir eine Mutter! Wenn du eine junge Frau bist, so sei meine liebe Gemahlin! Und wenn du ein kleines Mädchen bist, so sei mir ein liebes Schwesterchen!“

Schnell trat er ins Zelt; da sah er die schöne junge Frau und fasste sie an ihren weißen Händen. Sie wehrte sich und sträubte sich und verwandelte sich in eine goldene Spindel. Doch er ergriff die Spindel und brach sie mitten durch. Das Ende warf er vor sich hin, die Spitze warf er hinter sich und rief: „Vor mir stehe die schöne Frau und hinter mir eine scharlachrote Blume!“ Da stand sie wieder vor ihm und hinter ihm die rote Blume. Die Frau war wunderschön. Wenn er sie ansah, konnte er die Augen nicht mehr von ihr wenden.

So lebten sie miteinander und wohnten im weißen Zelt, im freien Feld, auf weiter Flur. Und nach einiger Zeit bekamen sie einen Sohn, der hatte blonde Locken und Wangen wie Milch und Blut. Als es Frühling wurde, kam eine alte Frau zu ihnen. „Iwan Zarewitsch“, sagte sie, „draußen ist's Frühling! Jetzt reite nicht fort und gib acht auf dein Glück. Deine Frau fliegt sonst wieder zu den Schwänen zurück.“

Eines Morgens flog ein Zug Schwäne über das Zelt. Ein alter Schwan erblickte die schöne Frau und rief:

„Hör mich, mein liebes Töchterlein!
Soll ich ein weißes Flügelein
hinunterwerfen zu dir?
Wir fliegen in blaue Himmelshöh',

wir fliegen zum Strande der wogenden See.
Ach, fliege doch mit mir!“

Da sprang die junge Frau auf und rief als Antwort:

„Höre, mein Großväterlein!
Sollst kein weißes Flügelein
hinunterwerfen zu mir!
Ich flieg’ nicht in blaue Himmelshöh’,
ich fliege nicht mit an die wogende See.
Ich habe doch meinen Geliebten hier,
bei dem will ich bleiben!
Ich flieg’ nicht mit dir!“

So flogen die Schwäne davon. Ein zweiter Zug kam geflogen, und eine weiße Schwänin rief der jungen Frau zu:

„Hör mich, mein liebes Schwesterlein,
soll ich ein weißes Flügelein
hinunterwerfen zu dir?
Wir fliegen in blaue Himmelshöh’,
Wir fliegen zum Strande der wogenden See.
Ach, fliege doch mit mir!“

Schnell kam die junge Frau aus dem Zelt und antwortete der Schwanenschwester:

„Hör mich, mein liebes Schwesterlein!
Sollst kein weißes Flügelein
hinunterwerfen zu mir!
Ich flieg’ nicht in blaue Himmelshöh’,
ich fliege nicht mit zu der wogenden See,
ich habe mein liebes Kindchen hier,
bei dem will ich bleiben!
Ich flieg nicht mit dir!“

So flogen auch diese Schwäne vorüber. Dann aber kam noch ein dritter Zug. Und eine alte Schwanenfrau rief der jungen Frau zu:

„Hör mich, mein liebes Töchterlein!
Soll ich ein weißes Flügelein
hinunterwerfen zu dir?
Wir fliegen in blaue Himmelshöh',
Wir fliegen zum Strande der wogenden See.
Ach, fliege doch mit mir!"

Da trat die junge Frau wieder auf die Wiese hinaus und rief mit lauter Stimme:

„Hör mich, mein liebes Mütterlein!
Gib mit das weiße Flügelein!
Ich fliege mit dir in die blaue Höh',
ich fliege mit dir zu der wogenden See,
Ich will wieder bei euch sein!"

Da warf ihr die alte Schwanenfrau einen weißen Flügel herunter. Kaum aber hatte die Frau die Flügelchen aufgefangen, eilte jedoch der Zarensohn herbei und hielt sie fest. Sie wehrte sich und sträubte sich, aber er war stärker als sie. Da flog auch dieser Zug weißer Schwäne weiter. Die junge Frau aber weinte und sagte: „Hättest du mich nicht festgehalten, so wäre ich davongeflogen ins Schwanenreich. Aber nun will ich mit niemandem mehr wegfliegen, denn mein liebes Mütterchen ist fort."

„Sei nicht traurig, meine liebe Schwanenfrau", antwortete der Zarensohn, wir werden hier ein schönes Leben führen und mit unserem Sohn glücklich sein."

Und so geschah es.

(Märchen aus Russland)

Die Festvorbereitung

Ein Wurzel- oder Flügelfest passt vorzüglich zum Frühlingsbeginn und auch zu vielen Festen, die früher in diesem Monat gefeiert wurden. Am 5. März ist z. B. der nordafrikanische Festtag der Göttin Isis, die auch als die Erfinderin des Segels und Beschützerin der Seeleute galt. Ferner wurden im März die Feste der griechischen Göttinnen Aphrodite und Athene und der germanischen Eostara, der Göttin der Wiedergeburt, gefeiert. Grundsätzlich jeder Geburtstag beinhaltet die Wurzel- und Flügelthematik, denn sie durchzieht unser ganzes Leben, und es ist ebenso denkbar, sie zu Beginn eines neuen Jahrsiebts oder bei einem Abschied zu feiern. In den Volksmärchen, in Prosatexten, Gedichten, in Volksliedern und Schlagern, in Kunst und Musik, in biblischen und spirituellen Texten ist vieles zu finden, das zu diesem Festthema passt; Ihr Freundeskreis beteiligt sich hier sicher gern an der Suche. So kann ein Gast verschiedene literarische Zitate vorlesen, ein anderer kann Musikbeispiele – etwa aus der Romantik – vorspielen und ein dritter Kunstabbildungen zeigen.

Die Einladung

Sicher wird es notwendig sein, dass Sie in einigen Sätzen erläutern, was mit dem Thema gemeint ist. Bitten Sie Ihre Gäste, als Geschenk – neben einem Beitrag für das Essen – eine kleine Wurzel, eine Feder und zwei Postkarten mitzubringen. Das Motiv der einen Karte soll symbolisch Wurzeln, das der anderen Flügel darstellen (Beispiel: eine Familienszene für „Wurzeln", einen Sonnenaufgang für „Flügel"). Außerdem sind Texte, Bilder oder Musikbeispiele zum Thema willkommen. Wer will, kann Instrumente zum Improvisieren der „Flügel" mitbringen.

Bausteine für ein Wurzel- und Flügelfest

1. Tanz: Tänze, die ein sehr langes Vorspiel haben, ehe man sich in Bewegung setzt, oder solche, die Phasen des Stillstehens und der Bewegung beinhalten.

Ein leicht zu lernender Tanz ist der folgende von Barbara Besser.

Wurzel- und Flügeltanz

Musik: „Italiana" von Ottorino Respighi[26]
Alle fassen einander, im Kreis stehend, an den Händen. Die Hände sind unten (V-Haltung).
Durchgehend raumgreifende Walzerschritte.

1. Ein Walzerschritt rückwärts, aus dem Kreis heraus nach hinten, mit rechts beginnend (= Verwurzeln).

2. Ein Walzerschritt diagonal nach vorne in Tanzrichtung, mit links beginnend (die diagonale Richtung ist wichtig, um den Kreis wieder zu schließen).

3. Eine Drehung im Walzerschritt vorwärts in Tanzrichtung (nicht auf der Stelle!), mit rechts beginnend, dabei Handfassung lösen (= Fliegen).

4. Hände wieder fassen. Links kreuzt über rechts, rechts wird seitlich angestellt, links wird beigestellt (= Landen). Dieser Schritt ist wichtig, um sich zu sammeln und den Kreis wieder in Form zu bringen.

Achtung: Hören Sie genau auf die Musik, und tanzen Sie nicht über die beiden Verzögerungsstellen hinweg.

2. Vorstellung mit Karten: Die erste Frau fängt etwa so an: „Ich bin Jolanthe. Dieses Foto meiner Familie steht für mich für meine Wurzeln. Diese Postkarte der ‚blauen Berge' ist für mich eine Landschaft, die meine Fantasie beflügelt." Danach lässt sie beide Karten in der Runde kreisen und legt sie dann beiseite.

3. Das Baum- und Windspiel: Vorbemerkung: Hier kann die Unbeweglichkeit der Wurzeln und die Leichtigkeit der Flügel in einem heiteren Spiel erfahren werden, das auch auf gute Weise die Gäste einander näher bringt.

- Die Hälfte der Gäste steht still, spürt mit den Fußsohlen bewusst den Boden und verwurzelt sich bewusst in die Erde. Diese Gruppe spürt, wie ihre Wurzeln tiefer und tiefer wachsen, bis zuletzt die Bäume fest und sicher stehen.

- Die andere Gruppe spielt die Winde. Jeder Wind läuft nun zu einem Baum, bläst ihn mit Windgeräuschen an und versucht ihn zu entwurzeln, indem er mit Rücken, Flanke, Kopf oder Schultern fest gegen ihn drückt. Hände und Füße zu benutzen ist nicht erlaubt. Ist der Baum fest verwurzelt? Bleibt er stehen? Jeder Wind wiederholt dies auch an anderen Bäumen, dann tauschen Winde und Bäume ihre Rollen.

4. Teerunde: Vielleicht werden zum Abschluss der Teerunde Gedichte oder andere Texte zum Thema vorgelesen.

5. Brainstorming: Auf einen großen Papierbogen schreiben Sie oben links „Wurzeln“ und rechts „Flügel“. Nun rufen Ihnen Ihre Gäste Begriffe zu, die sie mit einem der beiden Wörter assoziieren, z. B. „Bindung“: Er wird unter „Wurzeln“ aufgeschrieben, dann wird der Gegenbegriff dazu gesucht und unter „Flügel“ aufgeführt. Es kann bei einzelnen Begriffen strittig sein, wo sie einzuordnen sind. Die dadurch ausgelöste Diskussion wird sicher Erhellendes zum Verständnis des Festthemas beitragen. Zuletzt werden die Gegensatzpaare noch einmal vorgelesen.

6. Das Wurzelspiel: Setzen Sie sich in einem Kreis auf den Boden. Alle betasten nun die Wurzel, die jeder mitgebracht hat, riechen daran, legen sie vor sich auf den Boden und schließen die Augen. Der Spielleiter, der als einziger die Augen offen hält, vertauscht nun die Wurzeln – am einfachsten ist es, wenn er jede Wurzel an den benachbarten Platz legt. Alle betasten und beschnuppern die neue Wurzel, ohne die Augen zu öffnen. Dann gibt der Spielleiter ein akustisches Zeichen, bei dem alle mit geschlossenen Augen gleichzeitig die neue Wurzel an den rechten Nachbarn weitergeben und selbst eine andere erhalten. Auch diese Wurzel wird betastet, und wer glaubt, es ist seine, darf die Augen öffnen. Das Spiel ist zu Ende, wenn alle ihre eigene Wurzel wieder haben. – Anschließend können als Kontrast mit geöffneten Augen auch die mitgebrachten Federn betastet werden, ohne sie aber weiterzugeben.

7. Ein Mandala für das Geburtstagskind (Übergangsritual): Alle nehmen ihre Wurzel und ihre Feder sowie die beiden Karten von der Vorstellungsrunde zur Hand. Breiten Sie ein großes Tuch aus und stellen Sie einen Blumenstrauß oder legen Sie einen Edelstein in die Mitte. Der erste Gast legt nun seine Wurzel auf das Tuch und drückt einen Dank aus, z. B.: „Ich danke dir, dass du zum zuverlässigen Wurzelgrund meines Lebens gehörst und für mich da bist!“ Wenn er mag, kann er auch noch einen Wunsch für das Geburtstagskind aussprechen: „Ich wünsche dir im neuen Jahr starke Wurzeln des Vertrauens.“ Dann legt er seine Feder ebenfalls mit einem Dank oder mit einem Wunsch ab und sucht sich noch einen Platz für seine beiden Karten. Bilden Sie am besten mit den Wurzeln und Federn einen inneren Kreis und einen äußeren mit den Karten; der Reihe nach legt jeder Gast dort seine Gaben ab. Auch das Geburtstagskind kann Wurzel, Feder und Karten dazulegen. Zuletzt fassen sich alle an den Händen und umschreiten das Mandala: einmal stampfend (für die Wurzeln) und einmal leichtfüßig und schnell (für die Flügel).

8. Abendessen

9. Das Festmärchen: „Die weiße Schwanenfrau“ wird vorgelesen, möglichst erzählt. Danach lassen die Zuhörer die Wurzel- und Flügelbilder des Märchens noch einmal an ihrem inneren Auge vorbeiziehen, während im Hintergrund leise Musik läuft oder ein Instrument, wie Gong oder Regenrohr, gespielt wird.

10. Musikbeispiele zum Thema können nun gehört werden. Oder Sie improvisieren gemeinsam eine Musik für „Wurzeln“ und eine für „Flügel“ auf den mitgebrachten Instrumenten.

11. Der Ruf der Sehnsucht: Wenn Sie viel Zeit haben, bietet sich noch folgende Spiel an: Bilden Sie Paare, von denen ein Partner sich mit Tüchern ein „Nest“ im Raum baut, sich hineinsetzt oder -legt und die Augen schließt. Die Partnerin stellt den „Ruf der Sehnsucht“ dar, indem sie den Namen des „Nesthockers“ ruft, singt, eine Melodie auf einem Instrument improvisiert, ein Zauberwort oder ein Mantra mehrmals wiederholt, einen Rhythmus klatscht usw. Wenn der „Nesthocker“ den Ruf einladend genug findet, öffnet er die Augen und begibt sich auf den Weg. Danach werden die Rollen getauscht, und am Schluss besprechen beide ihre Erfahrungen.

12. Schlusstanz oder -lied

Materialliste

Für 5.: Ein großer Papierbogen und dicke Farbstifte.

Für 6.: Einige Wurzeln und Federn als Reserve.

Für 7.: Ein großes unifarbenes Tuch als Unterlage.

Für 9.: Passende Musik bzw. ein Instrument (z. B. Gong oder auch ein Regenrohr).

Für 10. und 11.: Kleininstrumente wie Klangschalen, Flöten, Glöckchen usw.

Für 13.: Liedblätter, z. B. mit Wanderliedern (wenn Sie singen wollen).

April: Ein grünes Fest

Grün gegen Blau
Wind tanzt in Blättern
Sonne wärmt Erwachtes
Erde lässt wachsen
Himmel zieht Seelen an

Die Farbe Grün in den Volksmärchen

Die Volksmärchen mit ihrer Neigung zu starken Kontrasten, klaren Typisierungen und polaren Aussagen bevorzugen die kräftigen Farben Weiß, Schwarz und Rot sowie die Metalle Kupfer, Silber und Gold; daneben begegnet Blau und Grün (vereinzelt auch Gelb). Mischfarben und Zwischentöne wie Braun, Rosa und Violett fehlen gänzlich. Volksmärchen haben mit Träumen eine Gemeinsamkeit: In beiden kommen Farben relativ selten vor. Natürlich kann die Wahl der Farbe im Traum noch mit dem Tagesgeschehen zusammenhängen, ebenso können die Farben der Märchen vom jeweiligen Hintergrund des Brauchtums, der Religion und der Kulturgeschichte beeinflusst sein. Dennoch gilt, dass Farben in Traum und Märchen immer starke symbolische Kraft haben. Sie weisen auf eine verborgene Bedeutung und auf einen geheimen Sinn hin.

Der „grüne Hügel" etwa, zu dem „Katharina Nussknackerin" mit dem Prinzen reitet, ist ein Feenhügel, ein magischer Ort, an dem beide der Anderswelt begegnen und Katharina jenseitige Zaubermittel gewinnt; desgleichen ist die Dame in Grün, der „Tom der Reimer" begegnet, die Feenkönigin. Auch Zwerge sind im Märchen oft grün gekleidet. Grün ist also eine Zauberfarbe – so bietet ein grüner Haselzweig seinem Träger Schutz vor Schlangen, Nattern und bösem Zauber. Ein vorher dürrer und plötzlich wunderbar ergrünender Zweig ist in den Märchen stets ein Zeichen für Unschuld und Reinheit. Vor allem aber ist Grün die Farbe der Natur, für deren Fülle, Pracht und Kraft sie steht und in der sie immer auch die Beziehung des Menschen zu ihr einschließt. Diese grüne Natur erscheint in den Märchen oft in Gestalt einer Person: So wird etwa von „Großmütterchen Immergrün" erzählt oder von der „Grünen Jungfer" („da steht eine Jungfrau, die hat ein grünes Kleid an, grüne Hände, grünes Gesicht und auch grüne Haare"), und eine grüngekleidete Waldfrau weist die Hilfesuchenden auf magische Hilfsmittel hin. „Dieser Zusammenhang zwischen Pflanzenwuchs und Zaubermacht, die enge Wechselwirkung zwischen natürlichen und übernatürlichen Kräften, findet sich sehr häufig."[27] Auch das männliche Gegenstück existiert im Märchen, etwa in Gestalt eines grüngekleideten Jägers, der Zaubergegenstände verschenkt, eines Waldkönigs mit grünem Bart und grünen Kindern oder des Teufels, der häufig als „Mann im grünen Rock" auftritt. Es ist denkbar, dass die machtvolle Figur des Grünen Mannes, der noch im Mittelalter in der kirchlichen Kunst und im Brauchtum positiv erlebt und dargestellt wurde (als beliebtes Motiv in der romantischen oder gotischen Steinmetzkunst oder Holzschnitzerei und noch in der Ornamentik des Jugendstils), im Laufe der Zeit eine Abwertung erfuhr und zuletzt „verteufelt“ wurde – parallel zur zunehmenden Entfremdung des Menschen von der Natur und zu ihrer Verteufelung. In jüngster Zeit entwickelt sich wieder ein neues Bewusstsein für die Große Mutter und parallel dazu wird auch der Archetypus des mit ihr eng verbundenen Grünen Mannes wieder lebendig.[28]

Das Festmärchen: Der Grüne Ritter

Es war einmal ein König, der war Witwer und hatte eine einzige Tochter. Es gibt ein altes Sprichwort: „Witwerleid ist wie Ellenbogenstöße, es tut weh, aber es geht bald vorüber.“ Und so verheiratete er sich mit einer Königin, die zwei Töchter hatte. Auch diese Stiefmutter war nicht besser als andere Stiefmütter, schlimm und boshaft war sie gegen die Stieftochter.

Nach einiger Zeit, als die Prinzessinnen erwachsen waren, brach ein Krieg aus, und der König musste ausziehen, für Land und Reich zu kämpfen. Die drei Töchter durften sich etwas wünschen, was der König mit heimbringen würde, sobald er seine Feinde besiegt hätte. Die Stieftöchter durften zuerst sagen, was sie sich wünschten. Ja, die erste bat um ein Goldapfelbäumchen, so klein, dass es auf einem Achtschillingstück stehen könnte. Die andere bat um ein Goldapfelbäumchen, so klein, dass es auf einem silbernen Achtschillingstück stehen könne. Diese Dinge waren nun weder zum Spinnen noch zum Ernten zu gebrauchen, zu gar nichts. Aber seine eigene Tochter, die wollte nichts anderes haben, als dass er den Grünen Ritter grüßen solle. Der König zog in den Krieg und gewann ihn, und dann kaufte er das, was er den Stieftöchtern versprochen hatte. Das, worum ihn seine eigene Tochter gebeten hatte, war vollkommen vergessen.

Weil er nun den Krieg gewonnen hatte, gab er ein Gastmahl. Dabei sah er auf einmal den Grünen Ritter, und dadurch erinnerte er sich an den Wunsch, und so richtete er ihm die Grüße seiner Tochter aus. Der Ritter dankte ihm dafür und gab ihm ein Buch, das wie ein Gesangbuch aussah, mit Buchdeckeln zum Zuschnallen und Verschließen. Das sollte der König mitnehmen und ihr geben. Aber er dürfe es nicht aufschließen, und sie selbst dürfe es nur aufschließen, wenn sie allein wäre.

Als der König mit Kriegen und Gastmählern fertig war, kam er wieder nach Hause. Kaum war er zur Tür hineingetreten, umringten ihn die Stieftöchter schon und fragten nach dem, was er ihnen mitgebracht hätte. Ja, er hatte beides mitgebracht. Aber seine eigene Tochter hielt sich zurück und fragte nichts. Der König hatte es auch vergessen. Aber einmal, als er ausgehen wollte, trug er wieder denselben Rock, den er bei dem Gastmahl getragen hatte. Und als er in die Tasche griff, um sein Taschentuch herauszuziehen, kam ihm das Buch in die Hände. Jetzt gab er es ihr und sagte, er solle grüßen, das schicke ihr der Grüne Ritter und sie solle es nur aufschließen, wenn sie allein wäre.

Am Abend, als sie in ihrer Schlafkammer allein war, schloss sie das Buch auf. Da hörte sie eine Melodie, die so schön war, wie sie noch keine gehört hatte, und dann kam der Grüne Ritter. Er sagte ihr, dass dieses Buch so beschaffen sei: Sobald sie es aufschließe, käme er zu ihr, wo sie auch sei, und wenn sie es wieder zuschließe, sei er im selben Augenblick verschwunden.

Ja, am Abend, wenn sie allein und in Ruhe war, öffnete sie das Buch manchmal, und der Grüne Ritter kam stets zu ihr. Sie sahen sich sehr oft. Aber die Stiefmutter steckte ihre Nase in alles, ihr schien es, dass da jemand bei ihr in der Kammer sei, und sie erzählte es sofort dem König. Der wollte es aber nicht glauben, das müsse er erst selber sehen, das solle sie ihm zeigen. Eines Abends standen sie draußen vor der Tür und lauschten. Da schien es zuerst, als ob jemand drinnen spreche. Als sie aber hineinkamen, war niemand da. „Mit wem hast du gesprochen?", fragte die Stiefmutter hart und rau. „Es ist niemand hier", sagte die Königstochter. „Ich habe es aber ganz deutlich gehört", beharrte die Königin. „Ich las noch in einem Gebetbuche." – „Zeige es mir!" sagte die Königin. „Ja, aber da ist doch wirklich nichts anderes als ein Gebetbuch, und das muss sie doch lesen dürfen", sagte der König.

Doch die Stiefmutter glaubte dasselbe wie zuvor. Sie bohrte ein Loch in die Wand und lauerte. Eines Abends hörte sie, dass der Ritter da war. Sie riss die Tür auf und fuhr wie ein Wind zur Stieftochter hinein. Aber diese hatte das Buch schnell geschlossen, und fort war er in aller Eile. Aber so schnell es auch ging, die Stiefmutter hatte doch einen Hauch von ihm gesehen, und sie war gewiss, dass jemand dagewesen war.

Nun geschah es, dass der König auf eine lange Reise gehen musste. Sofort ließ die Stiefmutter ein tiefes Loch in die Erde graben und ein Haus hineinmauern. Aber in die Mauer ließ sie Rattenpulver legen und andere starke Gifte, damit nicht einmal eine Maus hineinkommen könne. Den Maurermeister bezahlte sie gut, und er musste versprechen, aus dem Lande zu reisen. Aber das tat er nicht, er blieb, wo er war.

Nun wurde die Königstochter hinuntergeführt mit ihrer Magd, und der Gang wurde so weit zugemauert, dass nur ein kleines Loch offenblieb, um ihnen Speise durchzureichen. Hier unten saß sie nun und trauerte, und die Zeit wurde ihr lang und länger. Da erinnerte sie sich, dass sie ja das Buch mitgenommen hatte. Sie nahm es zur Hand und schloss es auf. Zuerst hörte sie dieselbe schöne Melodie, welche sie immer gehört hatte, danach aber einen unglücklichen Jammerlaut, und dann erschien der Grüne Ritter. „Ich werde in der nächsten Zeit sterben müssen", sagte er, und dann erzählte er, dass die Stiefmutter starkes Gift in die Wände gemischt habe, und er wüsste nicht, ob er lebend wieder herauskäme. Als sie das Buch wieder schließen musste, hörte sie denselben unglücklichen Laut und dann nichts mehr.

Aber die Magd, die sie bei sich hatte, besaß einen Liebsten. Der bekam die Botschaft zugesandt, er solle zum Maurermeister gehen und ihn bitten, das Loch so groß zu machen, dass sie wieder hinaufkriechen könnten; die Königstochter würde ihn so gut bezahlen, dass er sein Lebtag genug haben würde. Er tat es auch wirklich. Sie schlüpften hinaus und reisten weit weg in fremde Länder, und wohin sie auch kamen, die Königstochter und ihre Magd, überall fragten sie nach dem Grünen Ritter. Doch niemand kannte ihn.

Nach langer Zeit kamen sie zu einem Schloss, das war ganz schwarz verkleidet. Und als sie da hinaufgehen wollten, kam ein Regenguss über sie, so dass sie unter dem überdachten Kirchengang Schutz suchten. Dort wollten sie den ärgsten Regen abwarten. Als sie dort standen, kamen ein alter Mann und ein Junge, die dort auch Schutz vor dem Regen suchten. Aber die Prinzessin zog sich in einen Winkel zurück, so dass sie nicht gesehen wurde.

„Wie kommt es, dass dieses Königsschloss schwarz verhangen ist?", fragte der Junge. „Weißt du das nicht?" sagte der Alte, „der Prinz dort oben ist todkrank. Früher nannten sie ihn den Grünen Ritter." Und dann erzählte er, wie das zugegangen war. Da fragte der Junge, ob ihn denn niemand gesund machen könne. „Nein, da gibt es nur den einen Weg, dass die Jungfrau, die in dem Haus unter der Erde sitzt, kommt und heilkräftige Kräuter auf den Feldern pflückt, sie in süßer Milch kocht und ihn dreimal damit wäscht." Dann zählte er die Kräuter auf, die ihn gesund machen würden. Das alles hörte die Prinzessin und merkte es sich gut. Nach dem Regen ging sie gleich hinaus aufs Feld und suchte mit ihrer Magd früh und spät alle die Kräuter, die sie brauchte. Sie mietete sich in einer Herberge ein und kochte die Kräuter in süßer Milch. Dann kaufte sich die Königstochter Doktorhut und Doktorgewand, ging hinauf zum König und erbot sich, den Prinzen gesund zu machen.

Nein, das könne alles nichts nützen, sagte der alte König, so viele hätten es schon versucht, aber es sei nur schlechter statt besser geworden. Sie gab sich damit aber nicht zufrieden, sondern versprach, dass es schon bald besser werden würde. Sie kam hinein zum Grünen Ritter und wusch ihn das erste Mal. Als sie am zweiten Tag wiederkam, da ging es ihm so viel besser, dass er im Bett aufsitzen konnte. Da wusch sie ihn das zweite Mal, und am nächsten Tag konnte er schon in der Stube umhergehen. Da wusch sie ihn das dritte Mal, und am folgenden Tag war er frisch und gesund wie ein Fisch im Wasser. Er könne hinaus auf die Jagd gehen, sagte der Doktor. Da war der König so glücklich wie ein Vogel an sonnenlichten Tagen und dankte dem Doktor, aber der wollte fort. In ihrer Herberge warf die Königstochter Hut und Gewand von sich, schmückte sich und bereitete eine Mahlzeit. Sie schlug das Buch auf, da ertönte dieselbe schöne frohe Melodie und wieder kam der Grüne Ritter. Er wunderte sich, wie sie hierher gekommen sei, und da erzählte sie, was sich alles zugetragen hatte. Als sie nun beide gegessen und getrunken hatten, gingen sie hinauf ins Schloss und erzählten dem alten König die ganze Geschichte von Anfang bis Ende.

Nun wurde die Hochzeit gehalten und ein großes Fest gefeiert. Als sie damit fertig waren, reisten sie heim. Das war eine große Freude für ihren Vater. Aber ihre Stiefmutter nahm man und sperrte sie in eben jenes unterirdische Gefängnis, das sie für die Prinzessin hatte bauen lassen.

(Märchen aus Norwegen)

Die Festvorbereitung

Die Farbe Grün hat in den verschiedenen Religionen unterschiedliche Bedeutung: Im Christentum ist Grün die Farbe des Paradieses, der Hoffnung, der Auferstehung und des Heiligen Geistes; sie kann sogar für Christus selbst stehen.[29] Hildegard von Bingen spricht vom „Grün des Fingers Gottes“. Im Islam wiederum existiert die Gestalt Chadir („der Grüne“) – „er gilt als der erste Engel Gottes, der erste Bote Allahs“.[30] Chadir (oder Chidr) begegnet schon im babylonischen Gilgamesch-Epos, ebenso in der griechisch-orientalischen Alexandersage und in jüdischen Überlieferungen von „Elias“ und „Michael“. Chadir gehört also als synkretistische Gestalt zu mehreren Religionen. Der tibetische Buddhismus hingegen kennt die Grüne Tara. Sie ist ein weiblicher Buddha, die „Mutter, die befreit“, eine ungewöhnlich gütige Göttin des Erbarmens[31]; daneben gibt es einen Buddha mit grünem Gesicht namens Milarepa.

Darüber hinaus ist die Farbe Grün auch in Kunst und Poesie sowie in der Musik (Volks- und Kunstlied, besonders bei Schubert) zu finden; grüne Edelsteine und ihre Wirkkraft sind ebenfalls ein interessantes Thema.[32]

Die Einladung

Wer einen Beitrag zum Essen mitbringen will, sollte möglichst grüne Lebensmittel verwenden: Kiwis, grünen Salat, Avocados usw. Außerdem können die Gäste ihre Kleidung farblich auf das Thema abstimmen. Wer hat, möge Abbildungen und Texte zum Thema „Grün" sowie Scheren und Klebstoff mitbringen.

Bausteine für ein grünes Fest

1. Begrüßungstrunk mit Edelsteinessenzen: Waschen Sie am Vortag zwei große grüne Edelsteine (z. B. Malachit und Smaragd) und legen Sie sie in je einen Krug mit Trinkwasser. Kredenzen Sie Ihren Gästen ein Glas der so gewonnenen Edelsteinessenzen zur Begrüßung.

2. Tanz und Spiel (möglichst im Garten):
- Begrüßungstänze
- Nehmen Sie das Grün des Gartens wahr: Betrachten Sie schweigend die verschiedenen Grüntöne der Pflanzen, setzen oder legen Sie sich dazu ins Gras.
- „Farbenfangen": Der Fänger steht an dem einen Ende des Gartens, alle anderen stehen am anderen Ende. Er ruft eine Farbe, z. B. „Grün!" Nun dürfen alle, die diese Farbe an sich tragen, gemächlich zu ihm hinübergehen; alle anderen müssen rennen und vermeiden, vom Fänger abgeschlagen zu werden. Wer abgeschlagen wurde oder gemogelt hat, wird in der nächsten Runde Fänger.

3. Tee: Möglichst mit einem Tee aus frischen grünen Blättern, z. B. von Birke, Brombeere, Himbeere, Löwenzahn. Zu Beginn können Sie eine „Rose von Jericho" in einer Schale mit Wasser auf den Tisch stellen. So können alle zusehen, wie sie langsam wieder erblüht. Während des Teetrinkens können Sie auch Schuberts „Gesang im Grünen" abspielen.

4. Spaziergang ins Grüne (möglichst schweigend). Sehen Sie sich an, wie das Grün überall aus den Knospen kommt und welch verschiedene Grüntöne es gibt. Tasten und streicheln Sie die Blätter, riechen sie daran. An Ihrem geschützten Zielort sieht sich jeder eine Pflanze genau an, nimmt ihre Haltung ein, öffnet sich wie sie der Sonne, wiegt sich wie sie im Wind usw. Während des Spaziergangs sollen von allen Gästen je fünf bis zehn verschiedene Blätter gesammelt werden, ebenso je ein schöner Zweig von ca. 20 Zentimeter Länge (er sollte aber keine Dornen haben).

5. Das Blättermandala: nach der Rückkehr legen immer zwei Menschen ihre Blätter in eine große flache Schale mit Wasser, die anderen sehen dabei zu.

6. Die Geburtstagskrone (Übergangsritual): Das Geburtstagskind zieht ein breites dehnbares Stirnband über den Kopf. Der erste Gast steckt seinen Zweig in das Band und äußert einen Dank und einen Wunsch, z. B.: „Ich danke dir für deine Hilfsbereitschaft. Ich wünsche dir für dein neues Jahr strahlende Gesundheit." Am Schluss wird der Ehrengast aussehen wie der „grüne Mann" oder die „grüne Jungfer". Alle lassen ihn noch dreimal hochleben.

7. Das Froschkonzert: Dieses wunderbar alberne Spiel sorgt dafür, dass Ausgelassenheit und Festfreude nicht zu kurz kommen. Alle malen auf die Rückseite ihres Papptellers ein Froschgesicht und schneiden Augenlöcher und Maul aus. Mit diesen Masken auf dem Gesicht setzen sich alle im Kreis zusammen und quaken gemeinsam ein Froschkonzert. Bei der Wiederholung quaken einzelne Frösche ein Solo, in das der Froschchor einstimmt. Solo und Tutti wechseln einander mehrmals ab.

8. Das Grasspiel: Finden Sie sich zu Vierer- und Fünfergruppen zusammen. Ein Mitglied jeder Gruppe stellt einen Grassamen dar und rollt sich auf dem Teppich oder auf einer Decke zusammen. Die anderen Mitglieder seiner Gruppe sammeln sich um ihn und bilden mit ihren Körpern behutsam über ihm einen „Straßenbelag". Das Gras beginnt nun zu wachsen und versucht, sich gegen den Widerstand des Straßenbelags ans Licht zu drücken, was ihm schließlich gelingt. Dann werden die Rollen getauscht, und ein anderer spielt den Grassamen.

9. Abendessen: Dabei können Sie Ihren Gästen Bilder zum Thema zeigen, eventuell auch aus Andersons Bildband „Der Grüne Mann".

10. Das Festmärchen: Der „Grüne Ritter“ wird erzählt oder vorgelesen. Nach dem Satz „Da hörte sie eine Melodie, die so schön war, wie sie noch keine gehört hatte“, sollte tatsächlich Musik erklingen: entweder als instrumentale Improvisation durch einen Gast oder vom Band, z. B. keltische Harfenmusik, etwa „Greensleeves“.

11. Schlusstanz

Regenprogramm: Wenn der Spaziergang aus Witterungsgründen nicht durchgeführt werden kann, können die Spiele 7 und 8 vorgezogen werden. Nach den Spielen folgt das *Übergangsritual „Die Geburtstagskrone“*. Danach eignet sich das *Märchen „Der Grüne Ritter“* (siehe S. 72). Denkbar ist auch, gemeinsam eine *Collage* mit ausgeschnittenen Blätterabbildungen in verschiedenen Grüntönen zu erstellen; Rohmaterial sind alte Kalenderbilder, Kataloge, Kunstdrucke usw., geklebt wird auf hellgraues Tonpapier. Natürlich kann jeder Gast eine eigene Collage gestalten, doch fördert es das Gemeinschaftsgefühl, wenn in Kleingruppen gemeinsam etwas gestaltet wird oder wenn, bei geringer Gästezahl, alle gemeinsam *eine* kreisrunde oder quadratische Fläche bekleben. – Ebenso gut kann auch aus grünen Tüchern und Edelsteinen eine *Landschaft* gelegt werden.

Materialliste

Für 1.: Zwei grüne Edelsteine, die am Tag vor dem Fest in Wasser gelegt werden.

Für 3.: Eine sogenannte „Rose von Jericho“ (diese Pflanze wächst ursprünglich in der israelischen Wüste und ist in guten Blumenläden erhältlich) und eine CD mit Schuberts „Gesang im Grünen“.

Für 4.: Sie sollten vorher den Spazierweg und den Zielort erkundet haben, an dem Sie ungestört sein können; möglich ist auch, verschiedene Blätter aus dem Garten zu holen.

Für 5.: Eine große flache Glasschale, die mit etwas Wasser gefüllt ist. Für den Fall, dass es regnet, sollten Sie viele verschiedene Blätter bereithalten.

Für 6.: Ein breites, dehnbares Stirnband. Falls es regnen sollte, brauchen Sie noch schöne Zweige von 20–30 cm Länge, ohne Dornen, in der Anzahl der Gäste.

Für 7.: Große Pappteller, die auf der Rückseite bemalt werden können (befestigen Sie schon vor dem Fest jeweils am rechten und linken Tellerrand ein Gummiband); Fingerfarben in zwei Grüntönen, einige alte Lappen sowie eine Küchenrolle zum Reinigen.

Für 10. Lernen Sie möglichst das Märchen auswendig und bestimmen Sie vorher einen Gast, der die Zaubermelodie dazu improvisiert oder das Abspielgerät bedient.

Für das Regenprogramm: Alte Kalender, Prospekte, Kunstdrucke sowie einige große Bogen Tonpapier, vielleicht kreisrund oder quadratisch ausgeschnitten.

Wenn Sie das Ausdrucksspiel zum Märchen wählen, brauchen Sie Ihre Tüchersammlung (siehe S. 32). Für die grüne Landschaft benötigen Sie eine Sammlung grüner Tücher und Edelsteine.

Mai: Ein Wegefest

Geh deinen Weg
Es trägt der schwankende Steg
Nur durch dein Handeln
Wird etwas sich wandeln
Dazu nimm die Gabe
Der immerwährenden Gnade

Was erzählen die Volksmärchen von Wegen?

Schon immer haben die Menschen ihr Leben als einen Weg verstanden, und so ist der Weg auch zentrales Motiv und Symbol in den Märchen. Diese schildern den Menschen als „homo viator“, also als einen, der unter*wegs* ist: „Der Märchenheld ist wesenhaft ein Wanderer.“[33] Viel Tiefschürfendes und Umfassendes ist bereits über diese Märchenwege geschrieben worden[34], so dass hier nur auf einige Weg-Weisheiten der Märchen hingewiesen werden soll.

Der *Aufbruch* aus dem gewohnten Alltäglichen, das Verlassen der sicheren Existenz, erfolgt oft aus einer Notsituation heraus: Armut, Krankheit der Eltern, Kinderlosigkeit, ein Auftrag des Königs, die Befreiung oder Erlösung eines nahestehenden Menschen (Mutter, Geschwister, Braut, Bräutigam). „Jeder Anlass ist dem Märchen recht, der den Menschen isoliert und ihn zum Wanderer macht.“[35] Mit diesem äußeren Aufbruch ins Ungewisse kann auch ein innerer gemeint sein, etwa das Aufgeben eines bisher geltenden Weltbilds oder einer Rolle, und das Wagnis einer persönlichen Weiterentwicklung, der Individuation.

Keine Märchenbiografie gleicht völlig der anderen. Jeder Lebensweg, jeder *individuelle Schicksalsweg* hat seinen besonderen Beginn, seine Gefahren und Aufgaben, seine numinosen Erlebnisse und sein eigenes Ziel. Jede Märchenfigur geht den Weg, der einzig und allein nur für sie bestimmt ist. Im Außen liegen Gefahren: brennende Berge, wilde Tiere, Riesen und Trolle, Dickicht und auswegloser Wald, Sturm und Finsternis. Innere Widerstände wiederum sind Hunger und Durst, Müdigkeit und Zweifel, Ratlosigkeit und Angst. Doch in Augenblicken der Not und Gefahr geschieht Wunderbares! Die Märchen erzählen von unglaublichen „Zu-fällen“ im buchstäblichen Sinne, von rettender Hilfe und von einer maßgeschneiderten, präzisen Zeitabfolge der einzelnen Situationen. Mehr noch – der individuelle Weg wird als eingebunden in ein sinnvolles Ganzes und in einen höheren Plan erkannt:

Es ist, wie wenn das Märchen uns versichern wollte: Auch wenn du selber nicht weißt, woher du kommst und wohin du gehst, nicht weißt, was für Mächte auf dich einwirken und wie sie es tun, nicht weißt, in was für Zusammenhänge du eingebettet bist – du darfst sicher sein, dass du in sinnvollen Zusammenhängen stehst.[36]

Es ist eine tröstliche Aussage der Märchen, dass jeder Mensch, der wirklich Hilfe braucht, *jenseitigen, übernatürlichen Helfermächten* begegnet, die auch stets in Beziehung stehen zu seiner jeweiligen Aufgabe. Sie sind oft von unscheinbarer Gestalt: ein Zwerg, ein hilfebedürftiges Tier, ein hungriger, alter Mensch, ein unbegrabener Toter usw. Den älteren Geschwistern des Helden, die diesen Geschöpfen arrogant, hartherzig oder verächtlich begegnen, versagen sie ihre Hilfe. Den „Dummlingen" aber – und das heißt den Kleinen, Schwachen, Einfältigen und Hilfsbereiten – schenken sie Rat, Hilfe und Zaubergaben, ja, sie begleiten sie auf ihrem Weg.[37] Diese Begegnungen finden meist schon *vor* der Krisensituation statt, so dass der Dummling sie später bewältigen kann; doch die hilfeleistenden Verbündeten können nicht herbeigezwungen werden: Sie sind ein Geschenk – das Bewältigen der Lebensaufgaben ist trotz aller eigenen Anstrengung der Märchenhelden stets auch eine Gnade.

Der Kreuz- oder Scheideweg ist im Märchen ein Bild für den freien Willen des Menschen und seine verantwortliche Entscheidung und ist gleichzeitig eine Charakterprobe. Die beiden älteren Brüder wählen stets die sicheren, bequemen Wege, während der jüngste der Todesdrohung nicht aus dem Weg geht. Er wagt sein Leben für andere oder für das höchste Ziel.

Wir haben es hier mit einem Aspekt zu tun, mit einer Sicht von Lebenssinn, an der sich die Botschaft der Zaubermärchen und die Botschaft Jesu berühren: Die verheißene Kostbarkeit, die bei beiden u. a. im Bild der Königsherrschaft und der festlichen Hochzeit erscheint, ist nur im Aufs-Spiel-Setzen des eigenen Lebens und durch Alles-Loslassen-Können erreichbar, und doch ist sie letztlich reines Geschenk.[38]

Das Märchen versteht den Menschen als Wanderer zwischen zwei Welten, der Diesseits und Jenseits verbindet. Diese *Jenseitswege* können in die Höhe, in die Tiefe und in die Ferne führen. Der Weg in die Oberwelt, wie auf den Glasberg oder den himmelhohen Baum, kommt im europäischen Märchen selten vor. Häufiger ist der Weg in die Tiefe, den wir etwa vom Sprung in den Brunnen der Frau Holle kennen; er kann auch ein Weg ins Totenreich sein. Meist aber wandern die Märchenmenschen in die Fernwelt, sogar „bis an der Welt Ende". Welch große Entfernungen dabei zurückgelegt werden müssen, verdeutlicht das Bild der eisernen Schuhe, die durchgelaufen werden müssen. Manchmal wird *nach* dem Aufbruch auch ein Bewegungsmittel zur Verfügung gestellt: ein Zauberpferd, ein fliegender Teppich, Siebenmeilenstiefel oder ein Wünschhut. Doch welche Richtung der Weg auch nimmt – stets kann er auch verstanden werden als ein Weg in die *eigene* Tiefe, ins *eigene* innere Jenseits, als eine abenteuerliche Suchwanderung der Seele zur höchsten Kostbarkeit. Diese wird im Märchen umschrieben als die Kristallkugel, die goldene Braut, der goldene Kranz, das Wasser des Lebens oder die Äpfel der Jugend. Es kann auch ein wiedergefundenes Lachen sein.

Hat der Märchenheld in einer jenseitigen Welt nun die Partnerin und kostbare Dinge gewonnen, so beginnt der *gefahrvolle Rückweg*. Wir alle wissen aus eigener Erfahrung, wie schwierig der Transfer tiefer innerer Erfahrungen in den Alltag ist. Das Märchen erzählt hier von jenseitigen Dunkelwesen wie Hexen, Nixen, Zauberern und Teufeln, die das junge Paar nicht entkommen lassen und ihm das Gewonnene wieder entreißen wollen. Mit Hilfe zauberkräftiger Utensilien (z. B. Bürste, Kamm, Spiegel), aus denen unüberwindliche Hindernisse entstehen, gelingt es den Helden, die Verfolger abzuschütteln. Es kann auch sein, dass das flüchtende Paar anhält und sich der tödlichen Bedrohung stellt: Es verwandelt sich in Rosenstock und Rose, in See und Ente usw., also in aufeinander bezogene Gestalten, welche die Verfolger schwer durchschauen und nicht bezwingen können. Eine weitere Gefahr, durch die die eben gewonnenen Schätze wieder verloren gehen können, ist das Vergessen und das Einschlafen, etwa wenn der Trommler die Braut vor dem Stadttor stehen lässt und gegen das Verbot im Schlaf von seiner Mutter geküsst wird – schon hat er seine wahre Liebste vergessen. Mit solchen Bildern warnen die Märchen eindringlich vor einer Flucht in die Vergangenheit, vor einem Rückfall in alte Rollen und vor mangelnder Wachheit. Sie erzählen aber auch, dass Verlorenes wiedergefunden werden kann, wenn der Mensch sich erneut auf den Weg macht; und wenn *ein* Märchen von mehreren Suchwanderungen berichtet, so wird damit ausgedrückt, dass wir in unserem Leben stets aufs Neue aufbrechen müssen, um neue Erfahrungen zu machen, und dass wir bis zum letzten Tag immer unterwegs sind.

Das Festmärchen: Das goldene Königreich

Ein reicher Herr hatte einen einzigen Sohn. Als dieser zwanzig Jahre alt war, sprach er: „Vater, ich will reisen und die Welt sehen.“ Der Alte war damit zufrieden, gab ihm einen Wagen, einen Bedienten, viel Geld und noch mehr gute Lehren, und der Jüngling zog dahin.

Eines Abends kamen sie in einen großen Wald, und weil es dunkel war, gerieten sie vom Wege ab und gelangten zu einem kleinen Haus. Der Jüngling trat hinein, da saß eine Frau beim Feuer und kochte sich ihr Abendbrot. „Kann ich bei Euch übernachten?“, fragte er. „Ei, mit Freuden“, sprach die Frau, „setzt Euch hin und tut, als ob Ihr zu Hause wäret.“ Das war dem Jüngling gerade recht, er aß und trank nach Herzenslust und schlief wie ein Prinz, bis die Sonne schon hoch am Himmel stand. Er sprang empor und schaute durch das Fenster in den grünen Wald; da liefen Hirsche, Rehe und Hasen in ganzen Herden umhehr, und Vögel aller Art flogen von Baum zu Baum und sangen, dass es ihm so wohl wurde, wie ihm noch nie gewesen, und er beschloss, den schönen Wald nicht so bald zu verlassen. Beim Frühstück fragte der Jüngling die Frau, wem der Wald gehöre. „Der Wald gehört mir“, sagte sie. Da fragte er weiter, ob er wohl darin jagen dürfe, denn die Jagd sei seine größte Lust und Freude. „Das mögt ihr, so viel es Euch beliebt, doch ich rate Euch, tut es nicht“, erwiderte die Frau. Er schlug ihren Rat aber in den Wind, ergriff seine Büchse und ging fröhlich in den Wald hinein. Da rief die Frau seinen Diener und sprach: „Geh und folge deinem Herrn schnell, so dir sein Leben lieb ist. Wenn ihr auf den freien Waldplatz kommt, dann werden drei weiße Hirsche vor euch herspringen, doch darf dein Herr keinen schießen, im übrigen mag er töten, was ihm vor den Lauf kommt. Du darfst deinem Herrn aber nicht sagen, dass ich dir dies verraten habe, sonst ist es um dich geschehen.“ Der Diener dankte der Frau für ihren Rat und folgte seinem Herrn.

Kaum waren beide einige hundert Schritte im Walde fortgegangen, da wurde es lichter und immer lichter und sie kamen auf eine große Wiese. Da raschelte es plötzlich im Gebüsch, und drei prächtige schneeweiße Hirsche mit stolzem Geweih sprangen heraus und liefen quer über den Waldplatz hin. Der Jüngling legte an, aber noch ehe der Schuss fiel, schlug der treue Diener ihm die Flinte in die Höhe, so dass die Kugel in einen Baum fuhr und die Hirsche unversehrt davonsprangen. Der Jüngling fuhr den Diener hart an, doch dieser entschuldigte sich und sprach, eine Biene habe ihn in die Hand gestochen, und darüber sei er aufgefahren.

Sie gingen weiter, und der Jüngling schoss noch allerlei Wild, aber die Freude war ihm verdorben, denn die drei weißen Hirsche wollten ihm nicht aus dem

Kopf. In dem Waldhäuschen nahm die Frau den Diener beiseite und lobte ihn, er habe seinem Herrn das Leben gerettet. In ihrer Freude trug sie die köstlichsten Speisen und den besten Wein auf, und dem Jüngling gefiel es immer besser bei ihr.

Am anderen Morgen griff er wieder zur Flinte und ging in den Wald. Da sprach die Frau zu dem Diener: „Geh schnell und folge deinem Herrn. Wenn ihr auf den freien Waldplatz kommt, werden drei braune Hirsche daherspringen, verhüte aber, dass dein Herr sie schießt, so lieb dir sein Leben ist, und verrate nicht, dass ich dir das gesagt habe, sonst ist es um dich geschehen.“ Der Jüngling ging ganz denselben Weg wie zuvor, wie sehr auch der Diener versuchte, ihn anderswohin zu führen, und wieder kamen sie auf die schöne Waldwiese. Da raschelte es wieder im Gebüsch, und drei braune Hirsche mit prächtigem Geweih setzten quer über die Wiese hin. Der Jüngling schlug an, aber zugleich gab ihm der Diener einen Stoß, dass die Kugel in die Luft pfiff. Da fuhr der Jüngling zornig auf und rief: „Wenn du dies noch einmal wagst, dann schieße ich dich nieder!“, und was der treue Diener auch sagen und wie sehr er sich auch entschuldigen mochte, alles half nichts und sein Herr blieb dabei. Er konnte nicht verschmerzen, dass die drei Hirsche ihm durchgegangen waren, denn schönere hatte er sein Leben lang nicht gesehen.

Die Frau in dem Waldhäuschen trug heute noch viel köstlicheres Essen auf als am Tag vorher. Zum Diener aber sprach sie heimlich, er habe seine Sache gut gemacht und sein Herr gehe einem großen Glück entgegen.

Als der Jüngling am folgenden Morgen wieder in den Wald ging, sprach die Frau zu dem Diener: „Geh und folge deinem Herr und lass ihn nur nicht schießen, wenn er heute drei schwarze Hirsche auf dem Waldplatz sieht. Heute ist der gefährlichste Tag, und sein Leben hängt daran, verrate mich aber nicht, so dir dein Leben lieb ist.“ Der Diener versprach es ihr willig und eilte seinem Herrn nach. Er wollte ihn auf einen anderen Weg führen, aber der Jüngling wollte nicht, er hatte die drei Hirsche im Kopf und drohte dem Diener: „Heute rate ich dir aber gut, stoße mich nicht, sonst geht es dir schlimm!“ Als sie auf der Waldwiese ankamen, da brachen drei schwarze Hirsche mit mächtigem Geweih aus den Büschen. Der Jüngling zielte, da gab ihm der Diener einen Ruck, die Kugel sauste in den Wald und die drei Hirsche entsprangen. „Das sollst du mir büßen“, schrie der Jüngling und lud von neuem. Wie sehr der Diener auch jammerte und um sein Leben bat, alles half nichts, der Jüngling schoss ihn in seinem Zorne nieder.

Als die blasse Leiche aber so vor ihm lag, da verrauchte der Zorn bald, und die Reue kam. Vergebens rief er den Diener mit hundert schönen Namen, er weinte und rang die Hände, er war tot und blieb tot. Da stürzte er wild und wie ein Wahnsinniger durch den Wald zurück zu dem Waldhäuschen, doch es war öd und einsam, die freundliche Frau war verschwunden. Er sattelte im Stall eins seiner Pferde, sprang darauf und ritt verzweifelt weg, wohin, das wusste er selber nicht.

So war er in tiefster Betrübnis Stunde um Stunde dahingesprengt auf wilden Waldwegen. Die Sonne ging unter, kein Dorf noch Haus waren zu sehen und Hunger und Durst quälten ihn. Die ganze Nacht ritt er fort, bis es wieder tagte, da öffnete sich der Wald. Er kam auf eine große Wiese, darauf sprang eine klare, frische Quelle. Er bückte sich zu ihr und trank lange Züge. Als er sich wieder erhob, siehe, da standen drei wunderschöne Jungfrauen vor ihm. Er zog seinen Hut zum Gruß, doch sie schauten ihn finster und zornig an und sprachen: „Du hast in deinem Zorne dein Glück verscherzt und unsere Erlösung auf lange Zeit verschoben. Jetzt wärest du im goldenen Königreich, wenn du gutem Rat und freundlichen Bitten gefolgt wärest, nun aber musst du noch lange wandern und viel kämpfen, bis du dahin kommen kannst." Da stürzte der Jüngling vor ihnen in die Knie und rief voll Reue: „Ich will alles dulden und ertragen, wenn ich nur meine Tat wieder gutmachen kann, sagt mir, was ich tun soll." – „Das ist uns nicht gegeben", sprachen die Jungfrauen, „doch wollen wir dir beistehen, so viel uns erlaubt ist."

Da gab die älteste ihm ein Schwert, dem konnte nichts widerstehen, und wer von ihm getroffen wurde, der sank tot zu Boden. Die zweite gab ihm eine Börse, die blieb immer mit blanken Goldstücken gefüllt, wie viel man auch herausnehmen mochte. Die jüngste aber war die schönste, die hatt' es ihm gleich angetan, so dass er immer nur sie ansehen musste; von ihr bekam er einen goldenen Ring, dass er ihrer nicht vergesse. Dann verschwanden sie.

Jetzt fasste der Jüngling neuen Mut, schwang sich auf sein Pferd und ritt ruhigen Sinnes in den Wald hinein. Noch war er keine hundert Schritte weit, da hörte er ein schreckliches Zischen und ein jämmerliches Brüllen im Gebüsch. Er sprang darauf zu, und da war ein scheußlicher Lindwurm, der seinen langen Schweif um einen Löwen geschlungen hatte und ihm sein Gift entgegenspie. Kurz entschlossen fasste der Jüngling sein Schwert und tat einen schweren Schlag, so dass er dem Lindwurm den Schweif abschlug. Mit einem zweiten Schlag traf er den Kopf des Drachen, so dass das Untier tot hinstürzte. Der Löwe aber schüttelte sich und sprang vor Freude wie ein getreuer Hund zu seinem Befreier, drückte seinen zottigen Kopf an ihn und suchte ihm auf jede Art seinen Dank zu beweisen und folgte ihm auch seit dem Augenblicke überallhin. Da wuchs dem Jüngling der Mut, denn nun erkannte er die Kraft seines Schwertes, und er ritt unermüdet manche Woche lang seines Weges fort, bis er endlich an das Wasser *Irrewellen* kam, welches so groß und breit ist, dass man sein Ende gar nicht absehen kann. Da lag am Ufer ein Schiff vor Anker, und nicht weit davon stand des Schiffers Haus. Der trat heraus, grüßte den Jüngling und bot ihm Speise und Trank. Der Jüngling nahm das dankbar an, denn er hatte seit vielen Tagen nur von Wurzeln und Kräutern gelebt. Dann fragte er den Schiffer, ob er nicht wisse, wo das goldene Königreich liege. Der Schiffer sprach: „Wenn Ihr dahin wollt, dann seit Ihr schlecht beraten; das liegt weit, weit jenseits des Wassers und der Riesenländer, und der Weg dahin ist schwer und gefährlich, denn die Riesen fordern von jedem, der durch ihr Land will, eine Hand oder einen Fuß als Zoll." – „Ich fürchte mich nicht vor den Riesen", erwiderte der Jüngling. „wenn ich nur in das goldene Königreich kommen kann." – „Wenn Ihr nicht anders wollt, dann fahre ich Euch über", sprach der Schiffer. Der Jüngling trat mit seinem Pferd und seinem Löwen in das Schiff, der Wind blies in die weißen Segel, und es flog über die Wellen dahin. Bald aber verfinsterte sich der Himmel, ein Sturm erhob sich und warf das Schiff auf und nieder wie einen Spielball, so dass man jeden Augenblick meinte, es müsse versinken, doch der Jüngling behielt seinen Mut und verzagte nicht. Nach einiger Zeit ließ der Sturm nach, es wurde wieder hell und heiter, und das Schiff landete bei hellem Sonnenschein. Der Jüngling entlohnte den Fährmann reichlich, dankte ihm und stieg an Land.

Noch ehe er sich recht umschauen konnte, hörte er einen entsetzlichen Lärm und sah drei Riesen, die mit eisernen Stangen auf ihn zuliefen und schrien, sie müssten seine rechte Hand zum Zoll haben. „Gemach, gemach!", sprach der Jüngling. „Das hat nicht so große Eile", und er trat ihnen fest entgegen, schlug in einem Hui zweien den Kopf ab und den dritten zerriss sein Löwe. Dann sprang der Jüngling auf sein Pferd und ritt weiter durch Wald und Heide, Wiese und Weide, bis er wieder an ein großes Wasser kam. Am Strande stand ein Haus und davor lag ein Schiff.

Der Schiffer trat aus dem Haus, grüßte den Jüngling und bot ihm Herberge in seinem Haus an. Der Jüngling nahm dies dankbar an. Nach dem Essen fragte er den Schiffer, wie das Wasser heiße und wo das goldene Königreich liege. „Das Wasser heißt *Grausam*", sprach der Schiffer, „weil es alles verschlingen möchte, was auf ihm schwimmt. Aber wenn Ihr in das goldene Königreich wollt, dann habt Ihr schlimme Wege. Das liegt weit jenseits des Wassers und der Riesenländer. Die Riesen aber fordern von jedem, der durch ihr Land will, eine Hand oder einen Fuß, und ihrer sind viele; darum rat ich Euch, bleibt lieber hier." – „Ich frage nicht nach den Riesen und kämen sie auch zu Dutzenden", sprach der Jüngling. – „Wie Ihr wollt, ich fahre Euch gerne über." Da stiegen sie alle in das Schiff, der Fährmann zog die Segel auf, und der Wind blies so günstig, dass es eine Lust war. Er blies aber mit der Zeit immer stärker und stärker, der Himmel verfinsterte sich, und ein schrecklicher Sturm mit heftigem Gewitter brach los. Das Wasser wurde immer wilder, die Wellen packten das Schiff wie mit weißen Fäusten und warfen es herum, dass dem Fährmann Hören und Sehen verging. Aber da stellte sich der Jüngling ans Steuerruder, hielt es fest und stand fest und aufrecht da. Endlich legte sich der Sturm, die Wellen wurden zahmer und kleiner, zuletzt waren sie ganz friedlich und das Schiff glitt nur so über sie dahin. Am Lande stieg der Jüngling mit seinen Tieren aus und gab dem Schiffer überreichen Lohn. Da sprangen sechs plumpe Riesen mit schweren Eisenstangen herbei, die schrien ihm zu, er müsse ihnen seine linke Hand als Zoll geben, wenn er durch ihr Land wolle. „Sogleich sollt ihr sie haben“, rief der Jüngling, hob sein Schwert und hieb vier Riesen den Kopf ab, und die beiden anderen zerriss der Löwe.

Immer weiter ging nun die Reise über Berg und Tal, bis sie an ein drittes Wasser kamen. Da lag ein großes Schiff vor Anker, und am Strande stand des Schiffers Haus. Der trat heraus, grüßte den Jüngling und bot ihm Obdach und Labsal. Das ließ sich der Jüngling gerne gefallen, und nachdem er sich gestärkt hatte, fragte er den Schiffer, wie das Wasser hieße und wie weit es bis zum goldenen Königreich sei. „Das Wasser heißt das *Allerschlimmste*“, sprach der Schiffer, „weil noch kein Schiff hat hinüberfahren können. Aber wenn man auch drüben wäre, dann hat man immer noch nicht gewonnen, denn da liegen neun Riesen, die lassen nicht mit sich spaßen und fordern von jedem die Füße als Zoll, der in das goldene Königreich will, und mit denen ist noch niemand fertig geworden.“ – „Die Riesen kümmern mich nicht, wenn Ihr mich nur überfahren wollt.“ – „Dazu ist mir mein Schiff und mein Leben zu lieb“, erwiderte der Schiffer. Als der Jüngling aber anfing, aus der Börse blanke Goldtaler auf den Tisch zu zählen, wurde der Fährmann immer mutiger, und als der Tisch vollgezählt lag, sprach er: „Nun will ich's wagen.“

Da stieg der Jüngling mit den Tieren in das Schiff, der Fährmann folgte, und die Segel schwollen im frischen Winde. Plötzlich aber brach der Sturm los. Das Wasser wurde ganz schwarz, die Wellen ging turmhoch und packten das Schiff, als ob sie es zerschlagen wollten. Die Blitze zuckten und die Donner folgten Schlag auf Schlag, es war, als sollte die Welt untergehen. Der Schiffer jammerte und schrie, die Tiere wimmerten vor Angst, nur der Jüngling war ruhig und kalt. Als der Schiffer zuletzt alles verloren gab, als die Segel rissen, der Mast brach und keine Rettung mehr möglich schien, da fasste der Jüngling das Steuerruder und hielt an ihm aus, bis sich der Sturm legte, die wilden Wasser sich ebneten und die Sonne wieder hinter den Wolken hervortrat. Da lag das Riesenland vor ihnen, der Jüngling beschenkte den Fährmann noch einmal reichlich und machte sich mit seinen Tieren auf den Weg.

Er war nicht weit gegangen, da kamen die neun Riesen schon herangepoltert, schwenkten ihre dicken Eisenstangen über den Köpfen und schrien alle durcheinander: „Deine Füße müssen wir als Zoll haben! Her deine Füße! Deine Füße her!“ – „Ei, schreit doch nicht so toll, ich hörte es ja schon“, rief der Jüngling. „Wer will meine Füße haben?“ – „Wir wollen sie haben“, schrien die vier ersten und wollten über ihn herfallen, aber hui, sagte das Schwert, da waren sie alle vier mäuschenstill. Dann lief er zu den fünf anderen, die nicht so schnell gelaufen waren, hui, pfiff das Schwert, und da lagen wieder drei da, und die beiden letzten zerriss der Löwe.

Voller Freude schaute der Jüngling um sich, und da lag in der Ferne eine wunderschöne Stadt, die strahlte und leuchtete in der Sonne wie reines Gold. Er ruhte einen Augenblick aus, dann spornte er sein Ross und sprengte auf die Stadt zu, aber je näher er kam, desto weniger konnte er den Glanz aushalten. „Das muss das goldene Königreich sein, oder ich finde es nie“, sprach er, und er hatte Recht, denn es war die Hauptstadt vom goldenen Königreich.

Als er hineinkam, suchte und fragte er zuerst nach dem Königsschloss; dann kehrte er in einem Wirtshaus ein, das dem Schlosse gerade gegenüberlag. Da hörte er von dem Wirt, in dem Schloss seien drei schöne Prinzessinnen, sie seien aber verwünscht und könnten nur durch den Bräutigam der jüngsten erlöst werden; der aber wohne noch jenseits der drei Meere und der Riesenländer, und es sei eine große Frage, wann er komme. Der Jüngling fragte weiter, wie denn die Erlösung vollbracht werden könne, denn das Schloss sei ja immer geschlossen. Da sprach der Wirt, wenn der Bräutigam im rechten Wagen und mit den rechten Pferden zum Schloss fahre, dann werde es sich öffnen, weiter wisse er nichts.

Nun wusste der Jüngling genug. Am folgenden Tag tat die Börse ihre Schuldigkeit, er kaufte einen schwarzen Wagen und sechs Rappen, nahm viele Diener an und kleidete sie alle schwarz und also fuhr er auf das Schloss zu. Als der Wagen in die Nähe des Schlosses kam, sprang das Schloss auf, und er kam in den großen Schlosshof. Der aber war öde und einsam und alle Türen und Fenster gesperrt, nur dem Tor gegenüber war ein zweites Tor, das war auch offen. Der Jüngling befahl dem Kutscher, wieder hindurchzufahren, denn er glaubte in einen zweiten Hof zu kommen, aber er befand sich auf der Straße und das Tor schlug zu.

Da sah er, dass dies der rechte Wagen und die rechten Pferde nicht waren. Er kaufte sich nun einen prächtigen braunen Wagen mit sechs braunen Pferden, kleidete auch alle seine Diener braun ein und fuhr wieder auf das Schloss zu. Das große Tor sprang wieder auf, und der Wagen rollte in den Schlosshof. Da war es wiederum ganz still und einsam, nur waren die Fenster offen, dass man in die prächtigen Zimmer sehen konnte, doch die Türen blieben geschlossen und er konnte nur durch das zweite Tor wieder auf die Straße fahren.

Am folgenden Tag kaufte er sich einen schneeschlohweißen Wagen mit sechs Schimmeln, kleidete alle seine Diener weiß und fuhr also nach dem Schlosse. Da sah er von weitem schon das große Tor sperrangelweit offen, auf dem Dach flatterten die Fahnen und die Kanonen schossen, als er näher kam. Als er hineinfuhr, scholl ihm Musik entgegen und der ganze Hof stand voll mit prächtig gekleideten Dienern, die schlossen seinen Wagen auf und empfingen ihn ehrerbietig, um ihn ins Schloss zu führen. Da stand an der Treppe der König mit seiner Krone auf dem Haupte, drei wunderschöne Jungfrauen ihm zur Seite. Die jüngste und schönste aber eilte dem Jüngling entgegen und sprach: „Sei gegrüßt, mein Erlöser und Geliebter!“ Sie küssten sich und wurden zur Stunde miteinander vermählt und waren in treuer Liebe glücklich ihr Leben lang.

(Märchen aus Deutschland)

Zum Festmärchen

Für dieses Fest können Sie auch ein anderes Wegemärchen finden. Beispiele aus den Kinder- und Hausmärchen der Brüder Grimm: für einen Weg in die Tiefe „Die drei Federn“, für einen Weg in die Höhe „Der Trommler“ und für einen in die Ferne „Der goldene Vogel“.

Dieses Festmärchen schildert einen exemplarischen Lebensweg und enthält in seinen Symbolbildern und in seiner Handlung viele kostbare Märchenweisheiten, die es sich lohnt zu entdecken. Es erzählt nicht nur von Wegen über Land und Meer, sondern auch von Wegen durch Begehrlichkeit und Schuld, durch Reue, Angst und Mut. Es weiß darum, dass die Erprobungen auf dem Lebensweg immer schwieriger werden, und drückt das im Bild der drei, sechs, neun Riesen und der immer stärker werdenden Unwetter aus. Diese Riesen stehen auch für riesenhafte und übermächtige Emotionen bzw. für riesige Probleme, die dem Menschen die *Hand*lungs- und Bewegungsfreiheit nehmen können. Das Märchen erzählt aber auch davon, auf welche Weise ein Mensch durch alle Gefahren hindurch dennoch ans Ziel kommen kann. Das Ziel ist hier das jenseitige „goldene Königreich“, in dem die höchste Braut wartet. Dieses Bild kann sehr wohl auch für unsere Vereinigung mit dem Göttlichen stehen.

Die Festvorbereitung

Dieses Wegefest empfiehlt sich besonders für einen Geburtstag, an dem der bisherige Lebensweg betrachtet und das neue Wegestück ins Auge gefasst wird. Es passt ebenfalls im „Wandermonat" Mai, wenn nach dem Winter wieder der Weg ins Freie gesucht wird. Leichter als bei anderen Themen können Sie hier ein individuelles Programm zusammenstellen, denn viele Spiele haben mit Auf-dem-Weg-Sein zu tun. Auch Lieder, Gedichte und Bilder zum Thema zu finden dürfte nicht schwer fallen. Wenn Sie planen, tatsächlich einen (kurzen) Weg mit Ihren Gästen zurückzulegen, gehen Sie ihn vorher selbst einmal ab; wünschenswert wäre ein Weg, der an eine Wegkreuzung führt. Bedenken Sie dabei aber, dass es bei einem Fest stets schwierig ist, den Ort zu wechseln, ohne dass dadurch die Feststimmung leidet. Eine Möglichkeit, sie zu bewahren und zu sammeln, wäre, den Weg schweigend abzugehen und sofort nach der Rückkehr mit dem Übergangsritual zu beginnen.

Die Einladung

Sie können sie mit einer Reihe von „Wegewörtern" wie Irrweg, Umweg, Schicksalsweg, Kreuzweg, Höhenweg, Wasserweg, Königsweg etc. schmücken. Bitten Sie ferner die Gäste darum, ein quadratisches Blatt Papier (Seitenlänge etwa zehn bis zwölf Zentimeter) mitzubringen, auf dem ein Erlebnis mit dem Geburtstagskind gestaltet ist (in einem Foto, Bild, Text oder einer Collage); außerdem als Geschenk ein kleines „Zauberutensil", das hilft, mit Schwierigkeiten im nächsten Jahr fertig zu werden – also etwa ein zusammengerollter Segensspruch, ein Schlüssel, der neue Türen öffnet, eine Kassette für traurige Stunden, ein kleines Fläschchen mit „Wasser des Lebens".

Bausteine für ein Wegefest

1. Tänze: Tänze mit freien Raumformen sowie mit Labyrinth- und Spiralformen.

2. Das Verfolgerspiel: Zunächst bewegen sich alle zu einer leisen Musik durch den Garten oder Raum. Der Spielleiter sagt eine neue Gangart an, wenn die Musik stoppt. Beispiele: ängstlich oder mutig, geradlinig oder kurvig, zielgerichtet oder suchend, kraftvoll oder erschöpft, achtsam oder selbstbezogen. Dann sucht sich jeder insgeheim ein Mitglied der Gruppe aus, das er nicht mehr aus den Augen lässt. Endet die Musik, versuchen alle, ihr „Opfer" zu fangen, was zu lustigen Verwicklungen führen kann. Wiederholen Sie das Spiel.

3. Der Aufbruch: Die eine Hälfte der Gäste setzt sich und schließt die Augen. Die anderen versuchen nun mit Hilfe von Instrumenten, durch Stimme oder Berührung, je einen Sitzenden zum Aufbruch zu bewegen. Wenn dieser aufgestanden ist, folgt er mit weiterhin geschlossenen Augen dem Locken seines Begleiters durch den Raum. Nun werden die Rollen gewechselt: Der eben noch „Blinde" sieht nun und führt behutsam den Partner, der seinerseits jetzt die Augen geschlossen hält. Dabei wird ihm ein Arm um den Rücken gelegt, und seine beiden Hände werden gehalten; nach einer Weile wird nur noch mit beiden Händen, zuletzt nur noch mit einem Zeigefinger geführt. Danach können sich die Partner kurz austauschen.

4. Teerunde: Während der Teerunde Austausch von Erfahrungen, Gedichten, Bildern zum Thema.

5. Die Gäste als Weg-Begleiter: In der Reihenfolge, in der sie auch auf dem Lebensweg des Geburtstagskindes aufgetaucht sind, stellen sich die Gäste vor und erzählen von der ersten Begegnung mit ihm. Dann erklären sie ihr mitgebrachtes Bild und kleben es links oder rechts des vorgezeichneten Weges auf die Pappe. Dieses Spiel vermittelt einen Eindruck von dem wunderbaren Netzwerk der Lebenswege; gleichzeitig lernen sich die Gäste besser untereinander kennen.

6. Einen Weg bewusst und schweigend gehen: Sich auch an einem Kreuzweg ohne Worte über die neue Richtung einigen.

7. Der Weg ins neue Jahr (Übergangsritual): Der Reihe nach werden durch die Gäste die mitgebrachten „Zauberutensilien" und ihre Wirkungsweise vorgestellt und dann in den Rucksack gepackt. Die Person, die Geburtstag hat, verlässt nun den Raum und kann sich dann Rucksack samt Inhalt draußen noch einmal ansehen. Inzwischen legen die anderen mit Tüchern oder Wollfäden einen Weg ins neue Jahr aus. Sie bauen „märchenhafte" Hindernisse auf, z. B. brennende Berge, wilde Tiere, Riesen oder einen undurchdringlichen Wald in Gestalt von einzelnen oder mehreren Gästen. Sie sollten vorher untereinander vereinbaren, welches Zauberutensil bei der Beseitigung des jeweiligen Hindernisses hilft; dann wird ein Helfer bestimmt. Die geplanten Dinge für das Ziel am Ende des Weges werden bereitgelegt – eine Krone oder goldfarbene Tücher, ein Becher mit „Wasser des Lebens", eine Kristallkugel o. ä. Nun wird das Geburtstagskind hereingeholt, das seinen Rucksack aufsetzt. Alle singen „Viel Glück und viel Segen auf all deinen Wegen", und das Geburtstagskind beginnt seinen Weg ins neue Jahr, wobei es natürlich keine Hindernisse einfach nur umgehen darf, sondern versucht, die Gefahren mit den Zauberdingen aus dem Rucksack oder mit List und Verstand zu bewältigen. Wenn die Hindernisse aber nicht weichen (das hängt von der Improvisation der betreffenden Gäste ab), tritt das hilfreiche Wesen mit Rat und Tat auf. Am Ende des Weges wird der Ehrengast herzlich umarmt und gewürdigt, etwa indem man ihm eine Krone aufsetzt, ihn in goldfarbene Tücher kleidet oder ihm eine Kristallkugel oder einen Becher mit „Wasser des Lebens" überreicht.

8. Abendessen

9. Das Festmärchen wird erzählt oder vorgelesen. Danach lassen die Gäste seine Bilder noch einmal am inneren Auge vorbeiziehen. Selbstverständlich können Sie das Märchen auch für sich stehen lassen. Sollten Sie jedoch noch nach einer Ausdrucksmöglichkeit suchen, sind hier noch zwei Vorschläge.

10. Pantomimenrätsel: Jede/r sucht sich eine Situation oder Person des Märchens, die ihn besonders berührt hat, und spielt sie ohne Worte den anderen vor. Diese raten, was gemeint war.

11. Gespräch über das Märchen: Zu Fragen wie: Was verstehe ich in dem Märchen nicht? Wann ist es mir einmal ähnlich ergangen? Was ist mir bei der vorhergehenden Pantomime aufgegangen? Was hat mir beim Erzählen eingeleuchtet?

12. Händekreis oder Schlusstanz

Weitere Festideen: Sie können auch Wander- und Wegelieder singen oder auch eine Imagination sprechen, bei der der imaginierte Weg im Licht endet.

Materialliste

Für 2.: Passende leise Musik.

Für 3.: Kleine Instrumente wie Klangschalen, Rasseln, Holzstäbe.

Für 5.: Ein großer Bogen Pappe oder helles Tonpapier, auf dem ein Weg mit vielen Windungen skizziert ist; Klebstoff.

Für 7.: Große Tücher oder Wollfäden und ein Wanderrucksack; für das Ziel eine Krone oder goldfarbene Tücher, ein Becher mit „Wasser des Lebens“, eine Kristallkugel o. a.

Für 9.: Lesen Sie sich vorher das Märchen wenigstens einmal laut vor.

Wenn Sie singen wollen, empfehlen sich kopierte Liedblätter; wenn Sie eine Weg-Imagination sprechen wollen, ist es ratsam, sich den Anleitungstext vorher aufzuschreiben und zu verinnerlichen.

Juni: Ein Rosenfest

Rosenduft
Aus meinem Herzen
Strömt
Lieblich
Würzig

Schmerz
Aus meiner Tiefe
Bitter
Salzig
Leicht

Rosenduft
Nimmt Raum
Flächig
Breit
Füllend

Liebe

Was erzählen die Volksmärchen von der Rose?

Wann und wo sich aus der fünfblättrigen Wildrose die erste Edelrose entfaltet hat, lässt sich heute nicht mehr sicher sagen. Man weiß aber, dass sie schon vor Jahrtausenden in den Gärten des Morgen- und Abendlandes blühte. Die wegen ihrer Schönheit, ihres Duftes und ihres Gestaltgeheimnisses „Königin der Blumen" genannte Rose verbreitete sich rasch. Sie fand als Form und Symbol Eingang in Kunst, Architektur, Musik und Poesie. Von ihr inspiriert wurden die arabische Liebeslyrik, die Rosetten gotischer Kathedralen, die Schlussvision in Dantes „Göttlicher Komödie", der im Mittelalter äußerst populäre „Roman de la Rose", die gemalten „Madonnen im Rosenhag", die Oper „Der Rosenkavalier" oder „Der kleine Prinz" von Saint-Exupéry, um nur einige Beispiele zu nennen. Rosen tauchen im Volks- und Kunstlied ebenso auf wie im Brauchtum und in der Volkskunst.

Überall dort, wo Rosen gedeihen, gibt es auch Rosenmärchen. Sie finden sich, oft mit sehr ähnlichen Motiven, von China bis Westeuropa. Die Rose der Volksmärchen ist weniger eine botanische Pflanze als vielmehr ein Bild, ein Zeichen, ein Symbol für Innerseelisches und Jenseitiges. Die enge Verbindung der Rose zum Weiblichen ist auffallend und hat sehr alte Wurzeln. In der Mythologie des Altertums war die Rose Symbol und Attribut der Göttinnen Isis, Demeter und Aphrodite. Im Christentum wurde Maria mit der Rose abgebildet. Rosen sind im Volksmärchen das Urbild der Schönheit, und die Schönheit eines Mädchens oder einer Frau wird oft mit dem Bild der Rose verglichen. Da wandert ein Prinz weite Wege, um das *Rosenmädchen* oder die *Rosenschöne* zu finden, oder er vermählt sich mit einer Frau, der beim Lachen Rosen aus den Wangen blühen oder aus dem Mund fallen; sie können auch beim Gehen aus ihren Fußspuren wachsen. Diese Rosen sind das Erkennungszeichen wahrer Schönheit (und damit meint das Märchen stets auch die innere Schönheit), weshalb die *falsche* Braut auch keine Rosen hervorbringen kann. Viele Märchen preisen aber auch die numinose Schönheit der Rose selbst, etwa wenn sie erzählen, dass sie in einem jenseitigen Reich wächst und nur unter großer Gefahr geholt werden kann.

Die *Verwandlungskraft* der Rose zeigt sich in einem italienischen Märchen darin, dass ein Mädchen durch den Genuss eines Rosenblattes schwanger wird. Hinter einer Rosenhecke geschehen auch die seelischen Verwandlungsprozesse bei „Dornröschen": „Damit neben den physischen auch die seelischen und geistigen Kräfte der jungen Frau heranreifen können, schläft Dornröschen lange und tief."[39] Wenn ein Mädchen Schutz braucht oder wenn es getötet wurde, kann es sich zunächst in eine Rose und später, durch die erlösende Hilfe des Partners oder aus eigener Zauberkraft, wieder in einen Menschen zurückverwandeln. Wenn das junge Paar bei der „magischen Flucht" vor Hexe, Zauberer oder Teufel nicht mehr davonläuft, sondern stehen bleibt, verwandelt es sich oft ebenfalls in einen Rosenstock mit einer Rose. Dieses Symbol der innigen Liebe des Paares erkennen die Verfolger nicht und können es auch nicht zerstören.

Vor allem aber sind Rosen ein *Symbol für Liebe und Eros:* „Die Blume versinnbildlicht die Reinheit, Schönheit und Jugendfrische des Mädchens, sein Erblühen und Erwachen; und das Märchen veranschaulicht Entwicklungs- und Reifungsvorgänge bis zum heiratsfähigen Alter im Bild der Verwandlung."[40] Eine blühende Rose im Winter kann die geforderte Brautgabe einer Prinzessin sein. Es ist oft der als Dummling verachtete Jüngste, der sie zu hüten versteht und sie herbeibringt. Ein Mann seiner Wesensart wird später auch die gemeinsame Liebe zu bewahren wissen. Es wird auch erzählt, dass eine Prinzessin eine blühende Rose zu Boden wirft: Wer sie aufhebt, so will es ihr sterbender Vater, der soll ihr Mann werden.

In unserem Festmärchen wünscht sich das Mädchen eine bestimmte Rose, die sie dem Vater sogar aufmalt – und das kann bedeuten, dass sie sich eine ganz besondere, nicht alltägliche Liebe ersehnt. Diese erringt sie auch, aber zuerst muss sie durch Schrecken und tödliche Bedrohung, durch Schuld und Reue gehen. Nicht zuletzt gehört zu dieser besonderen Liebe die Fähigkeit, den „Drachen" so zu lieben, wie er ist – und das kann bedeuten, die eigenen bedrohlichen und destruktiven Schattenseiten anzunehmen.

Das Festmärchen: Der verwünschte Zarewitsch[41]

Es war einmal ein Kaufmann, der hatte drei Töchter. Einmal musste er in fremde Länder um Waren reisen, da fragte er die Töchter: „Was soll ich euch von jenseits des Meeres mitbringen?" Da bat die älteste um ein neues Kleid, die mittlere ebenfalls. Die jüngste aber nahm ein Blatt Papier und malte darauf eine Rose. „Mir, Väterchen", sagte sie, „bring eine solche Rose."

Lange reiste der Kaufmann in fremden Reichen, aber eine solche Rose sah er nirgends. Er war im Begriff, nach Hause zurückzukehren, da erblickte er auf seinem Wege einen herrlichen, großen Palast mit Zinnen und Türmen und einem Garten. Er ging hin, um in dem Garten herumzuspazieren. Dort waren allerlei Bäume und Blumen, die eine Blume schöner als die andere. Er sah sie an, und siehe – es wuchs dort gerade eine solche Rose, wie seine Tochter sie ihm vorgezeichnet hatte. „Ich will", dachte er, „sie doch pflücken und der geliebten Tochter bringen – es scheint, dass niemand hier ist, der es sieht." Er bückte sich und pflückte die Rose. Aber kaum hatte er dies getan, da erhob sich ein heftiger Wind, Donner rollte, und es erschien vor ihm ein schreckliches Ungeheuer, eine missgestaltete Schlange mit drei Köpfen. „Wer hat es gewagt, in meinem Garten den Herrn zu spielen?", schrie der Drache den Kaufmann an, „wozu hast du die Rose abgepflückt?"

Der Kaufmann erschrak, fiel auf die Knie und fing an, um Verzeihung zu bitten. „Gut", sagte der Drache, „ich verzeihe dir, aber nur unter dieser Bedingung: Wer dir zuerst bei deiner Rückkehr daheim entgegenkommt, den musst du mir auf ewig geben. Aber wenn du mich betrügst, so vergiss nicht, dass du dich nirgends vor mir verbergen kannst, überall werde ich dich finden."

Der Kaufmann stimmte zu.

Er kam nach Hause, die jüngste Tochter erblickte ihn vom Fenster aus und lief ihm entgegen. Der Kaufmann ließ den Kopf hängen, sah seine geliebte Tochter an und weinte bittere Tränen. „Was ist mit dir, Väterchen, warum weinst du?" Er übergab ihr die Rose und erzählte, was ihm zugestoßen war. „Betrübe dich nicht, Väterchen! Gott hat es so gefügt, mir wird es auch dort gut gehen, bringe mich zum Drachen." Der Vater brachte sie also in den Palast und kehrte nach Hause zurück.

Die Kaufmannstochter ging durch die verschiedenen Zimmer – überall war Gold und Samt, aber nicht eine einzige menschliche Seele war zu sehen. Die Zeit verstrich. Das schöne Mädchen bekam Hunger und dachte: „Ach, wie gerne möchte ich doch jetzt essen." Kaum hatte sie es gedacht, da stand vor ihr schon ein Tisch, und auf dem Tisch waren Speisen, Getränke und Süßigkeiten. Sie setzte sich an den Tisch, aß sich satt, stand auf – und alles verschwand wieder. Dann fing es an, dämmerig zu werden. Die Kaufmannstochter ging ins Schlafzimmer und wollte sich schlafen legen. Plötzlich lärmte ein heftiger Wind, und es erschien vor ihr der dreiköpfige Drache. „Sei gegrüßt, schönes Mädchen, stelle mir das Bett neben diese Tür!" Das Mädchen stellte sein Bett neben die Türe und legte sich in ihr eigenes. Sie erwachte am anderen Morgen, und wieder war im ganzen Haus keine Seele zu sehen.

Doch eines war gut: Was sie sich nur wünschte, das erschien auch alles sogleich.

Am Abend flog der Drache herbei und befahl: „Jetzt, schönes Mädchen, stelle mir mein Bett in eine Reihe mit deinem Bett!“ Die Nacht verging, das Mädchen erwachte, und wieder war im Palast keine Seele. Zum dritten Mal flog am Abend der Drache herbei und sprach: „Nun, schönes Mädchen, lege ich mich mit dir in ein und dasselbe Bett!“ Schrecklich war es der Kaufmannstochter, in ein und demselben Bett mit einem solch missgestalteten Ungeheuer zu schlafen! Aber da war nichts zu machen, sie fasste Mut und legte sich mit ihm hin.

Am Morgen sagte der Drache zu ihr: „Wenn du dich hier langweilst, so geh zu dem Vater und den Schwestern, verbringe mit ihnen den Tag und am Abend komme zurück; aber achte darauf und verspäte dich nicht! Wenn du auch nur einen Augenblick nach Sonnenuntergang kommst, so werde ich vor Kummer sterben.“ – „Nein, ich werde mich nicht verspäten“, sagte die Kaufmannstochter. Sie ging aus dem Schloss, und es stand schon eine Kutsche bereit. Sie setzte sich hinein und kam bald auf dem Gehöft ihres Vaters an.

Der Vater erblickte sie, umarmte und küsste sie und fragte: „Wie begnadet dich Gott, mein liebes Töchterchen, geht es dir gut?“ – „Ja, Väterchen!“ Sie machte sich ans Erzählen, was für ein Reichtum im Palast sei, wie der Drache sie liebe und wie alles, was sie sich nur ausdenke, sogleich erfüllt werde. Die Schwestern hörten es und wussten vor Neid nicht, was sie machen sollten. Der Tag ging dem Ende entgegen. Das schöne Mädchen machte sich für den Rückweg bereit und nahm vom Vater und den Schwestern Abschied. „Es ist Zeit zurückzukehren, es ist mir befohlen, vor Sonnenuntergang zurück zu sein.“ Die neidischen Schwestern rieben sich die Augen mit Lauch ein und taten so, als ob sie weinten. „Geh nicht fort, Schwesterchen, bleibe bis zum Morgen!“ Die Schwestern taten ihr leid, und so blieb sie bis zum anderen Tage.

Am Morgen nahm sie von allen Abschied und fuhr zum Palast zurück. Dort war alles leer, wie früher. Sie ging in den Garten und sah, dass der Drache tot am Teich lag. „Ach, was habe ich getan!“, rief das schöne Mädchen und weinte bitterlich. Sie lief an den Teich, zog den Drachen aus dem Wasser heraus, umfasste einen der Köpfe und küsste ihn sehr, gar sehr. Der Drache schüttelte sich und verwandelte sich im nächsten Augenblick in einen schmucken Burschen.

„Ich danke dir, schönes Mädchen“, sagte er zu ihr, „du hast mich aus großem Unglück befreit. Ich bin keine Drache, sondern ein verwünschter Zarewitsch.“ Sogleich fuhren sie zu dem Kaufmann, wurden getraut und fingen an, zusammen zu sein und Gutes zu erleben.

(Märchen aus Russland, bearbeitet von Heidi Heim)

Die Festvorbereitung

Der Juni ist die Rosenzeit schlechthin, und schon im alten Rom wurde in diesem Monat ein Rosenfest gefeiert, die Rosarien. Rosen sind wunderbare Festgäste. Mit ihrer Schönheit, ihrem Duft und ihren Farben werden sie alle Gäste erfreuen und das Fest mit Glanz und Innigkeit erfüllen. Eine geöffnete Rosenblüte gleicht einem Mandala. Wenn wir sie lange betrachten, kann uns das tief in unsere eigene Mitte führen.

Die Einladung

Sie kann in Form einer Rosenkarte verschickt oder mit Rosenduft getränkt werden.

Bitten Sie Ihre Gäste um eine schöne Rose ohne Grün; ferner kann, wer will, sich in Rosenfarben kleiden, Erinnerungen, Texte, Bilder, einen Rosenstock oder Rosenöl mitbringen, einen Rosenkuchen backen oder eine Rosenkrone binden.

Bausteine für ein Rosenfest

1. Ein Rosenspalier für das Geburtstagskind (Übergangsritual): Das Geburtstagskind wartet draußen, bis alle sich paarweise zu einem Spalier aufgestellt haben, wobei sie ihre Rose über den Kopf in die Mitte des Gangs halten. Das Geburtstagskind geht nun durch das Rosenspalier, während alle ein Glückwunschlied singen. Danach stellen sich alle mit ihrer Rose zum Kreis um die Hauptperson. Jede Rose wird ihr nun mit einem guten Wunsch überreicht, zuletzt werden alle Rosen in eine große Vase gestellt.

2. Tänze, z. B. solche, die mit ihren Schritten eine Rosenblüte auf dem Boden abbilden.

3. Teerunde: Dabei können Rosenerlebnisse erzählt und Rosengedichte vorgelesen werden.

4. Einer Rose begegnen: Jeder Gast bekommt vom Geburtstagskind seinerseits nun eine Rose. Alle können nun ihre neue Rose betrachten, sie betasten, an ihr riechen, sich selbst und zuletzt anderen sanft mit den Blütenblättern übers Gesicht streichen.

5. Mit der Rose tanzen: Lassen Sie Ihre Rose zu einer anmutigen Musik tanzen, wobei die Rose führt und Sie sich mit ihr bewegen. Zuerst tanzt jede Rose für sich, dann tanzen zwei, drei, vier … Rosen miteinander, bis sich zuletzt alle Rosen gemeinsam zum Tanz bewegen. Dann werden auch diese Rosen ins Wasser gestellt. Am Ende des Festes nimmt jeder Gast wieder *diese* Rose als Erinnerung mit. So kann schön und sinnfällig das gegenseitige Geben und Nehmen bei einem Fest erlebt werden.

6. Eine Rose blüht auf: Kleingruppen aus drei oder vier Gästen bilden mit ihren Händen eine Knospe, die sich in Zeitlupe öffnet. Wenn Sie möchten, spielen Sie ganz langsame Musik dazu, z. B. Alessandro Marcello, Concerto für Oboe und Streicher, c-moll, Adagio.

7. Das Festmärchen: „Der verwünschte Zarewitsch" (die Betonung liegt auf der zweiten Silbe des Namens) wird erzählt oder vorgelesen. Danach lassen alle mit geschlossenen Augen die Bilder des Märchens noch einmal an ihrem inneren Auge vorüberziehen und betrachten dabei besonders die Rose des Drachen.

8. Eine Rose malen: Hier kann die im Märchen erwähnte und als inneres Bild gesehene „Liebesrose" gemalt werden, „als Symbol der Liebe, der meine Sehnsucht gilt".

9. Ausdrucksspiel (siehe S. 31 f.): Das Märchen „Der verwünschte Zarewitsch" eignet sich wegen seiner Kürze und wegen seiner prägnanten Bilder ausgezeichnet zum Spiel! Wenn jemand die Rolle der Rose spielen will, lassen Sie diese schon in dem Augenblick erscheinen, in dem das Mädchen sie malt. Sehr intensiv wird im Spiel sicher auch der Augenblick der Verwandlung erlebt werden.

10. Abendessen

11. Partnergeschenk mit Rosenwasser: In die kleinen Schälchen wird Rosenwasser gegossen, dann wird das Rosengedicht von Sigrid Trinkle vorgelesen. Paare werden gebildet. Eine Partnerin nimmt etwas Rosenwasser in die Hand und bestreicht damit liebevoll das Gesicht ihres Gegenübers. Nachspüren, dann wird gewechselt. Erneutes Nachspüren und gegenseitiger Dank.

12. Die Rose aus dem Herzen: Legen Sie sich auf den Rücken und fügen Sie die Fingerspitzen auf der Herzmitte zusammen. Stellen Sie sich vor, dass eine wunderschöne Rose aus Ihrem Herzen wächst. Sie schenken diese erste Rose in Gedanken einem Menschen, den Sie lieben. Die zweite imaginierte Rose schicken Sie einem Menschen, der diese Rose gerade besonders braucht, und die dritte schließlich einem Menschen, mit dem Sie Schwierigkeiten haben.

13. Eine vokale Rosenmusik: Alle stehen im Kreis und singen oder summen die einzelnen Vokale A, E, I, O, U gleichzeitig in beliebiger, aber für die Dauer eines Atemzuges gleichbleibender Tonhöhe. Nach der Atempause können Vokal und Tonhöhe gewechselt werden. Da nie alle gleichzeitig atmen, kann das Tönen lange Zeit erklingen. Dieser Lobgesang ist gedacht als Dank an alle Rosen des Lebens, als Dank aber auch an das Geburtstagskind, das zu diesem rosenschönen Fest eingeladen hat. – Variante: Sie können das Geburtstagskind in die Mitte des Kreises setzen. So erhält es als besonderes Geschenk noch ein wunderbares „Klangbad".

Weitere Festideen: Denkbar ist auch ein Besuch bei den Rosen im Garten und vielleicht auch bei denen der benachbarten Vorgärten.
- Es ist sehr schön, als Ritual gemeinsam eine junge Rose in den Garten zu pflanzen.
- Es gibt viele Rosenlieder, vielleicht haben Sie Lust, welche zu singen.
- Ferner können die „Liebesrosen" vom Hochzeitsritual (siehe S. 184 f.) zum Blühen gebracht werden.

Materialliste

Generell schadet es nicht, für das Spalier einige „Ersatzrosen“ bereitzuhalten – falls sie nicht für das Programm benötigt werden. Sie eignen sich gut zur Dekoration.

Für 4.: Für jeden Gast eine Rose, gerne in verschiedenen Farben.

Für 5.: Eine anmutige Musik zum Tanz.

Für 8.: Zeichenpapier und Farbkreiden oder Aquarellfarben, Pinsel, Wassergefäße und Läppchen. Auch Acrylfarben sind möglich.

Für 9.: Hier brauchen Sie Ihre Tüchersammlung (siehe S. 32).

Für 10.: Eventuell eine Rosenbowle.

Für 11.: Rosenwasser und kleine Schälchen.

Für die weiteren Festideen: Je nach Ihren geplanten Festbausteinen eine Rosenpflanze und kopierte Liedblätter.

Juli: Ein Sonnenfest

Sonne

Sonne
Im Morgengrauen
Strahlt hell
Seele erwacht

Sonne
Im Zenit
Brennt feurig
Licht strömt

Sonne
Ins Meer versinkt
Rot golden
Träume werden wach

Sonne
Im Widerschein der Wolken
Zärtlich
Herz ahnt Stille

Was erzählen die Volksmärchen von der Sonne?

Ohne Sonne gibt es kein Leben auf der Erde. Schon immer haben die Menschen die Sonne verehrt und beobachtet, haben über ihre Entstehung, über ihre jahreszeitlichen Rhythmen, über ihre Beziehungen zu anderen Gestirnen und über Sonnenfinsternisse nachgedacht. Der täglich neu zu beobachtende Sonnenaufgang, bei dem förmlich eine „Geburt des Lichtes" stattfindet, und die Frage, wohin die Sonne bei ihrem Untergang entschwindet, haben bei verschiedenen Völkern und Kulturen zu unterschiedlichsten Mythen geführt, in denen die Sonne personifiziert wird, manchmal in weiblicher, meist aber in männlicher Gestalt. In bildhafter Sprache werden Ursprünge und Ursachen des Sonnenphänomens erklärt sowie äußere und innere Erfahrungen geschildert, welche die Menschen mit der Sonne gemacht haben. Besonders hervorzuheben ist die Sonnenreligion des alten Ägypten, „wo die Sonne wohl am glühendsten verehrt wurde."[42] „Chepre" war hier der Name der aufgehenden Sonne, „Re" hieß sie im Zenit und „Atum" in der Abenddämmerung. Man stellte sich vor, dass die Sonnenbarke nachts durch die Unterwelt fährt und als „Mitternachtssonne" den Toten leuchtet.

Die Volksmärchen vergleichen schöne Mädchen oft mit der Sonne. Oder sie erzählen von einer Sonnentochter, die außer strahlender Schönheit auch über magische Fähigkeiten verfügt und sich des Feuers bedienen kann. Diese Sonnentochter ist nur schwer zur Frau zu gewinnen; wird sie aber aus weiter Entfernung heimgeholt, so verbreitet sie Licht und Freude in einem zuvor dunklen Land. Dieses Motiv der *Sonnensuche* taucht vor allem bei nordischen Völkern auf, bei denen lange, dunkle Winter herrschen. In den Märchen heißer Länder, etwa denen der Südsee, findet man hingegen das Motiv eines Kampfes gegen die alles Leben versengende Sonne. – Ferner wissen die Märchen von der *Gerechtigkeit, Wahrheit und Allwissenheit* der Sonne zu berichten, durch die etwa ein Mord ans Licht gebracht wird. Die klare Sonne, die überall hinscheint und alles weiß, wird auch in unserem Festmärchen um Rat gefragt. Eine Besonderheit dieses Märchens ist, dass die Sonne (wie sonst die Große Mutter) in dreifacher Gestalt auftritt: als Mädchen, Frau und weise Alte.

Die Märchen schildern in ihrer Bildersprache auch den Kampf des Sonnenlichtes gegen die Mächte der Finsternis. Bei Sonnenaufgang müssen die Teufel weichen, die in der Nacht den furchtlosen Königssohn gequält haben. Auch werden Trolle zu Stein, sobald der erste Sonnenstrahl sie trifft.

Sonne und Gold werden oft in einem Atemzug genannt. „Wegen seiner Unzerstörbarkeit und Schönheit wurde Gold schon sehr früh mit königlichen, heiligen und göttlichen Werten in Beziehung gesetzt.“[43] Das *Schloss der goldenen Sonne,* das „glänzt und gleißt wie ein gewaltiges Feuer“, taucht in vielen Märchen auf. Es ist stets ein jenseitiger Ort, in dem oft die jenseitige Braut wartet (manchmal, wie in „Die Kristallkugel“, auch auf ihre Erlösung). Man merkt der Sprache der Märchen an, wie sehr sie sich beim Sonnen*schloss* wie auch bei den benachbarten Motiven des Sonnen*kleides* und des Sonnen*ringes* bemüht, jenseitiges Licht, strahlende Schönheit und vollkommenen Glanz in Worte zu fassen, was letztlich unmöglich ist. Möglicherweise aber können Sie etwas davon beim Sprechen unseres Festmärchens aufleuchten und durchschimmern lassen.

Das Festmärchen: Feuer im Herzen

Es war einmal ein Mann, der wollte immer alles wissen. Alles wollte er erfahren, alles erkennen, alles ergründen. Was immer er sah, er fragte die Menschen: „Was ist das? Warum ist das so? Wieso? Weshalb?“ Die Menschen redeten und erklärten. Wenn sie es aber nicht wussten, schüttelten sie den Kopf und sagten: „Ein sonderbarer Kauz bist du! Wenn du auch noch so viel weißt, sterben wirst du als Dummkopf, denn alles kann man nicht wissen.“

Da ließ der Mann alles stehen und liegen, verließ Haus und Hof und machte sich auf den Weg. „Ich will zur lichten Sonne gehen“, sagte er. „Die Sonne bescheint alles, also sieht sie alles, also weiß sie alles. Ich will die Sonne fragen, warum es so und so auf dieser Welt zugeht.“ Er ging lange Wege und er ging kurze Wege und, nachdem er lange gewandert war, saß auf seinem Wege ein Mensch auf einem Stein, der winkte und rief: „Warum muss ich hier noch sitzen? Wie lange muss ich noch auf diesem Platz bleiben?“ – „Ich weiß es nicht, aber ich will die Sonne danach fragen.“

Der Mann ging weiter. Da traf er einen Menschen, der stützte seinen Zaun. „Warum tut er das?“, dachte der Mann und ging weiter. Da sah er zwei Frauen, die schöpften Wasser im Fluss von einer Seite auf die andere und redeten und redeten. Er wunderte sich über ihr Tun und ging weiter. Da traf er einen Menschen, der wühlte und suchte im Müll, und auch das konnte er nicht verstehen. Er ging weiter und kam in einen großen Wald. Als er aus dem Wald heraustrat, blendete ihn ein solcher Glanz, dass er die Lider zukneifen musste. Vor ihm lag das goldene Schloss der Sonne, das glänzte und gleißte und war wie ein gewaltiges Feuer anzusehen.

Der Mann zog die Mütze über die Augen, damit sie nicht erblindeten, und stürzte einfach in das Schloss hinein. Fast hätte er die Mutter der Sonne umgerannt. „O Mensch, was willst du hier?“ – „Mütterchen, hilf mir! Ich will die Sonne etwas fragen.“ Die Alte sagte: „Warte ein Weilchen! Die Sonne ist zum Himmel aufgestiegen. Bald wird sie zurückkehren, dann kannst du sie fragen.“

Der Mann war hungrig. Er holte Brot und Speck hervor und aß sich satt. Da wurde er durstig. Er schaute sich um und ging zum nächsten Fluss. Er kniete nieder. Mit beiden Händen schöpfte er das Wasser. Da erschrak er. Eine Hand lag auf seiner Schulter. Er schaute auf. Ein Mädchen stand neben ihm, ein wunderschönes Mädchen. Sie schaute ihn freundlich an und sagte: „Hier darfst du nicht trinken. Komm mit, ich zeige dir eine andere Quelle!“

Damit führte sie ihn zu einer alten Eiche, wo ein Brunnen stand. Er bückte sich und trank von dem klaren, kalten Wasser. Er trank und trank und konnte nicht wieder aufhören. Das Mädchen rüttelte ihn an der Schulter. „Du kommst hierher, weil du alles wissen willst, und weißt doch nicht einmal, dass man in allem Maß halten muss! Du hast genug getrunken; die Sonne wird dich nicht verbrennen.“

In dem Augenblick sah er die Sonne vom Himmel herab in ihr Schloss steigen, aber er rührte sich nicht. „Meine Mutter, die Sonne, ist zurückgekommen. Verrate ihr aber nicht, was du erfahren hast, und auch nicht, dass du mich gesehen hast.“ Damit verwandelte sich das Mädchen in einen leuchtenden Stern und stieg zum Himmel empor.

Nun sprang der Mann auf und lief geradewegs in das Sonnenschloss hinein, in das Gemach der Sonne. Als die Sonne sah, dass ein Mensch es gewagt hatte, bis zu ihr vorzudringen, fing sie an, ihn unbarmherzig zu versengen. Aber er hatte das brunnenkalte Wasser getrunken, und so konnten ihm die glühenden Strahlen nichts anhaben. Da wurde die Sonne noch zorniger und brannte noch heißer. Er aber zog die Mütze noch tiefer über die Augen und trat näher. Als die Sonne sah, dass der Eigensinn des Mannes nicht zu brechen war, fragte sie: „Was willst du?“ – „Ich bin gekommen, um dich zu fragen, warum es so und so auf der Welt zugeht. Ich möchte alles wissen.“ Da sprach die Sonne: „Wer zu viel weiß, muss sterben!“ Und sie begann, ihm in den Kopf zu leuchten. Er fühlte, wie sein Kopf loderte, und er wusste auf einmal vieles. Aber sein Herz war eiskalt. Er erschrak und stürzte davon. Fast hätte er wieder die Mutter der Sonne umgerannt. Sie schaute ihn von der Seite an. „O Mensch, du wirst sterben, wenn du nicht dein Herz erwärmst, weil dein Kopf verbrennen wird." – „Ja, Mütterchen, ja, ich spüre es. Aber wie?"

Da machte sich der Mann auf, die Tochter der Sonne zu suchen. Er suchte den leuchtenden Stern und winkte und rief. Der Stern stieg vom Himmel und verwandelte sich wieder in das Mädchen. Es war schön wie der lichte Tag. Der Mann nahm ihre Hand fest in die seine. Da spürte er, wie sein Herz warm wurde. Er spürte, wie es in seinem Herzen anfing zu brennen. Ganz still stand er da, mit dem Mädchen an der Hand. Auf einmal wusste er es: „Solange Feuer in meinem Herzen brennt, werde ich alles vermögen und die Menschen glücklich machen."

Die beiden heirateten und wanderten in seine Heimat. Auf ihrem Weg kamen sie zu dem Mann, der immer noch im Abfall wühlte.

„Lieber Freund", sagte er zu ihm, „du suchst nach deinem verlorenen Geld. Geh lieber heim, arbeite, und du wirst genug zum Leben haben!" Der Mensch hörte auf ihn, und die beiden eilten weiter. Sie fanden die beiden Frauen, die noch immer das Wasser umschöpften und redeten und redeten. Er erklärte ihnen: „Das Wasser bleibt auch nach dem Umschöpfen Wasser, so wie Worte Worte bleiben, wenn keine Taten folgen. Geht lieber heim und tut etwas Rechtes!" Sie wanderten weiter und sahen den Mann, der noch immer seinen Zaun stützte, und sagten zu ihm: „Stütze nie, was fallen muss. Es ist dahin! Es ist vorüber! Du brauchst einen neuen Zaun."

Schließlich kamen sie zu dem Mann, der noch immer auf dem Stein saß und winkte und rief. Bei ihm blieben sie jedoch nicht stehen, sondern riefen ihm erst zu, als sie schon vorüber waren: „Guter Freund, dies ist der Platz, der dir zugewiesen ist. Du musst hier sitzen bleiben, bis ein anderer kommt und deinen Platz einnimmt."

Endlich kamen sie in sein Dorf; aber sein Haus stand längst nicht mehr; die Leute hatten die Balken verheizt. Da war nichts zu machen, sie mussten sich ein neues bauen und mit der Wirtschaft ganz von vorn anfangen. Aber was sie auch anfingen, alles gelang ihnen. Schon bald gehörten sie zu den Wohlhabenden im Dorf. Die Nachbarn wunderten sich, dass die beiden sich nie beklagten. Einmal fasste sich einer ein Herz und fragte, warum sie immer so fröhlich und guter Dinge seien und in Eintracht miteinander lebten. Da antwortete der Mann: „Lieber Freund, es ist sehr einfach. Uns geht es gut, weil wir Feuer im Herzen und Verstand im Kopf haben."

(Märchen aus Russland, bearbeitet von Heidi Heim)

Die Festvorbereitung

Die Sonne ist buchstäblich ein strahlendes Festthema. Sie kann schon Ihre Vorbereitung und erst recht Ihr Fest mit heller Freude erfüllen. Im heißen Juli tritt die Sonne in das Sternbild des Löwen, der (mit Adler und Sonnenross) zu den Tieren gehört, welche die Sonne in mythologischen Darstellungen begleiten. In diesem Monat wurden auch schon früher Sonnenfeste gefeiert, z. B. im alten Japan das Fest der Sonnengöttin Amaterasu und bei den Assiniboine-Indianern in Montana das Fest des Sonnentanzes.

Ein Sonnenfest sollte möglichst im Freien gefeiert werden. Wenn Sie nachmittags einladen, scheint beim Fest noch eine Zeit lang Re, die Sonne im Zenit, vor allem aber Atum, die Abendsonne. Sie werden keine Mühe haben, Bilder, Texte und Symbole zum Thema zu finden.

Die Einladung

Benutzen Sie für die Karte gelbes Papier mit einem Sonnenbild. Legen Sie je einen „Sonnenstrahl" aus steifem gelbem, orangefarbenem und rotem Tonpapier bei (in den unten angegebenen Maßen). Bitten Sie Ihre Gäste, auf die eine Seite einen Dank und auf die Rückseite einen guten Wunsch für das Geburtstagskind auf die Spitze des Sonnenstrahls zu schreiben und ihn als Geschenk wieder mitzubringen. Außerdem werden Decken für das Gras benötigt, Texte, Bilder und Musik zum Thema, ein kleines Sonnensymbol und möglichst ein Beitrag zum Essen in den Sonnenfarben Gelb, Rot, Orange. Es wäre schön, wenn diese drei Farben auch in der Kleidung der Gäste auftauchen würden.

Bausteine für ein Sonnenfest

1. Sonnentänze: Alle Tänze mit einer sonnenförmigen Grundform sind hier geeignet, z. B. der „Sonnengesang" von S. 30.

2. Das Sonnensuchspiel: Sie brauchen einen freien Raum im Zimmer oder ein abgegrenztes Areal im Garten. Alle Gäste ziehen gefaltete Zettel. Auf einem einzigen steht: „Du bist die Sonne." Wer diesen Zettel gezogen hat, geht *schweigend* mit offenen Augen durch Raum oder Garten. Wer einen leeren Zettel gezogen hat, schließt die Augen und beginnt, die Sonne zu suchen. Er fragt den nächsten Gast, den er ertasten kann: „Bist du die Sonne?" Wer *nicht* die Sonne ist, *muss* antworten. Wird jedoch die Sonne berührt, so bleibt sie stumm, der Sucher darf die Augen öffnen und sich bei der Sonne anhängen. So geht hinter der Sonne eine immer länger werdende Händekette her, die ebenfalls keine Antwort gibt. Das Spiel wird dadurch immer leiser, denn die Sonne ist dort, wo man nichts hört. Die Sonne muss aber auch alle im Auge behalten, so dass niemand sich verläuft oder in den Gartenteich fällt. Am Schluss *lässt* sie sich auch vom letzten Gast finden.

3. Vorstellung: Sitzkreis auf Stühlen oder am Boden. Jeder Gast stellt sich mit seinem mitgebrachten Sonnensymbol vor, zu dem er einige Worte sagt.

4. Teerunde

5. Glückwunschsonne (Übergangsritual): Der erste Gast liest seinen Dank und seinen guten Wunsch vom mitgebrachten Sonnenstrahl vor und klebt ihn auf die Sonnenscheibe. Zuletzt gibt der Ehrengast einen oder zwei Strahl/en ab und teilt mit, was bei ihm im vergangenen Jahr „hell" geworden ist bzw. sich positiv verändert hat, wofür er besonders dankbar ist und was er sich für das neue Lebensjahr wünscht. Es muss aber nicht jeder Dank und Wunsch laut ausgesprochen werden. Schön ist es auch, sie beide dem Geburtstagskind ins Ohr zu flüstern.

6. Das Feuer der Sonne: Alle wenden sich mit dem Gesicht zur Sonne, schließen die Augen und schirmen sich zusätzlich mit den Handtellern ab. Nach einiger Zeit nehmen sie die Hände fort und blicken durch die *geschlossenen* Lider in die Sonne: Sie werden ein unglaubliches, feuriges Rotorange sehen. Wer möchte, erhebt dazu seine Arme in der Geste der Sonnenanbetung.

7. Feuertanz: Jeder hält zwei kleine Tücher in den Feuerfarben Rot, Orange oder Gelb in den Händen – alle Tücher zusammen stellen die Sonne dar. Wenn die Musik beginnt, fängt auch das Sonnenfeuer an zu „brennen": Die Hände mit den Tüchern wehen züngelnd nach oben.

Dann schiebt sich *langsam* eine Wolke vor die Sonne, wobei die Musik *langsam* leiser wird: Die Hände bewegen sich langsamer und sinken eine nach der anderen herab, während die Musik schließlich ganz verstummt.

Variation: Sie können im Garten natürlich auch ein „richtiges“ Feuer entzünden und darum herumtanzen. Ihre Gäste können auch sogenannte „Kummerzettel“ mit ihren Sorgen und Problemen schreiben und sie im Feuer verbrennen.

8. Das Festmärchen: „Feuer im Herzen“ wird erzählt oder gesprochen.

9. Pantomimenrätsel: Alle lassen die Menschen des Märchens noch einmal am inneren Auge vorbeiziehen. „Welche Figur war mir die wichtigste?“ Danach spielt der erste Gast *ohne Worte* z.B. den Mann, der auf dem Stein sitzt. Die anderen raten, wer dargestellt wurde. Sind alle, die spielen wollen, fertig, können im Gespräch danach Fragen, Einsichten, Gefühle mitgeteilt werden, die durch das Märchen ausgelöst wurden.

10. Abendessen: Am Ende der Mahlzeit können Sonnengedichte vorgelesen oder Sonnenerlebnisse erzählt werden.

11. Sonnenuntergang: Wenn es die Witterung erlaubt, können alle Gäste gemeinsam den Sonnenuntergang betrachten.

12. Sonnengesang: Lesen Sie den Anfang des Prologs von Goethes „Faust“ oder den „Sonnengesang“ von Franz von Assisi vor. Stellen Sie sich anschließend zum Kreis zusammen und singen Sie die Silben „SO-NE“ (mit stimmhaftem S und langem O) in beliebiger Tonhöhe und nach Belieben auch mit Obertönen, als Dank an die Sonne für ihr Licht an diesem Tage. Oder, wenn es schon dunkel geworden sein sollte, als Gruß an die Mitternachtssonne, die nach altägyptischer Vorstellung jetzt die Unterwelt erhellt.

13. Sonnensegen: Nehmen Sie eine gelbe oder goldene Kugel, die symbolisch für die Sonne stehen soll. Reichen Sie die Sonnenkugel mit den Worten weiter: „Der Segen der Sonne sei mit dir!“ So wandert die Kugel einmal im Kreis herum.

Weitere Ideen: Gleich zu Beginn des Festes können aus gelben Blüten **Kränze** gebunden und aufgesetzt werden. Die Gäste können das für sie wichtigste **Märchenbild** malen. Oder es wird in Gruppen, bei geringer Gästezahl auch von allen gemeinsam, ein **Sonnenmandala** mit Acrylfarben (oder als Collage aus farbigen Papieren) gestaltet. Sie können **Lieder singen**, die von der Sonne handeln, oder das Schumann-Lied „An den Sonnenschein" anhören.

Das Festmärchen eignet sich auch sehr gut für ein **Ausdrucksspiel** (siehe S. 32).

Materialliste

Für 1.: Musik für die Folkloretänze.

Für 3. brauchen Sie selbst natürlich auch ein Sonnensymbol.

Für 5.: „Sonnenstrahlen" und eine „Sonnenscheibe". Hier die Maße in Zentimetern dazu:

Die schraffierte Klebelasche nicht beschriften.

Kreisdurchmesser in cm	Anzahl der Strahlen
11,6	12
13,5	14
15,4	16
17,3	18
19,2	20
21,2	22
23,0	24

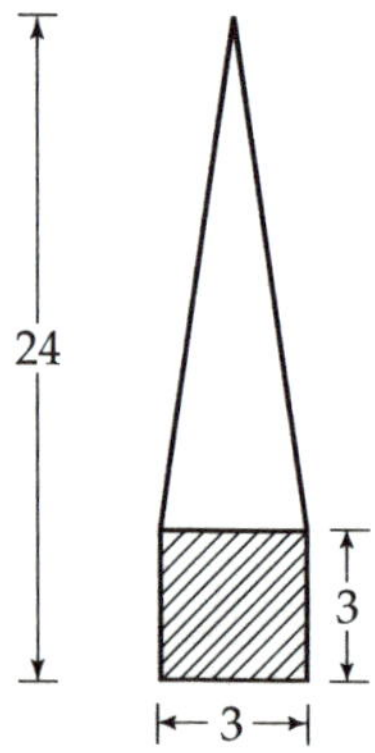

Die Anzahl der Strahlen entspricht der Anzahl der Gäste, zu der noch mit ein bis zwei Strahlen das Geburtstagskind hinzugerechnet wird. Beispiel: Nehmen wir an, Sie hätten zehn Gäste eingeladen. Dann schneiden Sie zwölf Strahlen im angegebenen Maß aus. Dazu brauchen Sie eine runde Sonnenscheibe mit einem Kreisdurchmesser von 11,6 Zentimetern. Ferner brauchen Sie Klebstoff und etwas zum Kleben als Unterlage.

Für 7.: Große und kleine Tücher in Feuerfarben, Musik. Für das Lagerfeuer: einen Feuerplatz, Zettel, Stifte.

Für 13.: Eine gelbe oder goldene „Sonnenkugel“, z. B. eine Edelsteinkugel aus Goldcalcit, einen gelben Ball oder eine Holzkugel, die Sie mit Goldbronze bemalt oder mit Goldfolie beklebt haben.

Für die weiteren Ideen je nach Programmpunkt: Gelbe Blüten und Zweige, Faden, Schere für die Kränze. Material für Märchenbild oder Sonnenmandala (schwarzes, blaues und weißes Tonpapier, Farben oder Collagepapier). Kopierte Liedblätter. Ihre Tüchersammlung für das Ausdrucksspiel (siehe S. 32).

August: Ein Brückenfest

Regenbogenbrücke

Gespannt
Von der Erde zum Himmel zur Erde
Werde!

Zeigt
In der Vielfalt der Farben
Die Vielfalt des Lebens

Steigt
In den Himmel
Nichts ist vergebens

Fällt
Zurück zur Erde
Werde!

Was erzählen die Volksmärchen von Brücken?

Seit vielen Jahrhunderten sind Brücken ein beliebtes und häufig verwendetes Märchenmotiv mit vielen Erscheinungsformen.

Brücken als Eingriff in die Natur

Schluchten und Gewässer zu überbrücken verletzt nach alter Auffassung die dort lebenden Naturwesen. Einige Märchen erzählen, dass diese Geschöpfe mit Opfern oder Gaben versöhnt werden mussten: So lässt der „Fischkönig" in einem argentinischen Märchen sogar die „Brücke über das Meer" wieder einstürzen, weil sie ohne Menschenopfer erbaut wurde. Auf diesem Hintergrund ist verständlich, dass man in vorchristlicher Zeit zum Schutz der Menschen, die die Brücken benutzten, Opferaltäre aufstellte; im Christentum wurden daraus Heiligenfiguren oder Brückenkapellen.

Der Brückenbau

Oft wird im Märchen dem um die Königstochter anhaltenden Freier die Aufgabe gestellt, eine Brücke zu bauen, z. B. binnen einer Nacht eine Brücke aus „Diamantkristall". Das gelingt ihm nur mit Hilfe zuvor erworbener Zaubermittel oder durch den Beistand bestimmter Helfermächte. Zahlreiche Sagen kennen das Motiv der vom Teufel gebauten Brücke und erzählen, wie dieser mit einer List um die Menschenseele geprellt wird, die er als Gegenleistung dafür forderte. Manchmal zaubern die Helfermächte auch eine magische Brücke, die vom Märchenhelden auf der Flucht benutzt werden kann, die aber wieder verschwindet, ehe seine Verfolger sie betreten können.

Das Niemandsland der Brücke

Brücken waren früher neutrales Territorium, auf dem sich hohe und auch feindlich gesinnte Persönlichkeiten zu Zusammenkünften trafen. Auf Brücken wurden Jahrmärkte abgehalten und Waren zollfrei verkauft (was die Entstehung von Brückenläden begünstigte). Auf Brücken wurde auch häufig getanzt.

Die gefährliche Brückenüberquerung

Bei den früher oft sehr instabil gebauten Brücken war der Übergang gefährlich; so entstand die Vorstellung von Spukgestalten, die dort hausten und ihr Unwesen trieben. Auch das häufig im Märchen vorkommende Bild der schneidenden Schwerter, die über einen Abgrund gelegt sind, unterstreicht die Gefährlichkeit des Übergangs. Die Königstochter im „Eisenofen" etwa rollt auf einem Pflugrad über schneidende Schwerter, oder es wird von Drachen, Riesen und Trollen erzählt, die unter der Brücke darauf lauern, die Menschen hinabzuziehen, und von den Märchenhelden mit List oder im offenen Kampf besiegt werden. In russischen Märchen muss der Held oft drei Nächte hintereinander mit immer gefährlicheren Drachen auf der Brücke kämpfen.

Der Traum vom Schatz auf der Brücke

In einem japanischen Märchen erfährt ein Träumer auf der „Brücke Mizokai" von einem anderen Träumer, dass an einer bestimmten Stelle in seinem eigenen Haus ein Schatz verborgen sei; er kehrt nach Hause zurück und hebt den Schatz. Auch bei diesem Motiv, das ebenso in europäischen Märchen begegnet, ist zu spüren, dass die Brücke ein Zwischenreich zwischen Bewusstem und Unbewusstem darstellt. Sie ist ein Ort, an dem uns Wegweisung und intuitive Weisheit geschenkt werden kann.

Die Jenseitsbrücke

Aus der mythologischen Jenseitsbrücke, über welche die Seelen ins Reich der Toten gelangen, ist im Zaubermärchen eine Brücke geworden, die in ein Wunderland, in die Anderswelt oder ins Königreich der schönen Braut führt. Sie zu überqueren wird zur Mut- und Bewährungsprobe des Märchenhelden. Eine Besonderheit stellt das für dieses Fest ausgewählte Zigeunermärchen dar, das die Schönheit der sich im Wasser spiegelnden Brücken in glühenden Worten preist, während es angesichts der jenseitigen Schönheit der goldenen Brücke verstummt. Ein weiteres wichtiges Detail dieses Märchens besteht darin, dass die Prinzessin wach bleiben muss, solange ihr zukünftiger Partner die Bewährungsproben löst, die sie selbst erdacht hat, also solange er zu ihr unterwegs ist. Die Brücken, von denen das Märchen erzählt, sind letztlich Symbole für das, was die Liebenden miteinander verbindet, für ihren Weg zueinander und für ihre Liebe selbst.

Das Festmärchen: Die Prinzessin hinter den drei Brücken

Es war und es war nicht. Wäre es nicht geschehen, würde man's nicht erzähen.

Es war einmal eine Prinzessin, die lebte weit, weit weg in einem Land, in dem wir nie gewesen sind. Schön war sie! Wahrhaftig, schön war sie wie die Sonne. Deshalb hatte sie auch viele Freier. Fürsten, Prinzen und hohe Herren machten sich auf, um sie zu freien. Aber niemals kam einer von ihnen zurück. Niemand wusste, wie es ihnen ergangen war. Waren es die Gefahren des Weges oder war es die Prinzessin selbst, die sie besiegt hatten? Niemand wusste es. Aber es ging ein Gerücht, die Prinzessin sei ebenso stark, wie sie schön war. Ein Schwert besaß sie, das auch der stärkste Held nicht zu schwingen vermochte.

Wie es nun war und wie es nicht war, gerade in dem Land, in dem wir jetzt sind, lebte einmal ein Prinz. Der war ohne Vater und Mutter. Auch zu ihm kam die Rede von der wunderschönen Prinzessin.

„Ach, mein Leben ist wohl nicht teurer als das aller anderen. Auch ich mache einen Versuch!“

Damit sattelte er sein Pferd, nahm Rüstung und Mantelsack und was er sonst noch brauchte, und machte sich auf die Reise. Er ritt und ritt. Er ritt Tage, er ritt Wochen. Wie lange er ritt, weiß ich nicht, also kann ich es auch nicht erzählen, aber eines schönen Tages kam er an einen Kreuzweg. Dort stand ein Wegweiser, auf dem konnte man lesen: „Wer nach links zieht, wird müde werden und bitterlich frieren; wer aber nach rechts zieht, kommt nie mehr zurück.“ Der Prinz bedachte diese Worte eine Weile. „Frieren und hungrig werden, was soll das heißen? Und nicht wieder zurückkommen? Irgendeine Gefahr wartet auf diesem Weg auf mich. Aber ich bin stark. Bis jetzt hat mich noch keiner besiegt. Ich wähle den Weg, von dem niemand zurückkehrt!"

Damit gab der Prinz seinem Pferd die Sporen und ritt weiter. Er ritt einen Tag, er ritt zwei. Am dritten Tag kam er auf eine weite Ebene. Soweit er sehen konnte, erhob sich nicht ein einziger Baum oder Hügel. Ritt er einen Tag, ritt er zwei? Aber wie es nun war oder wie es nicht war, er traf auf einen alten Mann. „Guten Tag, guten Tag, Oheim!", grüßte der Prinz. „Weißt du den Weg zu der wunderschönen Prinzessin?" – „Ach mein Sohn, dahin ist es weit. Und wahrhaftig, der Weg ist auch gefährlich! Viele habe ich schon gesehen, die dahin gezogen sind, aber noch nie ist einer zurückgekehrt. Du bist jedoch auf dem rechten Wege. Die Prinzessin wohnt hinter der Kupferbrücke, der Silberbrücke und der Goldbrücke."

Der Prinz dankte dem Alten, sagte Lebewohl und setzte seinen Weg fort. Er ritt einen Tag, er ritt zwei. Am dritten Tag kam er zu einem dichten Wald. Gerade als er zwischen die Bäume einreiten wollte, traf er einen alten Mann. „Guten Tag, alter Vater!", grüßte der Prinz. – „Guten Tag, mein Sohn. Woher kommst du? Wohin willst du?" – „Ich suche die Prinzessin in dem leuchtenden Schloss hinter der Kupferbrücke, der Silberbrücke und der Goldbrücke." – „Ach, mein Sohn, viele sind schon hingezogen, aber niemand ist zurückgekommen. Doch will ich dir nach bestem Wissen einen Rat geben. Du bist auf dem rechten Wege. Viele Gefahren hast du vor dir. Wenn du durch diesen Wald geritten bist, kommst du zu einem Garten, der ist so schön, dass man's nicht beschreiben kann. Dort wachsen die schönsten Fruchtbäume. Wahrhaftig, sie biegen sich unter den schönsten Früchten. Ich sage dir: Die Früchte duften wunderbar. Noch mehr: Die Zweige werden sich dir entgegenneigen. Aber, mein Sohn, um alles in der Welt: Rühre die Früchte nicht an! Reite weiter! Wenn du abermals eine weite Strecke geritten bist, kommst du zu einem Hain. Und war der Garten mit den Fruchtbäumen merkwürdig gewesen, so ist dieser Hain noch viel merkwürdiger. Dort wirst du die köstlichsten Gerichte gewahren, Gerichte, wie du sie noch niemals gesehen noch geschmeckt hast. Mein Sohn, ein gewaltiger Hunger wird dich überfallen. Aber um alles in der Welt: Rühre die Speisen nicht an! Reite nur weiter, ohne nach links oder rechts zu blicken. Doch noch hast du nicht alles überstanden. Wenn du eine Strecke weit geritten bist, wird dich eine schwere Müdigkeit überfallen. Du wirst müde werden, müder, als du je zuvor in deinem Leben gewesen bist. Auch dein Pferd wird müde werden. Schließlich wird es nicht mehr imstande sein weiterzugehen. Dann steig aus dem Sattel und zieh es am Zaum weiter. Zieh nur, zieh! Gib dich nicht geschlagen! Denn um alles in der Welt: Bleibe nicht stehen! Dann ist es sofort zu Ende mit dir!"

Der Prinz dankte dem Alten für seinen freundlichen Rat, sagte Lebewohl und ritt weiter. Und wie der Alte es ihm gesagt hatte, so kam es. Kaum war der Prinz durch den großen Wald geritten, da gelangte er zu einem Garten. Ach, wie schön war der! Die Bäume bogen sich nur so unter den schönsten, saftigsten Früchten, und die Zweige streckten sich ihm entgegen. Dem Prinzen lief das Wasser im Munde zusammen. Er schluckte und schluckte. Etwas so Verlockendes wie diese Früchte hatte er noch nie gesehen. Aber er dachte an die Worte des alten Mannes, er rührte sie nicht an. Er ritt standhaft weiter. Das war so etwas wie eine Heldentat, meine Freunde!

Bald war er wohl und wacker aus dem Garten heraus. Ein wenig Ruhe gönnte er sich. Auch das Pferd durfte weiden. Dann aber ritt er eilends weiter. Er ritt und ritt. Er ritt einen Tag, er ritt zwei. Am dritten Tag kam er zu einem Hain, in dem allerlei köstliche Gerichte auf großen Tischen aufgetragen waren. Ach, das war ein Ostertisch, der sich sehen lassen konnte! Oh, wie die Speisen dufteten! Der arme Prinz war hungrig und müde, aber er ritt weiter. Bediente kamen und hielten ihm Platten hin mit dem Besten, was man sich denken kann. Aber der Prinz biss die Zähne zusammen. Er ritt drauflos. Und wie es nun war und wie es nicht war, im Handumdrehen war er aus dem Hain heraus. Und da, das mögt ihr glauben, war er froh! Er sprang aus dem Sattel. Er tränkte sein Pferd. Er setzte sich hin und ruhte aus.

„Jetzt habe ich nicht mehr viel vor mir! Lass sehen, ob ich nicht auch die nächste Probe bestehe!“, dachte er, als er wieder im Sattel saß. Er ritt einen Tag, er ritt zwei. Am dritten Tag fing er an, müde zu werden. Ein Bedürfnis zu schlafen überfiel ihn. Wahrhaftig, ein übers andere Mal fielen ihm die Augen zu, und er war drauf und dran, aus dem Sattel zu fallen. Er schwankte hierhin, er schwankte dorthin. Aber er biss die Zähne zusammen und ritt weiter. Auch das Pferd wurde von diesem Schlafbedürfnis überfallen. Es strauchelte immer häufiger. Zu guter Letzt war es nicht mehr im Stande, ihn zu tragen. Da sprang der Prinz ab, warf sich die Zügel über die Schulter und zog das Pferd weiter. Ein übers andere Mal fiel er hin, aber er hatte die Worte des alten Mannes wohl im Ohr und ging wieder weiter. Einen starken Glauben besaß er, und mit dem war es ihm möglich weiterzugehen.

Und endlich! Endlich, meine Freunde, wich die Müdigkeit von ihm. Wieder war er ebenso stark wie zuvor. „Ach, den alten Mann und seine Ratschläge will ich im Gedächtnis behalten“, sagte der Prinz zu sich selbst. „Wenn ich ihm noch einmal begegne, will ich ihm danken und ihn obendrein belohnen!“ Damit gab er seinem Pferd die Sporen und setzte froh und stolz seinen Weg fort. Er ritt, und er ritt. Und endlich, endlich, meine Freunde, sah er etwas in der Ferne glänzen. Je weiter er ritt, desto stärker wurde der Glanz. Und was sah er zu guter Letzt, wenn nicht eine Brücke aus blinkendem Kupfer.

Wahrhaftig! Er hielt sein Pferd an. Lange stand er da, mit den Zügeln in der Hand. Die Brücke glänzte im Sonnenschein. Schön war sie! Aber vorwärts musste er. Er gab seinem Pferd die Sporen. Das zauderte nicht. Er selbst war geblendet von dem starken Glanz, aber das Pferd fand doch seinen Weg. Ök, doj, trin, schtar, panch!* Stolz ritt er wie ein König! Mitten auf der Brücke hielt er an. Er reckte sich in den Steigbügeln. Er wandte den Kopf hin und her. Tief unter sich sah er das blaue Wasser. Noch tiefer sah er die Kupferbrücke sich spiegeln. Oh, wie war die schön! Dann ritt er weiter.

Ritt er einen Tag? Ritt er viele? Was weiß ich! Endlich aber erhob sich in der weitesten Ferne ein Schein. Wahrhaftig! Das war die Silberbrücke! Und war die Kupferbrücke schön gewesen, so war die Silberbrücke noch hundert Mal schöner. Ihr Glanz glich dem Mondenschein. Ihr Geländer war so, dass ich es nicht nachzeichnen, nicht beschreiben, ja, nicht einmal im Traum etwas Ähnliches schauen kann.

Eifrig setzte er seinen Fuß in den Steigbügel. Mit Lust schwang er sich in den Sattel. Er war fast blind von dem starken Leuchten, aber mit Kraft lenkte er sein Pferd zur Brücke hin. Bald hörte er die Hufe auf dem Silbergewölbe: Ök, doj, trin, schtar, panch! Mit Jubel im Herzen ritt er dahin. Mitten auf der Brücke hielt er inne. Tief unter ihm spiegelte sich die Silberbrücke im Wasser. Dieses Bild ist nicht zu beschreiben, denn es war schöner als alles, was er je gesehen hatte. Er weinte, wie ich jetzt weine, meine Freunde. Aber dann ritt er weiter.

Wie viele Tage, wie viele Nächte er ritt, weiß ich nicht. Endlich begann es in der Ferne wieder zu glänzen. Ein Leuchten stieg auf. Es wurde immer gewaltiger, und schon blendete es seine Augen. Er hielt sein Pferd an. Wahrhaftig, die Goldbrücke lag vor ihm. Schön war sie, noch hundert Mal schöner als die Silberbrücke. Wer kann das Schönste vom Schönen beschreiben? Meine Freunde, jetzt bin ich stumm! Nun spreche ich nicht mehr eure Sprache!

Lange stand er dort, dann aber ritt er auf die goldene Brücke zu. Wie Musik klang es auf ihrem Goldgewölbe: Ök, doj, trin, schtar, panch! Wie ein König ritt er dahin. Mitten auf der Brücke hielt er sein Pferd an und reckte sich in den Steigbügeln. Tief unter sich sah er die Goldbrücke sich spiegeln. Das war ein Bild, das ich mit Worten nicht beschreiben kann, so schön war es.

---

* Eins, zwei, drei, vier, fünf.

Dann aber ritt er weiter und bald gewahrte er ein prächtiges Schloss. „Wer sollte darin wohnen, wenn nicht die schöne Prinzessin, die ich suche?", dachte er. Er lenkte sein Pferd im wildesten Galopp zum Schlosstor hin. Dort trat ihm die Prinzessin entgegen. Wahrhaftig, schön war sie! Ein Riesenschwert trug sie in der Hand. Sie fragte. „Wer bist du? Wie ist dein Name?" – „Mein Vater ist tot und auch meine Mutter. Ich bin ein Prinz auf eigenem Schloss. Aber wie heißen dein Vater und wie deine Mutter?" – „Ich habe keinen Vater, ich habe keine Mutter. Ich bin ganz alleine in meinem Schloss." Da antwortete ihr der Prinz: „Unverschämt bist du! Du hättest sagen sollen: Willkommen in meinem Schloss! Komm in meine Säle, dass ich dich erquicke mit Speise und Trank!" Die Prinzessin schaute ihn an, lächelte ein wenig und sagte: „Nun also, steig herab, mein Prinz! Komm in mein Schloss!"

Er stieg vom Pferd und trat ein. Die Prinzessin deckte einen Tisch mit köstlichen Gerichten. Sie aßen, sie tranken. Sie fragte, er antwortete. Er erzählte von seiner langen Reise, er pries die wunderbaren Brücken. Sie hörte ihm zu und fragte ihn dann, wohin er von hier aus weiterziehen wolle. Er antwortete: „Hier bin ich am Ziel meiner Reise." In seine Rede kamen Worte der Liebe.

Da sprach sie: „Derjenige, der dieses Schwert aufheben kann, der soll mein Gemahl sein. Kein anderer!" Sie stand auf, zog ihr gewaltiges Schwert und steckte es wieder in die Scheide.

Die Müdigkeit überfiel ihn. Die Reise hatte den Prinzen ermattet. Aber auch die Prinzessin war müde, denn so lange, wie seine Reise gedauert hatte, so lange hatte auch sie wachen müssen. Sie war es gewesen, die alle Schwierigkeiten ersonnen hatte, denen er auf seinem Ritt begegnet war. Ein gutes Bett wurde ihm angewiesen, und er schlief ein. Aber er wachte vor der Prinzessin auf. Er ging zu ihrem Bett. Schön war sie! Er sah sie an, und Liebe ergriff ihn. Er küsste sie und schloss sie in seine Arme. Tief war ihr Schlaf, und sie erwachte erst, nachdem er sie geliebt hatte. Da sprach sie: „Du hast mir meine Stärke genommen. Nie mehr vermag ich, mein Schwert zu schwingen. Du bist mein, ich bin dein." Der Prinz antwortete: „Du bist mein Lohn. Meine Reise war lang und gefahrvoll. Nun habe ich dich gewonnen."

Sie sattelten ihre Pferde und machten sich auf den Weg zu seinem Schloss. Sie ritten über die Goldbrücke, sie ritten über die Silberbrücke, sie ritten über die Kupferbrücke. Ritten sie einen Tag, ritten sie viele? Endlich kamen sie zu der Stelle, wo der Schlaf den Prinzen beinahe übermannt hätte. Dort erblickten sie viele Prinzen, Ritter und andere Männer. Alle kamen auf ihn zu und dankten ihm, dass er sie aus dem Zauberschlaf erlöst hatte, in den sie gefallen waren. Sie bildeten einen langen Zug hinter den beiden.

Bald erreichten sie einen Ort, wo die vielen gedeckten Tische gelockt hatten. Dort warteten noch mehr Könige und Fürsten, auch die dankten ihm. Auch sie schlossen sich dem Zuge an. Und wo früher der Obstgarten gewesen war, warteten noch mehr Helden, die jetzt erlöst waren, und alle dankten dem Prinzen.

Eines Tages kehrten sie zurück auf das Schloss des Prinzen. Und, meine Freunde, da ward Hochzeit gehalten. Da wurde gebacken und gebraut und Hoch und Gering eingeladen. Drei Tage feierten sie Hochzeit und verlustierten sich mit Speise und Trank, mit Singen und Tanzen. Noch lange aber zogen Scharen von Rittern, die verzaubert gewesen waren, an ihrem Schloss vorbei. „Wie lange soll das noch so weitergehen?“, fragte der Prinz. „Bis alle zurückgekehrt sind.“ – So endet dieses Märchen.

(Zigeunermärchen aus Schweden, bearbeitet von Heidi Heim)

Die Festvorbereitung

Die Brücke gehört, wie das Tor, zu den Symbolen der Schwelle. Ein Brückenfest ist deshalb besonders angezeigt, wenn ein neues Jahrsiebt oder Jahrzehnt beginnt; aber auch der Monat August bietet sich dafür an, denn im August fahren viele Menschen in Urlaub, über viele Brücken, die sie jetzt vielleicht bewusster wahrnehmen. Im Urlaub werden ja auch oft Brücken zu anderen Menschen, Völkern und Ländern geschlagen und überschritten. Nicht zuletzt ist der Monat August selbst eine Brücke zwischen der Fülle des Sommers und der Sammlung und Einkehr des Herbstes.

Die Einladung

Bitten Sie Ihre Gäste, zwei Blätter Papier (in Postkartengröße) mitzubringen. Auf dem einen ist ein Dank an das Geburtstagskind gestaltet, z. B.: „Du hast mir eine Brücke gebaut zu … Danke!“ Auf dem zweiten steht ein guter Wunsch: „Ich wünsche dir eine Brücke zu …“

Außerdem können die Gäste gerne Bilder und Texte von Brücken mitbringen.

Bausteine für ein Brückenfest

1. Tänze: Dabei möglichst auch einer, der in Gassen- oder Brückenform getanzt wird. Mein Vorschlag: Der Kanon „Hevenu shalom aleichem“[44], der vielen Gästen bekannt sein wird und der sich leicht zur Kassette mitsingen lässt. Er betont die friedensstiftende Funktion der Brücken: Aufstellung als „Brücke“ bzw. Gasse, also miteinander paarweise gegenüber.

Takt 1 und 2 (erstes „Hevenu shalom aleichem“): Die Partner gehen mit 4 Schritten aufeinander zu und mit 4 Schritten wieder zurück.

Takt 3 und 4 (zweites „Hevenu shalom aleichem“): Platzwechsel mit dem eigenen Partner: Gehen Sie mit 8 Schritten rechtsschultrig aneinander vorbei auf die andere Seite der Gasse, zum vorherigen Platz des Partners. Das Gesicht ist nachher wieder zur Mitte gerichtet.

Takt 5 und 6 (drittes „Hevenu shalom aleichem“): Ebenso mit 8 Schritten zurück zum eigenen alten Platz. Wieder stehen alle Paare einander gegenüber, lassen aber in der Mitte genug Platz zum Durchtanzen des ersten Paares.

Takt 7 und 8 (viertes „Hevenu shalom aleichem“): Das erste Paar am Anfang der „Brücke“ fasst sich an den Händen und tanzt durch die Brücke bis an ihr Ende. Die anderen klatschen dazu. Der Tanz beginnt von vorn.

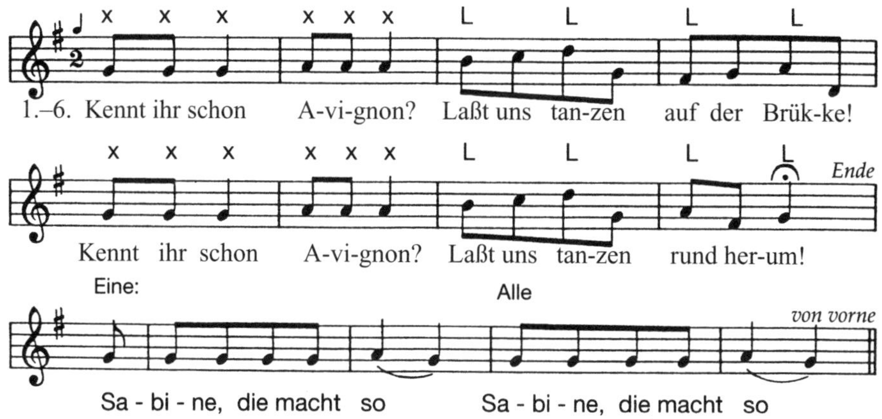

2. Gesungene Vorstellung: Sie macht auf heitere Weise die Gäste miteinander bekannt. Im Nachvollziehen der jeweiligen Gesten nimmt man auch etwas von der Wesensart der anderen Gäste auf.

Die Zeichen bei den Noten bedeuten: X = klatschen, L = Schritt nach rechts.

Stellen Sie sich im Kreis auf und fassen Sie sich an den Händen. Zählen Sie ab: „Rechts, links, rechts, links …“

Erste Liedzeile:

XXX = Alle *„Rechten“* drehen sich zuerst nach *rechts*, schauen den Nachbarn oder die Nachbarin an und klatschen ihr dreimal zu.

XXX = Dann wenden sie sich nach *links* und klatschen der Partnerin oder dem Partner *links* dreimal zu.

(Alle *„Linken“* klatschen gleichzeitig zuerst dreimal der *linken*, dann dreimal der *rechten* Nachbarin bzw. dem rechten Nachbarn zu.)

LLLL = Hände, im Kreis stehend, fassen und 4 Schritte nach rechts gehen.

Zweite Liedzeile: Das Ganze wiederholen.

Dritte Liedzeile: Hier singt nun die erste Person ihren Namen und stellt sich dabei mit einer Geste vor, z. B.: „Sabine, die macht so.“ Alle singen: „Sabine, die macht so“ und wiederholen ihre Geste. – Dann beginnt der Tanz von neuem, wobei sich bei der dritten Liedzeile der nächste Gast vorstellt.

3. Teerunde: Vielleicht mit dem Erzählen von Brückenerlebnissen und dem Vorstellen mitgebrachter Bilder und Texte.

4. Spaziergang zu einer nahe gelegenen, wenig befahrenen Brücke oder einem Steg. Betrachten Sie die Brücke. Stellen Sie sich auf sie und blicken Sie hinunter. Gehen Sie bewusst von einer Seite auf die andere und lassen Sie in Gedanken dabei Altes zurück und betreten Sie Neues. Werfen Sie von der Brücke aus gemeinsam kleine Zweige und Blätter ins Wasser und beobachten Sie ihren Weg, bis sie außer Sichtweite sind.

5. Brainstorming zum Begriff „Brücke“. Die Assoziationen der Gäste zum Thema werden aufgeschrieben und zuletzt vorgelesen. Brückenfotos und -gedichte können ebenfalls hier eingebracht werden. Vielleicht erzählt jemand auch ein besonderes Erlebnis mit einer Brücke.

6. Das Festmärchen: „Die Prinzessin hinter den drei Brücken" wird erzählt oder vorgelesen. Machen Sie beim Erzählen Pausen, damit die Zuhörer sich die drei Brücken gut vorstellen können.

7. Ein Märchenbild: Alle lassen die Bilder des Märchens mit geschlossenen Augen an ihrem inneren Auge vorüberziehen und schauen dabei besonders auch die Brücken an. Danach malen alle ein Bild zum Märchen, entweder eine der drei Brücken oder etwas, was sonst bewegend war. – Die Bilder werden danach ohne Wertung und Deutung gemeinsam betrachtet.

8. Die Brücke ins neue Lebensjahr – ein Übergangsritual: *Das alte Ufer.* „Vom alten Ufer sollst du, liebes Geburtstagskind, noch unseren Dank für das Gewesene mitnehmen." Dann sprechen die einzelnen Gäste ihren Dank aus und überreichen ihre Dankeskarte. Zuletzt kann das Geburtstagskind selbst noch einen Dank für das vergangene Jahr äußern und wird dann aus dem Raum geschickt.

Der Übergang: Die Gäste gestalten nun mit Tüchern, Luftballons, Blumen usw. das Land des neuen Lebensjahres und legen dort auch ihre Glückwunschkarten und eventuelle Geschenke ab. Alle stellen sich in Zweierreihen zu einer „Brücke" auf, die in das Neue führt. Dann werden dem Ehrengast die Augen verbunden. Er wird hereingeholt und an den Anfang der Brücke geführt. Er findet seinen Weg über die Brücke, indem er sich an den Stimmen der Gäste orientiert, die links und rechts von ihm stehen und leise seinen Namen rufen, wenn er an ihnen vorbeigeht.

Das neue Land: Im „neuen Land" angekommen, wird das Geburtstagskind mit einem Glückwunschkanon begrüßt. Es darf sich nun umschauen, die Wunschkarten lesen und selbst, wenn es will, auch einen Wunsch für das neue Lebensjahr äußern.

9. Abendessen: Im Anschluss daran kann gesungen werden, z. B. das Lied „Es führt über den Main eine Brücke aus Stein" oder ein anderes Brückenlied.

10. Die Regenbogenbrücke: Als Festausklang kann von allen gemeinsam mit farbigen Tüchern zu einer musikalischen Untermalung eine Regenbogenbrücke gelegt werden.

Materialliste

Für 1.: Tanzkassetten

Für 4.: Verschiedene Zweige und Blätter, die Sie auf dem Weg sammeln können.

Für 5.: Ein großer, fester Papierbogen und ein dicker Farbstift.

Für 7.: Farbkreiden und evtl. Acrylfarben, Pinsel, Zeichenpapier, Unterlagen.

Für 8.: Tücher, Luftballons, Blumen und anderes Dekorationsmaterial.

Für 10.: Verschiedene unifarbene Tücher bzw. Ihre Tüchersammlung (siehe S. 32) und Musik.

September: Ein Wald- und Baumfest

Lebensbaum

Same, keime
Entwickle das Deine

Blätter und Äste sprießen
Lebenskräfte fließen

Alte Bäume behindern
Wie ist der Schmerz zu lindern

Bäumchen sucht anderen Weg
Mühsam wächst, klettert übern Steg

Schlägt Wurzeln tief in der Erde
Auf dass kräftiges Wachstum werde

Baum steht schließlich in Sonne und Wind
Trotzt Sturm und Regen

Ein göttliches Kind

Was erzählen die Volksmärchen von Wald und Baum?

Wie wichtig Wald und Baum für den Menschen sind und wie sehr die Baumgestalt ein Urbild des Menschen ist, zeigt sich auch in Mythen und Märchen. Aus der Fülle der Motive seien hier nur diejenigen herausgegriffen, die für das Festprogramm von Bedeutung sind.

Die Mythen der Frühkulturen und der Naturvölker erzählen, dass die Menschen aus Bäumen erschaffen wurden. Häufig berichten sie von einer Frau, die sich „wenigstens einen Lorbeerkern" als Kind wünscht; daraus wächst dann ein wunderbarer Baum, den die Frau als ihr Kind ansieht oder in dem die Tochter lebt. Dieses pflanzliche Dasein des Mädchens aber kann nicht von Dauer sein: Verlässt sie einmal ihre pflanzliche Hülle und wird von einem Prinzen geküsst, so kann sie nicht mehr in den Lorbeerbaum zurückkehren. – Ein Mädchen kann auch in einen Baum verwandelt werden, wenn sie, wie Daphne im griechischen Mythos, vor der Zudringlichkeit eines Mannes oder gar ihres eigenen Vaters fliehen muss. Daphne hat viele Märchenschwestern, die Rettung, Nahrung und Schutz bei Bäumen finden, also im Bereich des Weiblichen und Mütterlichen. In einigen Märchen von „schenkenden" Bäumen klingen noch alte Baumkulte und die Verehrung der Großen Mutter im oder als Baum nach.

Etwas Besonderes sind die Bäume, die im Märchen goldene Früchte tragen: Diese Bäume schenken Gold und Silber aus einer anderen Dimension. Dadurch wird die Lichtnatur der wahren Braut unterstrichen oder aber der richtige Bräutigam hervorgehoben, dem es als einzigem gelingt, trotz großer Gefahren eine dieser Früchte zu holen. Manchmal sitzt ein Mädchen auch lange im Baum, etwa um schweigend Hemden aus Sternblumen für seine Brüder zu nähen und sie so zu erlösen. Wer so aus Liebe zu anderen lange Jahre auf dem hohen Baum sitzt, gewinnt einen Überblick nicht nur über die Landschaft, sondern auch über sein Leben. Wer den Wald im Wechsel der Jahreszeiten vor Augen hat, wird dessen Wesen in sich aufnehmen und den ewigen Wechsel alles Lebendigen begreifen. Wer lange Jahre in Einsamkeit und Schweigen verbringt, wird als gewandelter Mensch den Wald verlassen und Kraft für einen neuen Aufbruch haben. – Wenn wir diese Erfahrung des Märchens in unser Festprogramm integrieren wollen, dürfen Elemente der Stille nicht fehlen. Es wäre übrigens für unser Leben sicher auch sonst hilfreich und verwandelnd, ähnliche kontemplative Zeiten „im Baum“ zu verleben und zu sehen, was in uns dadurch erlöst würde.

Im Gegensatz zu den Mädchen, die es im Märchen mehr mit dem einzelnen *Baum* zu tun haben, müssen Frauen und Männer durch einen ganzen *Wald* wandern, der nicht wie unsere Forste von Wegen durchzogen, ausgelichtet und „gezähmt“ ist. Er ist vielmehr dunkel, grenzen- und weglos. Für die Frau stellt der Märchenwald stets eine große Bedrohung und Anstrengung dar, eine Bewährungsprobe ihrer Liebe und ihres Vertrauens. Triebe sie nicht die Sehnsucht nach dem entschwundenen Liebsten und träfe sie im Wald nicht immer wieder auf hilfreiche Wesen, so würde sie nie ans Ziel ihres Weges kommen.

Die Männer müssen sich besonders mit dem *wilden* Wald auseinander setzen. Unterschätzen sie dessen Gefahren, so können sie ihr Augenlicht verlieren oder sich hoffnungslos verirren. Besondere Gefahr droht den Männern von Seiten aggressiver männlicher Dunkelwesen: Menschenfresser, Riesen, Teufel, Räuber und nicht zuletzt die Bosheit der mitwandernden Kameraden und Brüder erschweren den Weg. Wer wieder aus dem Wald herausfinden will, muss sich mit diesen „wilden Männern“ auseinandersetzen. – Übertragen kann das bedeuten, dass die Märchenhelden in diesen Gestalten ihren eigenen destruktiven Anteilen und Schattenseiten begegnen und sie überwinden müssen. – Männer und Frauen begegnen aber auch ambivalenten oder negativen Muttergestalten: der russischen Baba Jaga, der griechischen Lamia, der deutschen Hexe und Zauberin oder der norwegischen Trollshexe. Das geschieht so häufig, dass es offensichtlich eine uralte Menschheitserfahrung ist, dass der Mensch auf seinem Weg durch den „Wald seines Unbewussten“ häufig ungelösten Mutterproblemen begegnet, denen er sich zu stellen hat. Doch nicht nur Konflikte lauern im Wald, sondern oft genug erringt der Held – nach erfolgreicher Überwindung aller Gefahren – auch einzigartige Schätze: etwa eine goldene Gans, ein Zauberpferd, ein Schiff, das zu Wasser und zu Lande fährt, oder sogar die jenseitige Braut.

Magische Märchenorte im Wald, wie der goldene Brunnen des „Eisenhans“, die Jungmühlen des „Waldminchen“ und das goldene Schloss, sind Bilder für die unerschöpflichen Wunder und Geheimnisse des Waldes, die allen Menschen offen stehen.

Das Festmärchen: Der Eisenhans

Es war einmal ein König, der hatte einen großen Wald bei seinem Schloss, darin lief Wild aller Art herum. Zu einer Zeit schickte er einen Jäger hinaus, der sollte ein Reh schießen, aber er kam nicht wieder. „Vielleicht ist ihm ein Unglück zugestoßen", sagte der König und schickte am folgenden Tag zwei andere Jäger hinaus, die sollten ihn aufsuchen, aber die blieben auch weg. Da ließ er am dritten Tag alle seine Jäger kommen und sprach: „Streift durch den ganzen Wald und lasst nicht ab, bis ihr alle drei gefunden habt." Aber auch von diesen kam keiner wieder heim und von der Meute Hunde, die sie mitgenommen hatten, ließ sich keiner wieder sehen. Von der Zeit an wollte sich niemand mehr in den Wald wagen, und er lag da in tiefer Stille und Einsamkeit, und man sah nur bisweilen einen Adler oder Habicht darüber hinfliegen. Das dauerte viele Jahre, da meldete sich ein fremder Jäger bei dem König, suchte eine Versorgung und erbot sich in den gefährlichen Wald zu gehen. Der König aber wollte seine Einwilligung nicht geben und sprach: „Es ist nicht geheuer darin, ich fürchte, es geht dir nicht besser als den anderen, und du kommst nicht wieder heraus." Der Jäger antwortete: „Herr, ich will's auf meine Gefahr wagen; von Furcht weiß ich nichts."

Der Jäger begab sich also mit seinem Hund in den Wald. Es dauerte nicht lange, so geriet der Hund einem Wild auf die Fährte und wollte ihm hinterher; kaum aber war er ein paar Schritte gelaufen, so stand er vor einem tiefen Pfuhl, konnte nicht weiter, und ein nackter Arm streckte sich aus dem Wasser, packte ihn und zog ihn hinab. Als der Jäger das sah, ging er zurück und holte drei Männer, die mussten mit Eimern kommen und das Wasser ausschöpfen. Als sie auf den Grund sehen konnten, so lag da ein wilder Mann, der braun am Leib war, wie rostiges Eisen, und dem die Haare über das Gesicht bis zu den Knien herabhingen. Sie banden ihn mit Stricken und führten ihn ins Schloss. Da war große Verwunderung über den wilden Mann, der König aber ließ ihn in einen eisernen Käfig auf den Hof setzen und verbot bei Lebensstrafe, die Tür des Käfigs zu öffnen, und die Königin selbst musste den Schlüssel in Verwahrung nehmen. Von nun an konnte jeder wieder mit Sicherheit in den Wald gehen.

Der König hatte einen Sohn von acht Jahren, der spielte einmal auf dem Hof, und bei dem Spiel fiel ihm sein goldener Ball in den Käfig. Der Knabe lief hin und sprach: „Gib mir meinen Ball heraus." „Nicht eher", antwortete der Mann, „als bis du mir die Türe aufgemacht hast." „Nein", sagte der Knabe, „das tue ich nicht, das hat der König verboten", und lief fort. Am anderen Tag kam er wieder und forderte seinen Ball; der wilde Mann aber sagte: „Öffne meine Türe", aber der Knabe wollte nicht. Am dritten Tag war der König auf die Jagd geritten, da kam der Knabe nochmals und sagte: „Wenn ich auch wollte, ich kann die Türe nicht öffnen, ich habe den Schlüssel nicht.“ Da sprach der wilde Mann: „Er liegt unter dem Kopfkissen deiner Mutter, da kannst du ihn holen.“ Der Knabe, der seinen Ball wiederhaben wollte, schlug alle Bedenken in den Wind und brachte den Schlüssel herbei. Die Türe ging schwer auf und der Knabe klemmte sich den Finger. Als sie offen war, trat der wilde Mann heraus, gab ihm den goldenen Ball und eilte hinweg. Dem Knaben war angst geworden, er schrie und rief ihm nach: „Ach, wilder Mann, geh nicht fort, sonst bekomme ich Schläge.“ Der wilde Mann kehrte um, setzte ihn auf seinen Nacken und ging mit schnellen Schritten in den Wald hinein. Als der König heimkam, bemerkte er den leeren Käfig und fragte die Königin, wie das zugegangen wäre. Sie wusste nichts davon, suchte den Schlüssel, aber der war weg. Sie rief den Knaben, aber niemand antwortete. Der König schickte Leute aus, die ihn auf dem Feld suchen sollten, aber sie fanden ihn nicht. Da konnte er leicht erraten, was geschehen war, und es herrschte große Trauer an dem königlichen Hof.

Als der wilde Mann wieder in dem finsteren Wald angekommen war, setzte er den Knaben von den Schultern herab und sprach zu ihm: „Vater und Mutter siehst du nicht wieder, aber ich will dich bei mir behalten, denn du hast mich befreit und ich habe Mitleid mit dir. Wenn du alles tust, was ich dir sage, so sollst du’s gut haben. Schätze und Gold habe ich genug und mehr als jemand in der Welt.“ Er machte dem Knaben ein Lager von Moos, auf dem er einschlief, und am anderen Morgen führte ihn der Mann zu einem Brunnen und sprach: „Siehst du, der Goldbrunnen ist klar und hell wie ein Kristall: du sollst dabeisitzen und Acht haben, dass nichts hineinfällt, sonst ist er verunehrt. Jeden Abend komme ich und sehe, ob du mein Gebot befolgt hast.“ Der Knabe setzte sich an den Rand des Brunnens, sah, wie manchmal ein goldener Fisch, manchmal eine goldene Schlange sich darin zeigte, und hatte Acht, dass nichts hineinfiel. Als er saß, schmerzte ihn einmal der Finger so heftig, dass er ihn unwillkürlich in das Wasser steckte. Er zog ihn schnell wieder heraus, sah aber, dass er ganz vergoldet war, und wie große Mühe er sich auch gab, das Gold wieder abzuwischen, es war alles vergeblich. Abends kam wieder der Eisenhans zurück, sah den Knaben an und sprach: „Was ist mit dem Brunnen geschehen?“ „Nichts, nichts“, antwortete er und hielt den Finger auf den Rücken, dass er ihn nicht sehen sollte. Aber der Mann sagte: „Du hast den Finger in das Wasser getaucht: Diesmal mag’s hingehen, aber hüte dich, dass du nicht wieder etwas hineinfallen lässt.“

Am frühen Morgen saß er schon bei dem Brunnen und bewachte ihn. Der Finger tat ihm wieder weh, aber er fuhr damit über seinen Kopf, da fiel unglücklicherweise ein Haar herab in den Brunnen. Er nahm es schnell heraus, aber es war schon ganz vergoldet. Der Eisenhans kam und wusste schon, was geschehen war. „Du hast ein Haar in den Brunnen fallen lassen“, sagte er, „ich will's dir noch einmal nachsehen, aber wenn's zum dritten Mal geschieht, so ist der Brunnen entehrt, und du kannst nicht länger bei mir bleiben.“

Am dritten Tag saß der Knabe am Brunnen und bewegte den Finger nicht, wenn er ihm noch so wehtat. Aber die Zeit ward ihm lang, und er betrachtete sein Angesicht, das auf dem Wasserspiegel stand. Und als er sich dabei immer mehr beugte und sich recht in die Augen sehen wollte, so fielen ihm seine langen Haare von den Schultern herab in das Wasser. Er richtete sich schnell in die Höhe, aber das ganze Haupthaar war schon vergoldet und glänzte wie die Sonne. Ihr könnt denken, wie der arme Knabe erschrak. Er nahm sein Taschentuch und band es um den Kopf, damit es der Mann nicht sehen sollte. Als er kam, wusste er schon alles und sprach: „Binde das Tuch auf!“ Da quollen die goldenen Haare hervor, und der Knabe mochte sich entschuldigen, wie er wollte, es half ihm nichts. „Du hast die Probe nicht bestanden und kannst nicht länger hier bleiben. Geh hinaus in die Welt, da wirst du erfahren, wie die Armut tut. Aber weil du kein böses Herz hast und ich's gut mit dir meine, so will ich dir eins erlauben: Wenn du in Not gerätst, so geh zu dem Wald und rufe: „Eisenhans“, dann will ich kommen und dir helfen. Meine Macht ist groß, größer, als du denkst, und Gold und Silber habe ich im Überfluss.“

Da verließ der Königssohn den Wald und ging über gebahnte und ungebahnte Wege immerzu, bis er zuletzt in eine große Stadt kam. Er suchte da Arbeit, aber er konnte keine finden und hatte auch nichts erlernt, womit er sich hätte forthelfen können. Endlich ging er in das Schloss und fragte, ob sie ihn behalten wollten. Die Hofleute wussten nicht, wozu sie ihn brauchen sollten, aber sie hatten Wohlgefallen an ihm und hießen ihn bleiben. Zuletzt nahm ihn der Koch in den Dienst und sagte, er könnte Holz und Wasser tragen und die Asche zusammenkehren.

Einmal, als gerade kein anderer zur Hand war, hieß ihn der Koch die Speisen zur königlichen Tafel zu tragen, da er aber seine goldenen Haare nicht sehen lassen wollte, so behielt er sein Hütchen auf. Dem König war so etwas noch nicht vorgekommen, und er sprach: „Wenn du zur königlichen Tafel kommst, musst du deinen Hut abziehen.“ „Ach Herr“, antwortete er, „ich kann nicht, ich habe einen bösen Grind auf dem Kopf.“ Da ließ der König den Koch herbeirufen, schalt ihn und fragte, wie er einen solchen Jungen hätte in seinen Dienst nehmen können; er sollte ihn gleich fortjagen. Der Koch aber hatte Mitleiden mit ihm und vertauschte ihn mit dem Gärtnerjungen.

Nun musste der Junge im Garten pflanzen und begießen, hacken und graben und Wind und böses Wetter über sich ergehen lassen. Einmal im Sommer, als er allein im Garten arbeitete, war der Tag so heiß, dass er sein Hütchen abnahm und die Luft ihn kühlen sollte. Wie die Sonne auf sein Haar schien, glitzte und blitzte es, dass die Strahlen in das Schlafzimmer der Königstochter fielen und sie aufsprang, um zu sehen, was das wäre. Da erblickte sie den Jungen und rief ihn an: „Junge, bring mir einen Blumenstrauß." Er setzte in aller Eile sein Hütchen auf, brach wilde Feldblumen ab und band sie zusammen. Als er damit die Treppe hinaufstieg, begegnete ihm der Gärtner und sprach: „Wie kannst du der Königstochter einen Strauß von schlechten Blumen bringen? Geschwind, hole andere und suche die schönsten und seltensten aus." „Ach nein", antwortete der Junge, „die wilden Blumen riechen kräftiger und werden ihr besser gefallen." Als er in ihr Zimmer kam, sprach die Königstochter: „Nimm dein Hütchen ab, es ziemt sich nicht, dass du es vor mir aufbehältst." Er antwortete wieder: „Ich darf nicht, ich habe einen grindigen Kopf." Sie griff aber nach dem Hütchen und zog es ab, da rollten seine goldenen Haare auf die Schultern herab, dass es prächtig anzusehen war. Er wollte fortspringen, aber sie hielt ihn am Arm und gab ihm eine Hand voll Dukaten. Er ging damit fort, achtete aber des Goldes nicht, sondern er brachte es dem Gärtner und sprach: „Ich schenke es deinen Kindern, die können damit spielen." Den anderen Tag rief ihm die Königstochter abermals zu, er sollte ihr einen Strauß Feldblumen bringen, und als er damit eintrat, grapste sie gleich nach seinem Hütchen, aber er hielt es mit beiden Händen fest. Sie gab ihm wieder eine Hand voll Dukaten, aber er wollte sie nicht behalten und gab sie dem Gärtner zum Spielwerk für seine Kinder. Den dritten Tag ging's nicht anders, sie konnte ihm sein Hütchen nicht wegnehmen und, er wollte ihr Geld nicht.

Nicht lange danach ward das Land mit Krieg überzogen. Der König sammelte sein Volk und wusste nicht, ob er dem Feind, der übermächtig war und ein großes Heer hatte, Widerstand leisten könnte. Da sagte der Gärtnerjunge: „Ich bin herangewachsen und will mit in den Krieg ziehen, gebt mir nur ein Pferd." Die anderen lachten und sprachen: „Wenn wir fort sind, so suche die eins; wir wollen dir eins im Stall zurücklassen." Als sie ausgezogen waren, ging er in den Stall und zog das Pferd heraus; es war an einem Fuße lahm und hickelte hunkepuus, hunkepuus. Dennoch setzte er sich auf und ritt fort nach dem dunklen Wald. Als er an den Rand desselben gekommen war, rief er dreimal Eisenhans so laut, dass es durch die Bäume schallte. Gleich darauf erschien der wilde Mann und sprach: „Was verlangst du?" „Ich verlange ein starkes Ross, denn ich will in den Krieg ziehen." „Das sollst du haben und noch mehr, als du verlangst." Dann ging der wilde Mann in den Wald zurück, und es dauerte nicht lange, so kam ein Stallknecht aus dem Wald und führte ein Ross herbei, das schnaubte aus den Nüstern und war kaum zu bändigen. Und hinterher folgte eine große Schar Kriegsvolk, ganz in Eisen gerüstet, und ihre Schwerter blitzten in der Sonne. Der Jüngling übergab dem Stallknecht sein dreibeiniges Pferd, bestieg das andere und ritt vor der Schar her. Als er sich dem Schlachtfeld näherte, war schon ein großer Teil von des Königs Leuten gefallen, und es fehlte nicht viel, so mussten die übrigen weichen. Da jagte der Jüngling mit seiner eisernen Schar heran, fuhr wie ein Wetter über die Feinde und schlug alles nieder, was sich ihm widersetzte. Sie wollten fliehen, aber der Jüngling saß ihnen im Nacken und ließ nicht ab, bis kein Mensch mehr übrig war. Statt aber zu dem König zurückzukehren, führte er seine Schar auf Umwegen wieder zu dem Wald und rief den Eisenhans heraus.

„Was verlangst du?", fragte der wilde Mann. „Nimm dein Ross und deine Schar zurück und gib mit mein dreibeiniges Pferd wieder." Es geschah alles, was er verlangte, und er ritt auf seinem dreibeinigen Pferd heim. Als der König wieder in sein Schloss kam, ging ihm seine Tochter entgegen und wünschte ihm Glück zu seinem Sieg. „Ich bin es nicht, der Lohn errungen hat", sprach er, „sondern ein fremder Ritter, der mir mit seiner Schar zur Hilfe kam." Die Tochter wollte wissen, wer der fremde Ritter wäre, aber der König wusste es nicht und sagte: „Er hat die Feinde verfolgt, und ich habe ihn nicht wiedergesehen." Sie erkundigte sich bei dem Gärtner nach seinem Jungen; der lachte aber und sprach: „Eben ist er auf seinem dreibeinigen Pferd heimgekommen, und die anderen haben gespottet und gerufen: ‚Da kommt unser Hunkepuus wieder an.' Sie fragten auch: ‚Hinter welcher Hecke hast du derweil gelegen und geschlafen?' Er sprach aber: ‚Ich habe das Beste getan und ohne mich wäre es schlecht gegangen.' Da ward er noch mehr ausgelacht."

Der König sprach zu seiner Tochter: „Ich will ein großes Fest ansagen lassen, das drei Tage währen soll, und du sollst einen goldenen Apfel werfen, vielleicht kommt der Unbekannte herbei."

Als das Fest verkündet war, ging der Jüngling hinaus zu dem Wald und rief den Eisenhans. „Was verlangst du?", fragte er. „Dass ich den goldenen Apfel der Königstochter fange." „Es ist so gut, als hättest du ihn schon", sagte der Eisenhans, „du sollst auch eine rote Rüstung dazu haben und auf einem stolzen Fuchs reiten." Als der Tag kam, sprengte der Jüngling heran, stellte sich unter die Ritter und ward von niemand erkannt. Die Königstochter trat hervor und warf den Rittern einen goldenen Apfel zu, aber keiner fing ihn als er allein, aber sobald er ihn hatte, jagte er davon. Am zweiten Tag hatte der Eisenhans ihn als weißen Ritter ausgerüstet und ihm einen Schimmel gegeben. Abermals fing er allein den Apfel, verweilte aber keinen Augenblick, sondern jagte damit fort.

Der König aber ward bös und sprach: „Das ist nicht erlaubt, er muss vor mir erscheinen und seinen Namen nennen." Er gab den Befehl, wenn der Ritter, der den Apfel gefangen habe, sich wieder davonmachte, so sollte man ihm nachsetzen, und wenn er nicht gutwillig zurückkehrte, auf ihn hauen und stechen. Am dritten Tag erhielt er vom Eisenhans eine schwarze Rüstung und einen Rappen und fing auch wieder den Apfel. Als er aber damit fortjagte, verfolgten ihn die Leute des Königs, und einer kam ihm so nahe, dass er mit der Spitze seines Schwerts ihm das Bein verwundete. Er entkam ihnen jedoch, aber sein Pferd sprang so gewaltig, dass ihm der Helm vom Kopf fiel, und sie konnten sehen, dass er goldene Haare hatte. Sie ritten zurück und meldeten dem König alles.

Am anderen Tag fragte die Königstochter den Gärtner nach seinem Jungen. „Er arbeitet im Garten; der wunderliche Kauz ist gestern auch bei dem Fest gewesen und erst gestern Abend wiedergekommen; er hat auch meinen Kindern drei goldene Äpfel gezeigt, die er gewonnen hat." Der König ließ ihn vor sich fordern, und er erschien und hatte wieder sein Hütchen auf dem Kopf. Aber die Königstochter ging auf ihn zu und nahm es ihm ab, und da fielen seine goldenen Haare über die Schultern, und er war so schön, dass alle erstaunten. „Bist du der Ritter gewesen, der jeden Tag zu dem Fest gekommen ist, immer in einer anderen Farbe, und der die drei goldenen Äpfel gefangen hat?", fragte der König.

„Ja", antwortete er, „und da sind die Äpfel", holte sie aus seiner Tasche und reichte sie dem König. „Wenn Ihr noch mehr Beweise verlangt, so könnt Ihr die Wunde sehen, die mir Eure Leute geschlagen haben, als sie mich verfolgten. Aber ich bin auch der Ritter, der Euch zum Sieg über Eure Feinde verholfen hat." „Wenn du solche Taten verrichten kannst, so bist du kein Gärtnerjunge; sage mir, wer ist dein Vater?" „Mein Vater ist ein mächtiger König und Goldes habe ich die Fülle, soviel ich nur verlange." „Ich sehe wohl", sprach der König, „ich bin dir Dank schuldig, kann ich dir etwas zu Gefallen tun?" „Ja", antwortete er, „das könnt Ihr wohl, gebt mir Eure Tochter zur Frau." Da lachte die Jungfrau und sprach: „Der macht keine Umstände, aber ich habe schon an seinen goldenen Haaren gesehen, dass er kein Gärtnerjunge ist", ging dann hin und küsste ihn. Zu der Vermählung kamen sein Vater und seine Mutter und waren in großer Freude, denn sie hatten schon alle Hoffnung aufgegeben, ihren lieben Sohn wiederzusehen. Und als sie an der Hochzeitstafel saßen, da schwieg auf einmal die Musik, die Türen gingen auf und ein stolzer König trat herein mit seinem Gefolge. Er ging auf den Jüngling zu, umarmte ihn und sprach: „Ich bin der Eisenhans und war in einen wilden Mann verwünscht, aber du hast mich erlöst. Alle Schätze, die ich besitze, die sollen dein Eigentum sein."

(Kinder- und Hausmärchen der Brüder Grimm)

Die Festvorbereitung

Wald und Baum sind ein wunderbares Festthema. Suchen Sie dazu Material (auch zum Baumsterben). Bereiten Sie den geplanten Waldspaziergang gründlich vor: Stoppen Sie die Zeit, die Sie für den Weg benötigen – sind es mehr als 20 Minuten, so suchen Sie sich lieber Bäume in einem Park oder in einem Garten, wo Sie ungestört feiern können. Der Spaziergang sollte möglichst an Bäumen in allen Lebensstadien (auch an kranken und abgestorbenen) vorbeiführen und auch geeignete Plätze für das Feiern der einzelnen Festelemente aufweisen. Idealerweise sollte der Festplatz eben sein und als Mittelpunkt einen ehrwürdigen alten Baum haben, möglich ist aber auch ein Platz mit mehreren Bäumen, wo dann jeder den „eigenen" Baum finden kann. Ein Ortswechsel ist bei Festen immer schwierig zu handhaben, deshalb muss das Programm nach der Rückkehr bewusst gestaltet werden, damit das Fest nicht in zwei beziehungslose Hälften zerfällt. Es ist aber auch sehr gut möglich, dass Sie bei gutem Wetter und bei entsprechender Organisation das ganze Fest im Wald feiern.

Die Einladung

Bitten Sie Ihre Gäste, einen kleinen Wanderrucksack mit folgendem Inhalt mitzubringen: eine Isomatte o. ä. zum Liegen im Wald. – Eine „Wunderfrucht" (eine ausgeschnittene Frucht aus Pappe, die auf der einen Seite mit einem Dank, auf der anderen Seite mit einem guten Wunsch für das Geburtstagskind beschriftet ist. Die Frucht hängt an einem kurzen Bändchen, an dessen Ende wiederum eine Sicherheitsnadel befestigt ist). – (Selbstgebastelte) Blasinstrumente zum Improvisieren im Wald. – Kopierte Wald- und Baumgedichte. – Regenschutz. – Wer mag, einen Beitrag zum Essen. Für ein eventuelles Regenprogramm mögen die Gäste zusätzlich Folgendes mitbringen: Drei „Baumgeschenke", z. B. ein Blatt, eine Frucht und einen Ast, ferner Bücher, Gedichte und Bilder zum Thema, Farbkreiden.

Bausteine für ein Wald- und Baumfest

Vorbemerkung: Herzstück dieses Programms ist der Waldspaziergang, der viel Zeit in Anspruch nimmt. Punkt 1 und 2 sollten deshalb nicht lange dauern.

1. Baumtänze: Weil die Symbole des Tanzes ebenso wie die der Märchen mehrdeutig sind, lässt sich der Tanz zum „Sonnengesang" (siehe S. 30) ohne Weiteres auch als Baumtanz verstehen: Es entsteht dann ein großer „Weltenbaum". Wir gehen nach rechts, nach links um seinen Stamm und bilden beim Tanzen in der Mitte mit unseren Armen seine Krone.

2. Teerunde: Durch Gespräche über Wald- und Baumerinnerungen können Sie zum Waldspaziergang überleiten und die einzelnen Stationen besprechen.

3. Waldspaziergang: Beim Eintritt in den Wald sollten alle Gespräche verstummen, bis der Festplatz erreicht ist. Je nach Wetter schlage ich folgende Elemente vor:

- Sie betrachten alle zusammen einen Baum von weitem, nähern sich ihm dann „vom Herzen her" und versuchen, durch wellenartige Bewegungen der Hände etwas von den Auraschichten, die ihn umgeben, zu spüren.
- Ertasten Sie die Rinde des Baumes und seine Blätter.
- Lehnen Sie sich mit dem Rücken gegen den Stamm und „tanken" Sie auf diese Weise Energie. Lehnen Sie sich dann mit dem Bauch gegen den Stamm und geben Sie dem Baum auch von Ihrer Energie.
- Umarmen Sie den Baum, legen Sie sich unter ihn und schauen Sie lange still in seine Krone. Hören Sie dem Baum zu, wie er rauscht, sehen Sie den Blättern zu, wie sie vom Baum fallen.
- Musizieren oder singen Sie, lesen Sie Baumgedichte vor (oder Hermann Hesses Text „Bäume").
- Finden Sie sich zu Paaren zusammen: Einer schließt die Augen und ertastet blind, wohin der Partner seine Hand führt: zu einem Stück Moos, einem Pilz, zu Rinde …
- Meditieren Sie unter dem Baum. Dabei atmen Sie mit dem Baum. „Was ich ausatme, atmet er ein. Was er ausatmet, atme ich ein."

4. Der Baumsegen (Übergangsritual): Die Person, die Geburtstag hat, steht im Mittelpunkt des Kreises, alle anderen umringen sie mit ihren „Wunderfrüchten“ und mit einigen gesammelten Herbstblättern. Sie spricht nun: „Bäumchen, rüttel dich und schüttel dich, wirf Gold und Silber über mich.“ Nun liest der erste Gast seinen Dank und Wunsch vor, z. B.: „Ich danke dir für deine tatkräftige Hilfe beim letzten Umzug. Ich schenke dir diesen Granatapfel. Mögen Liebe, Erotik und Zärtlichkeit dein neues Jahr erfüllen.“ Dann befestigt er die Wunderfrucht mit der Sicherheitsnadel an der Kleidung des Ehrengasts.

Wenn alle ihre Wünsche ausgesprochen und das Geburtstagskind mit ihren Blättern behängt haben, wird es wie ein Wunderbaum aussehen. Es selbst kann noch von neuen Ästen erzählen, die ihm im letzten Jahr zugewachsen sind (etwa neue Freundschaften, eine gute Arbeitsstelle etc.), und sich etwas für das neue Lebensjahr wünschen. Als Abschluss des Rituals sprechen alle Gäste: „Der Segen der Bäume sei mit dir!“

5. Ein Mandala im Walde: Je nach Anzahl der Gäste legen Sie nun gemeinsam oder in Gruppen von etwa vier Personen schweigend ein Mandala auf dem Waldboden, mit dem Material, das dort im Wald zu finden ist. Geben Sie dafür eine Zeit vor, z. B. eine halbe Stunde. Anschließend betrachten alle gemeinsam die entstandenen Mandalas.

6. Das Waldschätzespiel: Alle erkunden die unmittelbare Umgebung des Festplatzes und suchen sich etwas, das ihnen besonders gefällt: ein Spinnennetz, einen Tannenzapfen, einen Stein usw.; diese Dinge werden aber am Ort belassen. Je nach Gästezahl finden sich nun Kleingruppen von drei bis fünf Personen zusammen. Der erste führt seine Gruppe zu dem Ort, wo sich sein ausgewählter Gegenstand befindet und zwar, indem er etwa ein bestimmtes Geräusch macht oder eine andere Gangart annimmt. Die Gruppe ahmt ihn nach und folgt ihm; am Ziel angekommen versucht sie, seinen „Schatz“ zu erraten. Findet sie ihn nicht, kann er ihn pantomimisch darstellen oder mit Worten umschreiben. Ist der Schatz gefunden, nimmt die Gruppe seine Schönheit still betrachtend wahr. Nun führt der nächste zu seinem Schatz.

7. Dank und Abschied: Finden Sie selbst eine geeignete Form, dem Wald zu danken und Abschied zu nehmen.

8. Rückkehr und Abendessen

9. Das Festmärchen: z. B. „Der Eisenhans“ oder „Die sechs Schwäne“ (beide aus den Kinder- und Hausmärchen der Brüder Grimm) wird erzählt oder vorgelesen.

10. Schlusstanz

Bausteine für ein Regenprogramm:

- Eine **Vorstellung** der Gäste mit den mitgebrachten Baumgeschenken. Vielleicht wird mit den Objekten auch eine **„Baumausstellung“** gestaltet.
- Dann folgt das **Übergangsritual „Der Baumsegen“**.
- **Mein Lebensbaum:** Das Gedicht von Sigrid Trinkle wird vorgelesen. Es kann sehr eindrucksvoll auch als **Ausdrucksspiel** (siehe S. 32) gestaltet werden. Anschließend überlegen sich alle in Stille, wie denn *ihr* Lebensbäumchen gewachsen ist, und **malen** es mit Farbkreiden.
- Das **Festmärchen** wird erzählt. Im Anschluss daran ist auch ein **Ausdrucksspiel** (siehe S. 32) möglich, falls Sie nicht schon eines zum Gedicht gemacht haben.
- **Das Waldstimmenkonzert:** Alle sitzen im Kreis am Boden, mit dem Rücken zur Mitte. Sie versuchen nun, den Ablauf eines Tages im Wald akustisch nachzuahmen und zwar mit der Stimme oder auch mit Instrumenten. Fangen Sie mit dem Sonnenaufgang an, wenn einzelne Vögel zu singen beginnen. Dann rauschen Bäume, Spechte klopfen, Stämme knarren, Füchse bellen usw., bis am Abend alles wieder still wird.
- **Das Baum- und Windspiel** (siehe Wurzel- und Flügelfest S. 60 ff.)
- **Stilleübung „Ich bin ein Baum“:** Alle stellen sich mit geschlossenen Augen barfuß hin. Ein Gast spricht langsam: „Ich spüre meine Füße. Sie werden zu Wurzeln, die immer tiefer in die Erde wachsen und von dort Kraft und Saft aufnehmen. Ich spüre die feuchte Kühle und die Festigkeit der Erde. Meine Arme strecken sich nach oben, der Sonne entgegen. Ich spüre an meinen Handflächen Licht und Wärme. Der Wind durchweht und wiegt mich. Ich blühe und treibe Blätter. Ich trage reife Früchte, und Vögel nisten in meinen Zweigen. Ich verbinde Himmel und Erde. Ich atme wie ein Baum. Ich schweige wie ein Baum.“ Alle spüren den Worten nach und verharren in Stille.

Blättermandala (ein einfaches, aber erstaunlich beglückendes Spiel): Legen Sie gemeinsam schweigend ein Mandala aus vielen Blättern, die in eine große, flache, mit Wasser gefüllte Schale oder auf ein Tuch gelegt werden.

Materialliste

Tänze, Bilder, Gedichte, Bücher zu Thema, u. U. kleine Instrumente zum Improvisieren, die man gut mitnehmen kann, das „Baumgeschenk“, den Rucksack samt Inhalt (siehe oben). Wenn Sie ganz im Wald feiern wollen, müssen Sie dort auch für Essen, Trinken und Geschirr sorgen. – Bei Regen brauchen Sie je nach Festbaustein: Zeichenpapier, Farbkreiden, viele verschiedene Herbstblätter und eine Schale bzw. ein Tuch. Für das Ausdrucksspiel außerdem Ihre Tüchersammlung.

Oktober: Ein Windfest

Wind

Flüstert in Zweigen
Macht Blätter tanzen im Reigen

Gräser biegen und wiegen
Wolken fliegen

Bringt Luft in Bewegung
Und Leben in Regung

Ballett des Windes
Wie Spiele des Kindes

Was erzählen die Volksmärchen vom Wind?

Volksmärchen erzählen oft vom Wind, und manches davon ist so widersprüchlich wie der wechselnde Wind selbst. Doch alle Aussagen haben ihre eigene Wahrheit, denn sie entstammen den äußeren Winderfahrungen in verschiedenen Landschaften oder den inneren Erlebnissen, Bildern und Träumen verschiedener Menschen: „Der Wind bewegt uns nicht nur Kleider und Haar, sondern er bewegt und durchstürmt uns die Seele.“[45]

Von der Heimat des Windes

Oft wird der Wind personifiziert. Er kann in einer riesigen Höhle oder in einem Berg „wohnen“, aus deren Öffnungen er bläst. Es wird aber auch von einem großen Erdloch erzählt, „aus dem heraus es gräulich in die Luft blies, das war die Wohnung des Windes“. Oft gibt es auch ein Mutterhaus der Winde, in dem vier, sechs oder zwölf Winde gemeinsam mit ihrer Mutter wohnen. Diese Windmutter besänftigt die stürmischen, gefährlichen, stets hungrigen Windsöhne und hilft den Menschen. Meist aber ist keine Wohnung des Windes genannt, er begegnet den Menschen irgendwo auf ihrem Weg.

Die Namen der Winde

Häufig werden die Winde der vier Himmelsrichtungen genannt, wobei der Südwind oft Zukünftiges weiß und der Nord- oder Nachtwind übers Meer trägt. Im schlesischen Märchen „Das goldene Schloss“, das den Brüdern Grimm als Vorlage zu ihrer „Kristallkugel“ diente, gibt es sechs Winde: den Morgen-, Mittags-, Abend-, Mitternachtswind, den großen Wirbelwind und, als zauberkräftigsten, den „kleinen Wind“. Dieser kleine Wind erinnert an das „stille, sanfte Sausen“ aus der biblischen Eliasgeschichte ebenso wie an den „fünften Wind“ der jüdischen Tradition, den wichtigsten Wind in der Mitte. Darüber hinaus begegnet ein besonders schöner Windname in einem rumänischen Märchen – „Sfintu vüntu“ oder „Sfântu vântu“, der heilige Wind.

Der bewegende, tragende, entrückende Wind

„Setz dich auf meinen Rücken, dann trage ich dich hin“, sagt der Ostwind in einem norwegischen Märchen zum Mädchen. So wird sie von den einzelnen Winden weitergetragen, bis der Nordwind als vierter endlich weiß, wo das Schloss „östlich der Sonne und westlich vom Mond“ zu finden ist – er trägt sie „mit einer Geschwindigkeit durch die Luft dorthin, als wenn sie gleich ans Ende der Welt gelangen sollten“. Manchmal bewegt der Wind Menschen auch gegen ihren Willen: So bläst er etwa den falschen Bräutigam heiter von der Schlosstreppe fort oder er weht die behütete Königstochter aus dem Garten ihres Vaters dorthin, wo ihr Schicksal sich erfüllt. Die Märchen assoziieren Wind auch mit Humor, Leichtigkeit des Seins, mit neuen Ideen und schöpferischen Lösungen: Wo der Wind weht, kommt das Leben in Bewegung.

Der helfende und schenkende Wind

In den Märchen ist der Wind – im Gegensatz zum Wind der Sagen – meist auf der Seite des Menschen:

In einem slowenischen Märchen findet der Oberste der Winde nicht nur heraus, wo das gesuchte Zauberschloss ist, sondern er trägt den Helden auch in einem Schrein dorthin, schafft sich durch ein Loch Zugang zu dem Schloss ohne Tor und Fenster, zerreibt dessen zaubrische Herren, den Teufel und seine Großmutter, in der Luft, ruft die Braut und ihre Leidensgefährtinnen, die dort als Tote gefangen liegen, wieder ins Leben herein, zerstört das Teufelsschloss und bringt den Helden und das Mädchen zurück ins heimische Königreich.[46]

Die Geräusche des Windes

Die Geräusche, die der Wind hervorbringt, werden im Märchen oft erwähnt: Der Wind bläst, faucht, stürmt, pfeift, saust, raschelt … Im beigegebenen Festmärchen kommt die enge Verbindung von Wind und Musik besonders schön zum Ausdruck.

Der Windzauber der Menschen

Die Königstochter im Märchen „Die Gänsemagd“ lässt einen Wind wehen, einer der „Sechs Diener“ kann auch Wind entfesseln, und viele weitere Märchen berichten von Zauberern, Hexen und zauberkundigen Menschen, die dazu ebenfalls imstande sind. Dabei kann es sich ebenso um hilfreichen Fahrtwind wie um zerstörerisches Unwetter handeln. „Bemerkenswert ist die Nachricht, dass der einzelne … über den Wind verfügt, der zur Zeit seiner Geburt geweht hat.“[47]

Sfintu vüntu – heiliger Wind, Atem und Geist

Der Wind des Märchens ist nicht nur eine physikalische Luftbewegung oder eine Naturkraft.

Dieser Wind ist ein Wesen. Ein Wesen hat es in sich, und daher bläst er, der wahre Wind, der Märchenwind, aus sich heraus … Das ist kein Wind, der flach an den Raumesschranken entlanggedrängt wird, sondern ein Wind, der sie gerade aufsprengt von innen her, ein metaphysischer Wind, der nicht von Ort zu Ort geht, nicht von da und da kommt, sondern aus einem Innern, einem weltweiten Innern, ein Wind, der aus der Ewigkeit in die Unendlichkeit hinausbläst.[48]

So Heino Gehrts in seinem inspirierten Essay „Vom Wind der Märchenwelten“, mit dem er den Wind als den „Lebensatem der Welt“ und den „lebenden Atem Gottes“ charakterisiert. Ähnlich schreibt Verena Kast: „Was der Atem dem Menschen ist, ist der Wind dem Kosmos.“[49] Beide weisen auf die etymologische Verwandtschaft von Atem, Seele, Wind und Geist hin. Ein Fest zu Ehren des heiligen Windes kann uns wieder Zugang zu dieser Lebensmacht schaffen.

Das Festmärchen: Wie die Musik auf die Erde kam

Tezcatlipoca, Gott des Himmels und der vier Himmelsrichtungen, kam auf die Erde und war traurig.
Von den äußersten Punkten der vier Himmelsrichtungen rief er:

„Komme, o Wind!
Komme, o Wind!
Komme, o Wind!
Komme, o Wind!“

Über die traurige Erde verteilt hörte ihn der klagende Wind, erhob sich über alles Geschaffene, peitschte die Wasser des Ozeans und zauste die Bäume, bis er zu Füßen des Himmelsgottes Ruhe fand und seine Sorgen abschüttelte.

Da sprach Tezcatlipoca:

„Wind, die Erde ist des Schweigens überdrüssig.
Sie hat Licht, Farben, Früchte,
doch fehlt ihr die Musik.
Aller Kreatur soll Musik geschenkt werden:
Dem erwachenden Tag,
dem träumenden Mann,
der wartenden Mutter,
dem fließenden Wasser
und dem Vogel in der Luft,
alles Leben soll die Musik erfüllen.
Eile durch die grenzenlose Trauer
zwischen dem blauen Dunst und dem Raum
zum hohen Haus der Sonne.
Umgeben sitzt dort Vater Sonne von Musikanten,
die süße Töne ihren Flöten entlocken
und mit glühendem Gesange
das Licht ausstreuen.
Eile, bringe die besten
Musikanten und Sänger zur Erde!“

Der Wind durcheilte die schweigende Erde, durchmaß sie mit der Kraft seines treibenden Atems, bis er das Dach des Himmels erreichte, wo alle Melodien im Lichte wohnten.

Vierfarbig waren die Musikanten gekleidet: in Weiß die Sänger der Wiegenlieder, in Rot, die Liebe und Krieg besangen, in Blau die Troubadoure der wandernden Wolke, in Gelb die Flötenspieler, die Gefallen fanden am Golde, das die Sonne von den Gipfeln der Welt holte. Keine dunkelgekleideten Musikanten gab es. Glänzend und glücklich waren sie alle, ihr Blick nach vorne gerichtet.

Als die Sonne den Wind entdeckte, warnte sie ihre Musikanten:

„Da kommt der lästige Erdenwind.
Stellt die Musik ein!
Hört auf zu singen!
Gebt keine Antwort!
Wer nicht gehorcht,
muss ihm auf die schweigende Erde folgen.“

Auf den Lichtstufen des Sonnenhauses rief der Wind mit lauter Stimme:

„Musikanten, Sänger!
Der höchste Gott ruft euch!“

Doch die Musikanten blieben stumm und tanzten im gleißenden Licht der Sonne.

Da ergrimmte der Windgott. Aus der Ferne trieb er schwarze Wolken mit seiner blitzenden Peitsche heran, das Haus der Sonne zu bestürmen. Donner ließ er grollen. Alles verkehrte sich, und die rote Sonne schien zu ertrinken.

Angstvoll suchten Musikanten und Sänger nun Schutz beim Windgott. Sanft, damit er die zarten Melodien nicht verletzt, nahm der Wind sie mit zur Erde.

Unten erhob die Erde ihr Antlitz zum Himmel und lächelte.

Die erwachte Stimme seines Volkes, die Schwingen des Quetzalvogels grüßten den Gott.

Als die Musikanten sich über die Erde verstreuten und das Glück einkehrte, da vergaß der Wind seine Klagen und sang, Täler, Wälder und Seen liebkosend. So kam die Musik auf die Erde. So lernte alles zu singen: der erwachende Tag, der träumende Mann, die wartende Mutter, das fließende Wasser und der Vogel in der Luft.

Seit damals ist das Leben voll Musik.

(Mythe der Nahua-Indianer, Mexiko)

Die Festvorbereitung

Der Wind ist ein sehr lebendiges und belebendes Thema, und ein Windfest wird nie langweilig werden. Eine kleine Schwierigkeit liegt bei der Gestaltung dieses Festes darin, dass man den Wind nicht sehen und anfassen kann. Wohl aber kann man ihn hören und spüren. Vor allem aber kann man wunderbar mit ihm spielen. – Suchen Sie sich für Ihre Aktivitäten im Freien eine große Wiese ohne Strommasten und Oberleitungen aus.

Die Einladung

Sie können die Karte mit einem gekräuselten Bändchen schmücken oder eine Feder beilegen. Bitten Sie die Gäste, Folgendes mitzubringen:

- eine aus einem DIN-A4-Blatt gefaltete „Schwalbe“, auf deren einer Seite ein Dank an das Geburtstagskind für eine „luftige“ Eigenschaft steht („Ich danke dir, dass man mit dir so gut herumalbern kann“); die andere Seite trägt einen guten Wunsch („Möge dein neues Jahr von Musik und Harmonie erfüllt sein!“)
- Texte, Bilder und Erinnerungen zum Thema Wind
- feste Schuhe für nasses Gras und andere Schuhe für drinnen
- Instrumente zum Improvisieren, soweit vorhanden (Rasseln, Klangschalen usw. oder herkömmliche Melodieinstrumente)
- eine „Windmusik“ auf einem Tonträger (wer eine kennt)
- ein Windspielzeug wie Drachen, Windrad, -spiel (wer hat)

Bastelanleitung für die Schwalbe:
Ein Papier DIN A4 der Länge nach falten und wieder entfalten.
Die beiden Oberkanten an den Mittelbruch falten.
Die beiden neu entstandenen Oberkanten ebenfalls an den Mittelbruch falten.
Noch einmal die neuen Oberkanten gegen den Mittelbruch falten.
Die Schwalbe umdrehen und auf der Rückseite die beiden Außenkanten aufeinanderfalten.

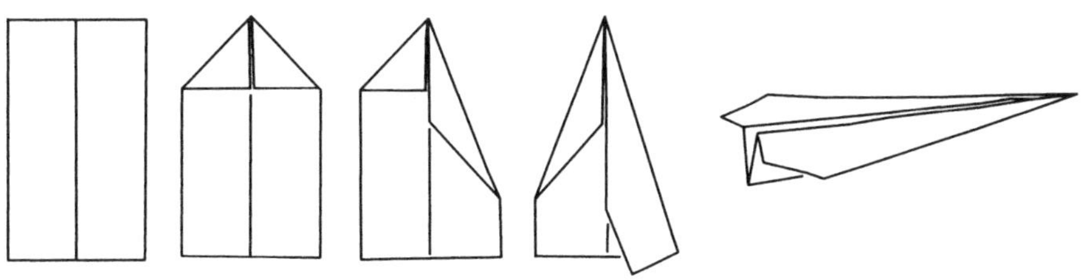

Bausteine für ein Windfest

1. Wind im Freien: Spüren und hören Sie dem Wind nach. Beobachten Sie bewusst, was gerade durch den Wind bewegt wird, und begrüßen Sie den Wind auf Ihre Art.

2. Das Übergangsritual:
a) Das Schwalbenspiel: Die Gäste stehen auf der Wiese in einiger Entfernung vom Geburtstagskind und lassen nun in seine Richtung ihre Schwalben gleichzeitig fliegen. Die Schwalbe, die am nächsten bei ihm landet, wird zuerst aufgehoben, vorgelesen und überreicht, danach die zweite usw.
b) Der Segen der fünf Winde: Alle Gäste stellen sich mit dem Gesicht nach Osten. Die Person, die Geburtstag hat, steht vor der Reihe. Die Leiterin des Rituals spricht: „Wir grüßen den Wind aus dem Osten." Solange nun die Rassel tönt, stehen alle eine Weile schweigend da, die Arme zur Segenshaltung erhoben. Alle Gäste sprechen: „Möge der Wind aus dem Osten dich segnen!" – In gleicher Weise wird das Ritual noch nach Süden (Trommel), Westen (Klangschale) und Norden (Flöte) gefeiert. – Zuletzt bilden alle einen Kreis, der Ehrengast steht in der Mitte. Die Leiterin spricht: „Ki, Atman, Geist, Ruach, Sophia – der Heilige Wind in der Mitte möge dich segnen." Vielleicht haben Sie dann noch Lust, ein Geburtstagslied zu singen.

3. Drachen steigen lassen: Lassen Sie im Wind all Ihre Drachen, Windrädchen usw. flattern und kreisen. Lassen Sie sich auch selbst vom Wind treiben.

4. Seifenblasenpoesie: Sie sollten wieder einmal ausprobieren, wie viel Spaß es auch Erwachsenen macht, mit Seifenblasen zu spielen. Zudem kann man immer Seifenblasen steigen lassen, auch wenn kein Wind weht. Alle Gäste bekommen ein Röhrchen „Pustefix" und beginnen, ihre Seifenblasen fliegen zu lassen. Vielleicht veranstalten Sie noch einzelne Wettbewerbe: Welche Seifenblase fliegt am höchsten? Welche am weitesten? Wer bläst die größte Seifenblase?

5. Eine Hommage an den Wind: Behängen und bekleben Sie die Schnur (oder die Stange) mit den mitgebrachten Dingen. Spannen Sie diese zwischen zwei Bäumen oder zu Hause auf dem Balkon aus bzw. rammen Sie die Stange in die Erde. Sie können aber auch einen freistehenden Busch oder Baum direkt mit den Dingen behängen. Wichtig ist, dass Sie für einen kurzen Augenblick um das Werk herumstehen mit dem Bewusstsein: „Dies wurde zu Ehren der Winde gestaltet. Mögen sie Freude haben, damit zu spielen.“ – Rückkehr nach Hause.

6. Tee: Sie können das Teetrinken mit Gesprächen über Wind- und Sturmerlebnisse begleiten.

7. Windlied: Singen Sie das Windlied mehrmals, als Wiederholgesang. Sehr schön klingt es, wenn eine kleine Gruppe der Gäste *nur* die erste Zeile als Ostinato singt und so eine zweite Stimme bildet.

8. Das Festmärchen: Das Märchen „Wie die Musik auf die Erde kam“ wird erzählt oder vorgelesen.

9. Klangspiel dazu: Jeder Gast überlegt sich ein Lebewesen, das mit Hilfe der Luft einen Ton hervorbringt, oder vielleicht auch ein Instrument, das mit Luft Klänge erzeugt. Eine oder einer ist der Wind, er verkleidet sich auf jeden Fall mit Tüchern. – Das Spiel beginnt wie im Festmärchen mit einer langen Stille, in der alle leblos und stumm am Boden kauern. Der „Wind“ belebt nun den ersten Gast, z. B. indem er ihm durch die Berührung mit seinen Tüchern Leben einhaucht. Der so Erweckte erhebt sich langsam und summt oder spielt mit einem Instrument. Die anderen müssen erraten, was er darstellt. Zuletzt wird ein „Konzert“ mit allen entstandenen Tönen aufgeführt, das vom Wind dirigiert wird. Er kann dabei einzelne Instrumente und Stimmen pausieren und wieder einsetzen lassen, ferner kann er Lautstärke und Tempo durch seine Gesten verändern.

10. Die Fünf-Elemente-Atmung: Sie sitzen im Meditationssitz auf dem Boden oder aufrecht auf einem Stuhl. Lassen Sie in Ihrem Bewusstsein starke Wurzeln von den Sitzhöckern bis tief in die Erde wachsen und fühlen Sie sich verwurzelt mit ihr.

Entspannen Sie Ihr Gesicht vollkommen, so, als dringe ein großes Lächeln tief aus Ihrem Inneren nach außen. Bitten Sie nun die fünf Elemente, Sie zu reinigen, zu verwandeln und zu stärken.

Die Erdatmung: Atmen Sie – *durch die Nase* – weit oberhalb Ihres Kopfes ein und durch die „Wurzeln“ in die Erde aus, ebenfalls durch die *Nase*.

Die Wasseratmung: Stellen Sie sich ein Gewässer vor, etwa einen Wasserfall. Atmen Sie die feuchte Luft durch die *Nase ein* und durch den leicht geöffneten *Mund* weich aus.

Die Feueratmung: Öffnen Sie vor jedem Einatmen Mund und Rachen. Atmen Sie kräftig durch den *Mund ein*. Durch die *Nase* lassen Sie den „Rauch“ leicht wieder *ausströmen*.

Die Windatmung: Stellen Sie sich einen windigen Tag vor. Atmen Sie durch den *Mund ein und aus*, kräftig, als ob Sie Blätter wegblasen wollten.

Die goldene Atmung: Sitzen Sie ganz still und atmen Sie das Gold (Prana, Atman, Lebensenergie) durch die Nase ein und aus. Die goldene Atmung entspricht dem fünften Wind, dem „stillen, sanften Sausen“. Sie kann uns tief in unsere eigene Mitte führen.

Kurzfassung:	ERDE:	Nase ein und aus
	WASSER:	Nase ein, Mund aus

FEUER:	Mund ein, Nase aus
WIND:	Mund ein und aus
MITTE:	Nase ein und aus

11. Abendessen: Sprechen Sie nach dem Abendessen das auf S. 141 angegebene Gedicht und andere mitgebrachte Windgedichte, jeweils mit einer Pause zum Nachklingen.

12. Windmusik: Hören Sie zum Abschluss ausgewählte „Windmusik" an. Bewegen Sie sich dazu (gerne auch mit dünnen Tüchern in der Hand) frei im Raum. Zuletzt stellen sich alle zu einem Kreis zusammen, fassen sich an den Händen, und das Geburtstagskind spricht: „Der Segen des Windes sei mit euch."

Materialliste

Für 2.: Nehmen Sie vier Instrumente mit auf die Wiese. Für den Wind aus dem Osten eine Rassel, für den aus dem Süden eine Trommel, für den aus dem Westen eine Klangschale samt Klöppel, für den aus dem Norden eine Flöte.

Für 3.: Jeweils ein Drachen für die zwei bis drei Gäste, die selbst keinen haben.

Für 4.: Seifenblasenröhrchen in der Anzahl der Gäste und eine Nachfüllflasche („Pustefix") aus dem Spielwarengeschäft.

Für 5.: Material für die Hommage an den Wind: eine dicke lange Leine oder Schnur. Möglich ist auch eine Stange, Streifen aus Krepppapier und Alufolie, Federn, bunte Wollfäden, Glöckchen, Schere, Klebstoff, Faden, Klebeband zum Befestigen.

Für 7.: Kopien des Windliedes

Für 8.: Ein anderes, sehr schönes Windmärchen ist „Das singende, springende Löweneckerchen" (Kinder- und Hausmärchen der Brüder Grimm). Falls Sie sich dafür entscheiden, entfällt das Klangspiel Nr. 9. An seiner Stelle können Sie ein Bild zum Märchen malen lassen, wofür Sie Zeichenpapier und Farbkreiden brauchen.

Für 9.: Verschiedene Instrumente, verschiedene dünne Tücher für den Wind. Wenn vorhanden, Ihre Tüchersammlung (siehe S. 32).

Für 11.: Windgedichte

Für 12.: Passende Windmusik, z. B. Wagners Ouvertüre zum „Fliegenden Holländer" oder Debussys Sonate für Flöte, Harfe und Viola, Finale 3. Satz. Dünne Tücher.

November: Ein Höhlenfest

Urhöhle Mutter

Sanftes Getragenwerden
Ozeanisches Sein
Im Meer der Meere
Nährende Sicherheit

Muster werden geprägt
Auf junger Haut
Weichheit und Liebe
Unendliche Verbundenheit

Bedrückende Enge
Finstere Nacht
Sog ins Ungewisse
Wechselgüsse von Feuer und Eis

Am Ende
Strömende Heiligkeit

Was erzählen die Volksmärchen von Höhlen?

Schon in prähistorischen Zeiten dienten Höhlen dem Menschen als Wohnung, als Bestattungsort und als Sakralraum. Später, als die Menschen sich selbst ihre Behausungen bauten, erschienen ihnen die Höhlen zunehmend als etwas Gefährliches und Mysteriöses. Dieses Gefühl hat sich bis heute in den Mythen, Märchen und Sagen erhalten: Dort wird die Höhle oft als ein Innenraum beschrieben, in dem Geheimnisvolles und Numinoses zu finden ist.

Die Höhle als Ursprung des Menschengeschlechts

In afrikanischen, indischen, nord- und südamerikanischen Überlieferungen wird erzählt, dass die ersten Menschen aus einer Höhle oder Felsspalte ans Tageslicht und so gleichsam „zur Welt" kamen. Eng damit verbunden ist die Vorstellung von der Höhle als Wohnstatt und Symbol der Großen Mutter, die auch in unserem Festmärchen anklingt.

Die Höhle als Wohnort des Todes und der Toten

Ein gutes Beispiel hierfür ist die Höhle des „Gevatter Tod", in der die Lebenslichter der Menschen „in unübersehbaren Reihen brennen", wobei stets einige erlöschen und andere neu anfangen zu brennen.

Die Höhle als Wohnort von kosmischen Naturwesen und gefährlichen Dunkelwesen

Sonne, Mond und Weltenwind haben oft ihre Wohnstatt in Höhlen. Aber auch Drachen, Bären und Einhörner, Riesen und Zwerge, Räuber und Hexen hausen hier. Manchmal werden Kinder und Frauen dorthin verschleppt und so lange in der Höhle gefangen gehalten, bis ihnen eine Flucht möglich ist.

Die Höhle als Schatzhort und Durchgang

Oft wird von diesen Dunkelwesen in der Höhle ein Schatz bewacht, der vom Menschen nur unter großen Gefahren errungen werden kann. Um die Schatzhöhle zu öffnen, benötigt er das richtige Zauberwort oder einen magischen Gegenstand wie die Springwurz, die blaue Blume, das Kraut Lunaria oder einen goldenen Schlüssel. In einigen Märchen erringt er keinen Schatz, sondern gelangt, wenn er die dunkle Höhle durchquert hat, zum jenseitigen Reich der Fee oder ins Paradies.

Das Festmärchen: Jon und die Trollriesin

Im Nordland wohnte ein Bauer, der fuhr im Herbst und Winter zu den Westmännerinseln zum Fischen. Er hatte einen erwachsenen Sohn, der hieß Jon und war vielversprechend. Einmal nahm der Bauer seinen Sohn mit auf seinen Fischfang zu den Inseln. Sie zogen geraden Wegs, und es ist von dieser Fahrt nicht viel zu berichten.

Im nächsten Herbst zog Jon allein südwärts zum Fischplatz, denn sein Vater war alt und schwach geworden. Aber ehe er hinausruderte, bat ihn der Bauer, ja nicht unter den hohen Felsen am Bergabhang zu verweilen. Jon musste ihm ernstlich versprechen, das unter keinen Umständen zu tun.

So zog Jon fort, er hatte zwei Packpferde und ein Reitpferd mit. Die Pferde wollte er während des Winters auf den Landinseln einstellen, wie sein Vater es auch getan hatte. Seine Fahrt verlief nach Wunsch. Er kam an den Bergabhang und zog eine Zeit lang an ihm hin. Der Tag war fast vorüber. Jon versuchte, an dem Abhang vorüberzukommen, wie er es seinem Vater versprochen hatte. Aber kaum war in der Nähe des Felsen, da überfiel ihn ein furchtbares Unwetter mit Sturm und Regen. Er kam zu einem Rastplatz auf einer Anhöhe unter den Felsen, so schön, wie er ihn sich nur wünschen konnte. Dieser war reich mit Gras bewachsen und bot Schutz gegen den Regen. Er gefiel ihm gut, und er konnte nicht begreifen, was denn Schlimmes dabei sei, hier zu rasten, und so blieb er denn da. Er zäumte die Pferde ab und band sie fest.

Plötzlich entdeckte er eine Höhle in den Felsen. Dorthin trug er sein Gepäck und legte es an die eine Seite der Höhle, nicht weit vom Eingang. Dann machte er es sich in seinen Sachen bequem und begann zu essen. Es war dunkel in der Höhle. Als er eben im besten Essen war, hörte er ein langgezogenes Geheul von innen. Er erschrak, fasste aber bald wieder Mut. Er nahm einen riesigen Fisch aus seinem Proviant heraus, riss die Haut so herunter, dass sie ganz blieb, bestrich den ganzen Fisch dick mit Butter und legte die Haut wieder darüber. Dann schleuderte er den Fisch so tief wie möglich in die Höhle hinein und rief: „Die da drinnen mögen sich vor dem in Acht nehmen, der ihnen dies schickt. Sie können es aber auch behalten, wenn sie es wollen.“ Da hörte Jon, dass bald darauf das Geheul verstummte und jemand den Fisch zu zerreißen begann.

Als Jon fertig gegessen hatte, wollte er sich schlafen legen. Aber da hörte er ein Geräusch im Geröll und schwere Schritte, die auf den Eingang zukamen. Dann sah er eine große und mächtige Riesin kommen. Es war so, als leuchte ihre ganze Gestalt draußen im Dunkeln. Da wurde es Jon bang ums Herz. Als sie in die Höhle kam, sprach sie: „Menschengeruch ist in meiner Höhle!“ Dann ging sie mit großen Schritten hinein und legte ihre Bürde auf den Boden. Nun entstand ein so großes Getöse, dass die Höhle erdröhnte. Da hörte Jon die Alte mit jemandem sprechen, und er hörte, wie sie sagte: „Besser getan als nicht getan, und es wäre schlimm, wenn es nicht belohnt würde!“

Die Riesin kam mit einem Licht in der Hand auf ihn zu. Sie begrüßte Jon mit Namen, dankte ihm für das Gute, das er an ihren Kindern getan habe, und bat ihn, mit in die Höhle zu kommen. Als sie hineinkamen, sah Jon zwei Betten. In dem einen lagen die beiden Kinder, deren Geheul er gehört hatte und die seinen Fisch gegessen hatten. Auf dem Boden aber lagen eine Menge Forellen, die die Alte auf dem Rücken heimgebracht hatte, und davon hatte ihre Gestalt im Dunkeln so geleuchtet. Die Alte fragte Jon nun, ob er lieber in ihrem Bett oder in dem der Kinder schlafen wollte. Da er das der Kinder vorzog, bettete sie die Kinder auf die Erde, bezog sein Bett neu und sorgte für seine Schlafstätte.

Jon schlief ein und erwachte erst wieder, als die alte Riesin ihm gekochte Forellen zu essen brachte. Er dankte ihr dafür. Während er aß, saß die alte Riesin bei ihm, erzählte und war sehr vergnügt. Sie fragte ihn, wohin er rudern wolle, und er erzählte es. Da fragte sie ihn, ob er sich schon einen Platz bei jemandem gesichert hätte, aber er verneinte. Da sprach sie, dass alle Bootsplätze auf der Insel besetzt seien und dass er keine andere Wohnung finden würde außer bei einem alten Fischer, der nur ein fast unbrauchbares Boot habe.

„Ich rate dir“, sagte sie, „dir einen Platz bei ihm zu sichern. Er wird sich zwar weigern, dich zu nehmen, aber du sollst nicht ruhen, bis er nachgibt. Ich kann dir, was du an meinen Kindern getan hast, jetzt nicht so lohnen, wie ich es gerne wollte. Aber hier sind zwei Angelhaken, die ich dir schenken will. Den einen sollst du nehmen und der Alte den anderen. Ihr sollt immer allein sein beim Angeln, und ich hoffe, die Haken werden sich brauchbar zeigen. Immer sollt ihr als die letzten von allen ausrudern und als erste am Abend heimkommen. Ihr sollt nie weiter rudern als bis an die Felsen vor dem Landungsplatz. Wenn du ins Landinselland kommst, binde deine Pferde am Strand zusammen und bitte keinen, für sie zu sorgen. Ich werde mich im Winter etwas um sie kümmern. Die letzten Inselboote werden fahrbereit sein. Fahre mit ihnen zu den Westmännerinseln. Und wenn es wirklich so kommen sollte, dass du im Winter Glück hast beim Fischen, wäre es mir lieb, wenn ich im Frühjahr deinen Pferden meines folgen lassen könnte, um mir ein paar Fische zu holen, denn Dörrfisch schmeckt mir herrlich."

Dann trennte Jon sich in Freundschaft von der Alten. Als er nach Landinselland kam, lagen dort die letzten Inselboote fahrbereit. Jon schirrte seine Pferde ab und band sie am Strand zusammen, ohne jemanden zu bitten, für sie zu sorgen. Die anderen machten sich deshalb lustig über ihn und spotteten, die Pferde würden wohl in gutem Zustand sein am Ende der Fischzeit. Jon aber kümmerte sich nicht um ihren Spott, tat vielmehr, als höre er nichts, und zog mit ihnen zu den Inseln. Dort suchte er sich einen Bootsplatz, fand aber keinen und kam schließlich zu dem armen Fischer, zu dem ihn die Alte geschickt hatte. Der alte Mann aber wollte ihn nicht aufnehmen und sagte, er wolle einem solch tüchtigen Mann keinen Schaden antun. Jon aber sprach, es sei sein eigener Wunsch, und bat den Alten so lange, bis er ihn nahm. Jon zog nun bei dem Alten ein. Die anderen verspotteten ihn und fanden, dass er nicht gut beraten sei.

Nun kam die Fischzeit. Eines Morgens wachten Jon und die Seinen davon auf, dass alle Fischer bei schönstem und ruhigstem Wetter hinausruderten. Der Alte meinte: „Ich weiß nicht, ob wir es auch versuchen sollen. Es wird wohl nicht viel dabei herauskommen." Jon aber meinte, sie sollten es auch versuchen, und so fuhren sie hinaus. Als sie gegenüber der Landungsstelle bei dem Felsen waren, den die Riesin gemeint hatte, warf Jon seine Schnur mit dem Angelhaken der Riesin aus. Kaum hatte er es getan, da zog er einen Fisch herauf. Da gab er dem Alten den anderen Angelhaken. An diesem Tag hatten sie an dieser Stelle dreimal das Boot voller Fische, fuhren heim, lange ehe die anderen kamen, und waren dann auch bald mit der Zubereitung fertig. Alle wunderten sich über ihren Fischfang und fragten sie, wo es denn so viele Fische gebe. Am anderen Tag ruderten die Leute auch zu dem Felsen, sahen dort aber nichts Lebendiges und ruderten weiter hinaus. Jon und der Alte aber fuhren erst danach hinaus, und es erging ihnen geradeso wie am Tag zuvor.

Und so ruderten sie den ganzen Winter zu dem Felsen, und jeder fing zwölfhundert Fische, und sie waren die glücklichsten beim Fischfang. Am vorletzten Tag ruderten sie zum letzten Mal hinaus, und da waren, als sie die Leinen aufzogen, beide Angelhaken verschwunden. Es schien, als seien sie losgemacht worden. Aber das bekümmerte sie nicht, und sie fuhren heim.

Nun zog Jon mit seinem Fang zurück zum Festland und wurde im selben Boot übergesetzt, mit dem er im Herbst hinübergefahren war. Und wieder spotteten die Leute unterwegs darüber, dass seine wohlgenährten Pferde nun gewiss den Dörrfisch zum Nordland tragen könnten. Aber als sie an den Strand kamen, fanden sie seine Pferde festgebunden vor, und sie waren wohl genährt. Neben ihnen aber stand noch ein Pferd da mit einem Saumsattel, braun und stark gebaut. Die Genossen bekamen nun beinahe Angst vor Jon und hielten ihn für einen großen Zauberer wegen des Fischfangs und wegen der Pferde. Jon band den Dörrfisch auf die Pferde und lud ebenso viel auf das braune wie auf seine beiden Pferde. Dann ritt er nordwärts.

Die Riesin empfing ihn freundlich. Er gab ihr alle Fische, die der Braune getragen hatte, und blieb einige Tage bei ihr. Die Riesin erzählte ihm, dass sie die Haken von den Angelschnüren genommen und die Pferde an den Strand gebracht habe. Ihre Kinder seien im Winter gestorben, sie habe sie unter den Felsen begraben. Dann fragte sie ihn, ob er etwas von zu Hause gehört habe. Als er dies verneinte, erzählte sie ihm, sein Vater sei im Winter gestorben und er als einziges Kind müsse nun die Wirtschaft übernehmen. „Du wirst auf den Hof ziehen, dir im Sommer eine Frau nehmen und sehr glücklich werden."

Dann bat sie ihn noch um die Erfüllung einer Bitte. Sie sagte, sie habe nun nicht mehr viel Zeit, und wenn er von ihr träume, dann möge er möglichst bald herkommen und sie neben ihrem Mann und ihren Kindern begraben. Sie zeigte ihm die Stelle. Dann öffnete sie die Seitenhöhle, wo zwei Truhen standen, mit Gold und allerlei Schätzen gefüllt. Diese Truhen sollte er dann erben und ebenso das braune Pferd, sagte sie. Sie würde die Truhen schon zusammenbinden und hinaussetzen, ehe sie sterbe. Dann trennten sie sich in großer Herzlichkeit.

Die Reise ging gut vonstatten bis ins Nordland. Dort traf alles ein, was die Riesin vorhergesagt hatte: Jon wurde seines Vaters Erbe und heiratete eine reiche Bauerntochter. Nun ging es auf die Zeit des Mähens, da träumte Jon eines Nachts von der Riesin. Sofort dachte er an ihre Bitte und stand sogleich auf. Draußen stürmte und regnete es. Jon ließ den Reitknecht beide Reitpferde satteln. Seiner Frau wollte er nichts Näheres sagen, bat sie aber, unbesorgt zu sein, auch wenn er einige Tage ausbleibe. Dann ritt er, so schnell er nur konnte, kam an die Höhle und konnte noch kurz mit der Riesin sprechen. Er blieb bei ihr, bis sie gestorben war, und begrub sie dann an der von ihr selbst gewählten Stelle.

Vor der Höhle standen auf zwei Steinen zwei Truhen mit Ösen an der Seite. Er stellte das Pferd dazwischen, band die Ösen am Sattel fest und zog mit allem fort. Er ritt glücklich heim, blieb auf seinem Hof und wurde ein sehr reicher Mann. Er wohnte lange und zufrieden auf seinem Hof, hatte in allem Glück und war angesehen bei allen Leuten.

(Märchen aus Island, bearbeitet von Heidi Heim)

Die Festvorbereitung

Im November werden viele Dunkelheitsfeste gefeiert, die die Einkehr nach innen, den Rückzug in die Höhle, die Begegnung mit dem Tod und das Sammeln der Lebenskräfte für eine Neuentfaltung im Frühjahr zum Gegenstand haben. In diesem Zusammenhang sei auch an Allerheiligen, Allerseelen und die Feste der keltischen Göttin Caileach und der griechischen Göttin Hekate erinnert. Ein Geburtstagsfest in diesem Monat sollte diese Aspekte integrieren und daran erinnern, dass wir alle die ersten neun Monate unseres Lebens in einer Höhle verbracht haben. Unser Freundeskreis kann uns bei diesem Übergangsfest eine schützende Höhle und das isländische Festmärchen ein wunderbarer Begleiter sein. Dieses Märchen scheint auf den ersten Blick ganz diesseitig angelegt zu sein; sobald man aber der Bedeutung seiner Bilder und dem Sinn seiner Handlung nachspürt, entfaltet es einen erstaunlichen Reichtum: Es schildert, wie ein Mensch der Großen Mutter, der Höhle und dem Tod begegnet – es zeigt aber vor allem auch, wie ein Mensch sich auf gute Weise von seinen Eltern lösen kann, wobei er nicht nur erwachsen wird, sondern auch ein reiches Leben gewinnt. Jon geht sozusagen ein zweites Mal durch die Höhle der Geburt, und daraus entsteht neues Leben.

Die Einladung

Bitten Sie Ihre Gäste, Höhlenfotos, Kleidung in gedeckten Erdfarben und als Geschenk ein einfarbiges Tuch von etwa einem Meter Länge mitzubringen. Dazu sollte sich jeder überlegen, ob er selbst schon einmal ein „Höhlenerlebnis“ hatte.

Bausteine für ein Höhlenfest

1. Tänze: Fangen Sie mit einem heiteren Begrüßungstanz an (siehe S. 30 f.) und lassen Sie dann Tänze folgen, welche eine schützende, bergende Höhle ausdrücken, wie etwa die griechische „Kore“ oder der „Wiegetanz“, den Sie auf der CD „Für Dich“ von Spielmann finden.

Paarweise nebeneinander stehen, dann fassen sich alle Gäste an den Händen.

1. *Vers und Refrain:* *Komm zu mir, ich wiege dich,*
wiege dich zur Ruh,
komm zu mir und weine nicht,
mach die Augen zu.

Dazu ein einfacher Grundschritt: Auf der Kreislinie nach rechts ein Schritt mit dem rechten, dann mit dem linken Fuß, dann 3 Wiegeschritte: rechts – links (zur Kreismitte ausgerichtet).

2. Vers: *Ich flechte dir aus meinem Haar*
eine Wiege, sieh.
Schläfst drin aller Schmerzen bar,
träumst drin ohne Müh'.

Hände loslassen. Die Partner eines Paares stehen sich gegenüber. Einer macht langsame Bewegungen, die der andere gleichzeitig spiegelbildlich nachahmt.

Wiederholter 1. Vers (Refrain) mit dem einfachen Grundschritt, siehe oben.

3. Vers: *Meine Augen sollen dir*
blinkend Spielzeug sein.
Meine Lippen schenk ich dir,
trink dich in sie ein.

Spiegelbildlich Bewegungen wie beim 2. Vers, nur macht jetzt der andere Partner Bewegungen vor.

Gesummte Wiederholung:

Alle stehen in einem dichten Kreis Schulter an Schulter, halten sich an den Händen und wiegen nach rechts, nach links usw. Sie können einander auch die Hände auf die Lendenwirbelsäule legen und so wiegen.

2. Die Geburtstagshöhle (Übergangsritual): Die Person, die Geburtstag hat, bindet sich einen dünnen Schal um die Taille und setzt sich auf den Boden. Alle anderen stellen sich als Höhle um sie herum auf und halten das große dunkle Tuch wie ein Dach über sie. Wer ihm oder ihr den guten Wunsch nur leise sagen will, nimmt das mitgebrachte Geschenktuch, kriecht in die „Höhle" und flüstert ihn dem Geburtstagskind ins

Ohr. Dann wird das Tuch an dem Taillentuch festgeknotet. Nach höchstens sieben Gratulanten sollten Sie die Höhle auflösen. Die restlichen Wünsche werden laut ausgesprochen und die restlichen Tücher festgeknotet, so dass schließlich ein bunter Rock entsteht. Wünschen Sie dem Ehrengast, dass alle diese Farben und Wünsche im neuen Lebensjahr Gestalt annehmen mögen. Alle fassen nun jeweils den Zipfel ihres Tuches, singen „Happy birthday“ oder „Viel Glück und viel Segen“ und gehen dabei im Kreis um das Geburtstagskind herum, das sich langsam dabei mitdreht. – Variante: das Taillentuch abbinden, in sich eng verknoten und alle darangebundenen Tücher von den Gästen hochhalten lassen, so dass ein „Baldachin“ entsteht, unter dem das Geburtstagskind zu einem kurzen Musikstück ins neue Lebensjahr tanzen kann.

3. Teerunde: Vielleicht mit dem Erzählen von Höhlenerlebnissen.

4. Blindes Porträtzeichnen (ein heiteres Aufwärmspiel): Alle sitzen am Tisch, jeweils zwei Personen einander gegenüber. Jeder hat ein festes weißes Papier auf den Knien unter dem Tisch und ein Stück Zeichenkohle in der Hand. Gleichzeitig versuchen alle, ihr Gegenüber zu porträtieren – und zwar, indem nur der Mensch angeschaut wird und nicht das Papier. Dafür sind zehn Minuten Zeit. Dann schauen die Paare sich zuerst selbst die Bilder an. Zuletzt können die Bilder allen gezeigt werden. Oft ist frappierend, wie viel von der Wesensart eines Menschen diese Bilder doch eingefangen haben.

5. Brainstorming „Höhle“: Jemand schreibt auf Zuruf die assoziierten Begriffe auf eine große Pappe und liest die Sammlung noch einmal langsam vor. Dabei werden die Gäste eingeladen, ihre inneren Bilder und ihre Gefühle wahrzunehmen. Vielleicht ergibt sich daraus auch ein Gespräch.

6. Das Festmärchen: Das Märchen „Jon und die Trollriesin“ wird erzählt oder vorgelesen.

7. Höhle aus Ton oder Ausdrucksspiel: Formen Sie in der Gruppe eine Höhle aus Ton, oder spielen Sie das Ausdrucksspiel (siehe S. 32). Beide Möglichkeiten sind reizvoll, doch kann beim Gestalten mit Ton die eigene innere Höhle klarer „ans Licht gebracht“ werden.

8. Gespräch über das Märchen: Tauschen Sie sich in der Gruppe darüber aus, wie Sie das Formen der Höhle bzw. das Spiel erlebt haben.

9. Abendessen: Eventuell das Höhlengedicht dabei vorlesen.

10. Die Körperhöhlen: Wie bei den meisten Lebewesen weist unser Körper viele Hohlräume auf – „die Höhle scheint ein Bauprinzip des Körpers zu sein".[50] Gehen Sie in Gedanken die verschiedenen Körperhöhlen (innen im Körper wie auch außen) der Reihe nach durch. Machen Sie folgende Übung:

Atemübung: Reiben Sie Ihre Faust warm und legen Sie sie in eine Achselhöhle, spüren Sie dann deren Raum nach und atmen Sie dorthinein.

Partnerübung: Ein Partner liegt auf dem Rücken, während der andere seine zuvor warm geriebenen Hände flach über dessen Augenhöhlen legt, sie wärmt und „erleuchtet".

11. Imagination: Das Geburtstagskind oder ein Gast kann eine Imagination sprechen, in deren Verlauf ein Weg in eine Höhle beschrieben wird. In der Mitte der Höhle befindet sich ein runder, leicht erhellter Raum. Dort wird eine große Kostbarkeit entdeckt, lange betrachtet und vielleicht auch in die Hände genommen. Das kann eine „vollkommene Schale", eine Kristallkugel, ein goldener Kranz, eine Schildkröte oder ähnliches sein. Jede/r entscheidet für sich, ob dieses Traumgeschenk mitgenommen wird oder in der Höhle verborgen bleibt.

12. Lichtertanz: Jeder Gast erhält eine Kerze mit Schälchen, so dass kein Wachs auf den Boden tropfen kann. Die Kerzen werden angezündet und der Raum verdunkelt – eine große „Höhle" entsteht so –, und sanfte, ruhige Musik wird eingespielt. Alle lassen sich von ihr inspirieren und tanzen mit ihren Kerzen dem Ausklang des Festes entgegen. Sehr schön ist es auch, den „Wiegetanz" zum Abschluss zu wiederholen.

Materialliste

Für 2.: Ein dünner Schal, als Höhlendach ein großes dunkles Tuch, dazu zwei bis drei Tücher für den Gürtel als Reserve.

Für 4.: Festes weißes Zeichenpapier DIN A4 für jeden Gast, Zeichenkohle oder andere Stifte, die sich gut zum raschen Zeichnen eignen.

Für 5.: Ein großer Bogen aus Pappe und ein dicker Stift.

Für 7.: Töpferton und Pappunterlagen oder, wenn Sie das Ausdrucksspiel spielen wollen, eine Tüchersammlung (siehe S. 32).

Für 12.: Für jeden Gast ein Teelicht in einem Schälchen.

Dezember: Ein Sternenfest

Fern

Der Lichtstraßen Stern
Trägt das Lächeln der Engel
Von oben nach unten
Webt ein Netz

Nah
Sterne des Himmels
Sterne der Engel
Stern meines Herzens
Erdenstern

Was erzählen die Volksmärchen von den Sternen?

Die Sterne der Volksmärchen gehören weniger zur wissenschaftlichen Astronomie als vielmehr zu einer Weltsicht, mit der etwa die Menschen der Antike den Himmel betrachtet haben. Sie sahen, „dass sich auf der Erde wie auch am Himmel Gestalten abzeichneten – die Sternbilder".[51] Die astronomische und die antike Betrachtungsweise schließen jedoch einander nicht aus, sie können sich vielmehr ergänzen: Auch noch im Zeitalter der Raumfahrt ist uns das Sternenverständnis der Volksmärchen von den Bildern und Symbolen her einleuchtend.

Das Merkwürdige und gewiss Gute ist, dass wir heutigen Menschen diese beiden Himmelsanblicke, jenes antike, beglückende Bewusstsein der Geborgenheit in der Schönheit und festen Ordnung des Himmels, und jenes andere Bewusstsein, hinausgeschleudert zu sein in das Nichts der Unendlichkeit, die zugleich zum Bild der Vergänglichkeit wird, wechselnd in unserer Seele verwirklichen können.[52]

Sterne kommen in vielen Mythen vor. Dort wird berichtet, wie alle Sterne, einzelne Sternbilder oder die Milchstraße entstanden sind, etwa indem ein oder mehrere Wesen als Sterne zum Himmel entrückt wurden. So verwundert es nicht, dass in den Märchen die Sterne personifiziert werden, oft in Gestalt schöner Jünglinge, die den Menschen raten und helfen. Der Morgenstern tritt dabei als Beschützer, der Abendstern als Begleiter auf. Hier leuchtet in den Märchen die nahe Verwandtschaft von Sternen und Engeln auf, die auch in der frühmittelalterlichen Kultur thematisiert wird. Stern und Engel sind Zeichen und Bringer des Lichts und können den Menschen sehr nachdrücklich nach seinem Wesen, seiner Herkunft und seinem Ziel fragen, wie es auch in unserem Festmärchen geschieht.

Die Welt der Sterne und die der Menschen werden oft als zwei getrennte Dimensionen geschildert, doch gibt es Verbindungen und Zugänge. Dem hilfsbereiten Sterntalermädchen etwa verwandelt sich Sternengold in irdischen Reichtum, der gleichzeitig auch ein „reiches Leben" meint. Oft sind es überhaupt die Mädchen und Frauen, die bei ihrer Suchwanderung zu den Sternen gelangen und von ihnen Hilfe erhalten. Frauen haben nach den Erfahrungen der Volksmärchen offensichtlich eine besondere Beziehung zu kosmischen Wesen. Umgekehrt geschieht es, dass die Sternenwesen zur Erde herabkommen und einen Menschen heiraten; meist ist jedoch das Glück der beiden nicht von Dauer, weil der Mensch ein himmlisches Gebot übertritt und das Sternenwesen ihn darum wieder verlässt.

Der Stern auf der Stirn ist ein weiteres Motiv: Er kennzeichnet die Fee, die „Frau vom anderen Ufer". Und wenn ein Mädchen dem Zaren Kinder gebiert, welche „die Schläfen dicht voller Sternlein" haben oder wenn eine andere Frau „Sonne, Mond und Morgenstern" buchstäblich zur Welt bringt, so spiegeln diese Bilder die Literatur der wahren Braut wider und ihre Verbindung zu transzendenten Bereichen. Eine ähnliche Bedeutung haben auch der Sternenring, die Sternenkrone und das Sternenkleid.

Das Märchen kennt aber auch astrologische Zusammenhänge: „Was in den Sternen steht, ist unauslöschlich", so ein bulgarischer Märchentitel. Damit soll jedoch nicht dem Fatalismus das Wort geredet werden – vielmehr wird die Sternenaussage stets nur durch den wandernden Menschen verwirklicht, nur durch sein Sein und Handeln gewinnt sie Gestalt.

Das Festmärchen: Der Turm zu den Sternen

Es war einmal ein König, der hatte lange Zeit vergeblich auf einen Erben gewartet. Und als seine Frau keine Kinder bekam, ließ er die Weisen des Landes rufen, um sie zu befragen, was da zu machen sei. Und alle wussten keinen Rat, sondern meinten nur, hoch oben im Gebirge, da lebe ein alter und erfahrener Einsiedler, der könne vielleicht einen Rat wissen. Der König schickte also nach dem Alten, aber die Diener kehrten zurück und berichteten, der Einsiedler sei schon so alt und gebrechlich, dass er den mühsamen Weg vom Gebirge herab nicht mehr machen könne.

Da ließ der König sich ein Maultier satteln und ritt selbst ins Gebirge hinein. Er musste drei Tage reiten und dann sein Maultier stehen lassen. Von einem erfahrenen Mann des Gebirges begleitet, stieg er weitere drei Tage, bis er endlich zu dem Einsiedler gelangte, der auf der Spitze eines hohen Berges eine kleine Kapelle und eine noch winzigere Hütte daneben hatte.

Der König betrat die Kapelle, wo der Einsiedler gerade betete, grüßte den Alten und sagte: „Frommer Mann, kannst du mir einen Rat geben. Man sagt …" – „Falsch! Falsch!" entgegnete der Alte. „Schweig und bete!" Da kniete der König hin, und nachdem er lange, lange geschwiegen und gebetet hatte, stand der Alte auf und sagte: „So ist's richtig. Komm!" Er führte ihn aus der Kapelle heraus und in sein Hüttchen hinüber. „Ich weiß schon, was du willst“, begann der Alte zu sprechen, „du sorgst dich um dein Erbe, weil deine Frau bis auf den heutigen Tag kein Kind geboren hat.“

„Ja, so ist’s, frommer Mann“, sagte der König. Da öffnete der Alte eine Truhe, suchte lange darin und zog schließlich eine getrocknete Feige und eine Nuss heraus. Zum König aber sagte er: „Hier gebe ich dir zwei Früchte. Nun pass auf: Wenn deine Frau die Feige isst, wird sie einen Sohn gebären, und wenn sie die Nuss isst, wird sie eine Tochter bekommen. Aber beides ist gefährlich. Du musst nämlich wissen: Wenn dein Sohn 18 Jahre alt ist, wird er auf der Jagd einen Unfall erleiden und daran sterben. Und wenn das Mädchen 14 Jahre alt ist, wird man sie euch rauben, es sei denn, du passt gut auf sie auf.“

Da bedankte sich der König bei dem Alten für seinen Rat und für seine Gaben und machte sich mit seinem Begleiter auf den Rückweg. Als er in seinem Schloss angekommen war, zeigte er der Königin die beiden Früchte und sagte: „Sieh hier diese Feige! Wenn du sie isst, so sollst du eine Sohn bekommen.“ – „Gut, so werde ich diese Feige essen.“

„Aber dein Sohn wird nur 18 Jahre alt werden und dann auf der Jagd sterben.“ – „So werde ich die Feige lieber nicht essen.“

„Und sieh diese Nuss: Wenn du sie isst, wirst du ein Mädchen zur Welt bringen.“ – „So werde ich die Nuss essen.“

„Aber wenn das Mädchen 14 Jahre ist, wird man sie uns rauben.“ – „Besser ein Mädchen, das geraubt wird, als ein toter Sohn“, sagte die Königin und aß die Nuss, und nach neun Monaten hat sie ein Kind geboren, ein allerliebstes Mädchen.

Den König aber hat die Sorge geplagt, das Mädchen könne ihm geraubt werden. Nachdem er lange nachgedacht hatte, ließ er den besten Baumeister rufen und die besten Maurer und sprach: „Baut mir einen Turm, einen Turm, der bis zu den Sternen reicht!“ Man hat begonnen, auf festem Felsengrund einen Turm zu bauen. Als er so hoch war wie ein hoher Baum, hat der König seine Tochter und deren Dienerin hineinbringen lassen. Dann ließ er den Eingang bis auf eine kleine Öffnung zumauern, durch die man Essen und Trinken reichen konnte. Der Baumeister und einige Maurer aber wurden mit eingemauert.

Da sie nun keine Steine mehr holen konnten, befahl der Baumeister ihnen, aus dem Felsgrund Steine zu brechen. Und je höher der Turm nach oben wuchs, desto tiefer reichte unten eine Treppe in den Fels hinab. Drei Tage, ehe die Königstochter 14 Jahre alt wurde, sagte der Baumeister zu ihr: „Prinzessin, der Turm reicht nun bis zu den Sternen. Höher können wir nicht bauen.“ – „Ich danke dir“, sagte die Königstochter, „es ist gut. Ich werde hinaufsteigen und dann werden wir weitersehen.“

Gemeinsam mit ihrer Dienerin stieg sie die steile Treppe im Inneren des Turmes hinauf, und als sie oben zur Plattform kam, da reichte der Turm bis zu den Sternen.

Das Mädchen schwang sich über die Brüstung und ging auf den nächsten Stern zu. Als sie näher kam, sah sie, dass dort ein kleines Haus mit einem erleuchteten Fenster stand. Sie trat heran und klopfte an die Tür. Ein schöner Jüngling öffnete und fragte: „Wer bist du? Woher kommst du? Und was willst du?" Da antwortete die Königstochter: „Ich bin die Prinzessin; ich komme von unten, denn man hat mich mit meiner Dienerin in jenem Turme da drüben eingemauert. Und ich will in die Welt gehen. Aber wer bist du?" – „Ich bin der Morgenstern. Hier vom Himmel führt kein Weg hinunter zur Welt. Aber mein Bruder, der Abendstern, der dort drüben wohnt, weiß vielleicht, wie man hinunterkommt, denn er hat mehr gesehen als ich. Warte, ehe du gehst, will ich dir etwas schenken. Schau her: Ich gebe dir diesen silbernen Stein. Wenn du einmal in Not kommst, dann reibe ihn, und ich werde kommen und dir helfen."

Da bedankte sich die Prinzessin beim Morgenstern und ging mit ihrer Dienerin auf den nächsten Stern zu. Dort klopfte sie an die Tür des Hauses, und wieder öffnete ihr ein schöner Jüngling und fragte:

„Wer bist du? Woher kommst du? Und was willst du?" – „Ich bin die Prinzessin und komme von unten. Mein Vater hat mich zusammen mit meiner Dienerin in jenem Turm dort drüben eingemauert. Und ich will in die Welt gehen." Da sagte der Abendstern: „Hier vom Himmel führt kein Weg hinunter in die Welt. Aber wenn du unsere Mutter, die Mondfrau, fragst, sie hat mehr gesehen als wir und kann dir vielleicht einen Weg in die Welt zeigen. Von mir aber sollst du hier diesen Stein annehmen. Wenn du in Not gerätst und ihn reibst, dann komme ich und werde dir helfen." – „Ich danke dir. Nun sage mir aber auch noch: Wo treffe ich deine Mutter, die Mondfrau?" – „Unsere Mutter ist viel unterwegs und kommt nicht immer hierher. Aber du hast Glück, denn diese Nacht wird sie kommen und zwischen unseren Häusern hindurchgehen."

Da wartete die Prinzessin, bis es am Himmel etwas heller wurde, und da sah sie die Mondfrau kommen. Sie ging auf sie zu und grüßte sie: „Großmutter, ich wünsche dir viel Glück!" – „Wer bist du? Woher kommst du, Töchterchen? Und was willst du?" – „Ich bin die Prinzessin", sagte das Mädchen, „und ich komme von unten. Mein Vater hat mich im Turm eingesperrt, und ich möchte in die Welt gehen." – „Was willst du in der Welt?", sagte die Mondfrau, „die Welt ist gefährlich! Du bleibst besser hier, wo wir für dich sorgen können." – „Nein, ich möchte nicht hier bleiben. Ich will hinunter zu den Menschen."

„Nun gut“, sagte die Mondfrau, „wenn du das durchaus willst, so geh zurück zu deinem eigenen Turm! Wenn du die Treppe hinabsteigst bis dorthin, wo es nicht mehr weitergeht, so wirst du vor einem großen Stein stehen. Nimm hier diesen goldenen Hammer und klopfe damit gegen den Stein, so wird er sich öffnen. Dann wirst du einen unterirdischen Gang erblicken. Er ist so finster, dass keine Fackel und keine Kerze ihn erhellen kann. Aber nimm hier diesen goldenen Stein, er wird dir leuchten. Wenn du eine Weile gegangen bist, so wirst du zu einer Kammer kommen, in der ein gewaltiger Drache haust. Leuchte ihm mit dem Stein in die Augen, und er wird einschlafen. Hinter der Kammer wirst du eine Treppe finden, und die führt hinauf zur Welt.“

Da bedankte sich das Mädchen, ging mit ihrer Dienerin zurück zum Turm, schwang sich über die Brüstung und begann die Treppe hinunterzusteigen. Als sie am Ende der Treppe angekommen war, sah sie eine große Steinplatte. Sie nahm den Hammer und schlug damit gegen den Stein, da öffnete er sich, und die Prinzessin sah einen finsteren Gang. Da holte sie den goldenen Mondstein heraus, und sogleich war alles hell wie am Tage. Sie gingen den Gang entlang, lange, lange. Am Ende des Ganges war eine Tür, die führte zur Kammer des großen Drachen. Sie öffnete sie – und da lag der Große Drache! Sie hielt den goldenen Stein in die Höhe, da wurde er geblendet und musste die Augen schließen, und dann schlief er ein.

Die Königstochter aber ging mit ihrer Dienerin durch den Wald hindurch und gelangte in eine Stadt. Am Rande der Stadt stand ein Häuschen, in dem ein alter Mann und eine alte Frau wohnten. Dort klopften die Mädchen an, baten um eine Unterkunft und wurden wohl aufgenommen. In der Nacht aber, als sie schliefen, erwachte der Drache wieder. Und nachdem er sich den Schlaf aus den Augen gewischt hatte, erinnerte er sich an die Hübsche, die ihn geblendet hatte. „Warte nur, dich erwische ich schon!“, sprach er bei sich. Er machte sich auf, stieg die Treppe hinauf und folgte den Spuren der beiden Mädchen bis zum Hause jener Alten. Und als er zum Fenster blickte, sah er die schlafende Königstochter. Er öffnete leise, leise die Tür, ergriff die Königstochter so sanft, dass sie es gar nicht merkte, und trug sie in seine Kammer.

Am Morgen – es war der Tag, an dem die Königstochter 14 Jahre wurde – erwachte sie zu ihrem Schrecken in der Kammer des großen Drachen, und der sagte zu ihr: „Du wirst diese Kammer nie mehr im Leben verlassen, wenn du mich nicht heiratest.“ – „Das werden wir ja sehen“, sagte die Königstochter, und heimlich griff sie in ihre Tasche nach den silbernen Steinen und rieb einen davon.

Da erschien der schöne, lichte Morgenstern und fragte: „Königstochter, bist du in Not?“ – „Ja, dieser Drache will mich nicht freilassen, und er will, dass ich ihn heirate." – „Königstochter, ich will versuchen, dir zu helfen. Drache, was verlangst du, dass du die Prinzessin wieder freilässt?" – „Wenn sie mich schon nicht heiraten will, so soll sie mir wenigstens den goldenen Stein geben, mit dem sie mich geblendet hat." – „Königstochter, gib ihm den goldenen Stein!" Das Mädchen gab dem Drachen den goldenen Mondstein (und seit jener Zeit findet sich Gold in den Tiefen der Erde). Dann ließ der Drache die Königstochter frei, und der Morgenstern geleitete sie an die Oberfläche der Erde zurück; dann verabschiedete er sich und stieg wieder zum Himmel empor.

Das Mädchen aber kam gerade zum Haus der beiden Alten, als diese aufstanden. Sie gab dem Alten den silbernen Stein des Morgensterns und sagte: „Geh in die Stadt zu einem Goldschmied und verkaufe diesen Stein. Und dann höre dich um, was es in der Stadt Neues gibt!" Der Alte tat, was ihm das Mädchen aufgetragen hatte, und er kam mit der Nachricht zurück: „Der Sohn unseres Königs ist gefangen genommen worden und ist in einem Schloss im Maurenland eingesperrt. Und unser König hat demjenigen, der ihn befreit, das halbe Königreich versprochen." Da sagte die Königstochter: „Geh noch einmal in die Stadt und kaufe Männerkleider in meiner Größe, denn ich will ausziehen und sehen, ob ich den Königssohn befreien kann." Wiederum ging der Alte und kaufte alles, was nötig war. Und nachdem die Prinzessin sich umgezogen hatte, sah sie wie ein hübscher Bursche aus. Sie bestieg ein Schiff und fuhr ins Maurenland.

Als sie dort angekommen war, ging sie in die Stadt, wo großer Jubel herrschte, weil man den Sohn des anderen Königs gefangen genommen hatte. Und man würde ihn nur freigeben gegen viel Geld und viel Land und viele Menschen als Sklaven. Die Prinzessin fand bald heraus, dass der Gefangene im tiefsten Kerker eines Schlosses lag, das auf einem hohen Felsen stand und so von Wachen umgeben war, dass niemand unbemerkt in es eindringen konnte. Da besann sich das Mädchen des goldenen Hammers, den ihr die Mondfrau gegeben hatte. Und in einer Vollmondnacht ging die Königstochter zum Fuße des Felsens, auf dem das Schloss stand. Sie schlug mit dem goldenen Hammer dagegen, und alsbald tat sich vor ihr ein Gang auf, der führte in den Kerker, wo der Königssohn gefesselt dalag. Er war mit Ketten an den Stein geschmiedet und konnte sich kaum bewegen. Die Prinzessin trat zu ihm, berührte seine Ketten mit dem Hammer, und sie fielen ab. Dann nahm sie ihn bei der Hand und sprach: „Sei still und folge mir!"

Sie führte ihn durch den Felsen hindurch und zum Hafen. Aber dort war ihr Schiff abgefahren, und sie wussten nicht, wie sie das Meer überqueren sollten. Sie gerieten in große Angst und fürchteten, dass mit dem Morgenlicht die Mauren kommen und sie beide gefangen nehmen würden. Da erinnerte sich die Königstochter des anderen silbernen Steines und rieb ihn. Und da stand der schöne lichte Abendstern und frage: „Königstochter, du bist in Not?“ – „Ja“, sagte sie, „wir wissen nicht, wie wir nach Haus gelangen sollen.“ – „Ich will euch sogleich helfen.“

Der Abendstern ließ eine silberne Barke erscheinen, und nachdem sie beide Platz genommen hatten, lenkte sie der Abendstern mit Windeseile zurück in ihre Heimat. Und noch ehe es Morgen war, waren sie in ihrer Stadt. Da sprach die Königstochter: „Ich bin ein Mädchen und kann dich nicht in Männerkleidern ins Schloss begleiten. Morgen aber werde ich kommen.“ – „Gut“, sagte der Königssohn, „morgen wirst du kommen und übermorgen werden wir heiraten.“ Und während er ins Schloss zurückging, kehrte das Mädchen zu den beiden Alten zurück. Dort ging es ans Erzählen. Die beiden Alten konnten es kaum glauben, dass das Mädchen den Königssohn befreit hatte, und sie musste ihnen alles genau berichten.

Die Dienerin der Königstochter aber wurde von Neid ergriffen, dass ihrer Herrin alles so gut geriet. Sie mischte ihr ein Schlafmittel in den Wein, den jene zu trinken wünschte. Am nächsten Morgen schlief ihre Herrin so tief, dass nichts sie zu wecken vermochte. Die Dienerin aber zog die Kleider der Königstochter an, ergriff den goldenen Hammer und ging zum Schloss. Dort herrschte großer Jubel, weil der Königssohn kurz vor Mitternacht heimgekommen war, und die wunderbare Geschichte seiner Befreiung und Rettung machte die Runde. Die Dienerin wurde mit großen Ehren empfangen und in den Saal geleitet, wo der König mit seinen beiden Söhnen beim Frühstück saß. Der König sagte: „Du sollst meinen Sohn heiraten und meine Schwiegertochter werden.“ Der Königssohn aber sah das Mädchen an und sagte: „Im Mondlicht hast du ganz anders ausgesehen. Du bist nicht diejenige, die mich befreit hat.“ – „Und ob ich es bin!“, sagte die Dienerin. „Sieh hier den goldenen Hammer, mit dem ich dich befreit habe.“

Der alte König strich sich den Bart und sprach: „Nun wollen wir sehen, ob du die Richtige bist. Sage mir, wie bist du in das Gefängnis eingedrungen?“ – „Ich schlug mit dem goldenen Hammer gegen den Felsen, und er tat sich auf“, sagte die Dienerin. „Und wie seid ihr zu einem Schiff an der Küste des Maurenlandes gekommen?“ – „Ich rieb den silbernen Stein, und der Abendstern brachte uns eine Barke.“ – „Und wo bist du an Bord gesessen?“, fragte der König, „auf Backbord oder auf Steuerbord?“ – „Auf Steuerbord“, sagte die Dienerin. „Falsch!“, schrie der Königssohn, „auf Steuerbord bin ich gesessen! Die Befreierin ist auf Backbord gesessen!“ Die Dienerin beteuerte zwar, sie habe sich vielleicht getäuscht. Aber der König schickte aus, um zu forschen, wo das andere Mädchen sei. Man fand sie im Haus der beiden Alten und brachte sie schlafend ins Schloss. Und kaum hatte der Prinz das Mädchen gesehen, da rief er: „Diese hier ist meine wahre Befreierin!“

Man musste noch bis zum Abend warten, bis die Königstochter wieder wach wurde. Dann aber war die Freude groß, und man beschloss, alsbald Hochzeit zu halten. Als die Königstochter hörte, was ihre Dienerin getan hatte, schickte sie sie in ein anderes Land, und niemals durfte sie wiederkommen. Dann aber wurde die Hochzeit mit großer Freude gefeiert. Und man erzählt sich, dass bei diesem Fest auch der Morgenstern und der Abendstern als Gäste zugegen waren.

(Märchen aus dem Baskenland)

Die Festvorbereitung

„Ein richtiges Fest holt den Himmel auf die Erde“[53] – dieser Satz passt sehr gut zu einem Sternenfest. Sternenfeste im Dezember haben eine lange Tradition: In vorchristlicher Zeit wurde im Nahen Osten das Fest der sternenübersäten Göttin Astarte, im Aramäischen das der Attar-Samayin gefeiert, die „der Morgenstern am Himmel“ genannt wurde; Advent und Weihnachten sind ebenfalls eng mit dem Bild des Sterns verknüpft. Ein Sternenfest zum Geburtstag kann auch an die erste Sternstunde eines Menschen, an seine Geburt, erinnern.

Die Einladung

Bitten Sie die Gäste, Sternengedichte, Erinnerungen an Sternenerlebnisse und Sternstunden mitzubringen. Legen Sie zwei Sterne (Durchmesser ca. 8–10 Zentimeter) aus dünnem gelbem Papier mit langen Zacken bei mit der Bitte, in ihre Mitte (mit Kugelschreiber oder wasserfestem Stift) je einen Dank und einen guten Wunsch für das Geburtstagskind zu schreiben. Auf den einen Stern etwa: „Danke für dein hilfreiches Zuhören!“ – Auf den anderen: „Ich wünsche dir im neuen Jahr schöne Begegnungen!“ – Wenn Sie malen wollen, bitten Sie noch um Farbkreiden, wenn Sie basteln wollen, um Scheren.

Bausteine für ein Sternenfest

1. Tänze: Besonders geeignet sind Tänze, die einen Stern abbilden. Sie können durchaus auch den „Sonnengesang" (siehe S. 30) als Sternentanz deuten.

2. Vorstellungsrunde: Jeder zieht ein Kärtchen mit einem Sternennamen und stellt sich vor, indem er den Sternennamen an seinen Vornamen anhängt, z. B.: „Ich heiße Christa Andromeda." Und wenn dabei ein männlicher Vorname und ein weiblicher Nachname zusammenkommen – oder auch umgekehrt –, schadet das nichts, die Namen können im Sinn von weiblichen und männlichen Persönlichkeiten verstanden werden.

3. Die Zaubersterne (Übergangsritual): Alle Gäste falten die Zacken ihrer mitgebrachten Sterne nach innen, dann legt der erste seine Sterne auf das Wasser in der Schale: Langsam entfalten sich die Zacken von selbst wieder, und der Gast kann nun seinen Dank und Wunsch laut vorlesen oder dem Ehrengast ins Ohr flüstern. Wenn Sie viele Gäste haben, können auch alle Sterne gleichzeitig in die Schale gelegt und Wünsche und Dankesworte nach dem Entfalten vorgelesen werden. Zuletzt kann das Geburtstagskind selbst seine beiden Sterne beschriften und sich öffnen lassen.

4. Teerunde: Reichen Sie dazu sternförmiges Gebäck und regen Sie an, dass „Sternenerlebnisse" erzählt werden. Vielleicht möchte das Geburtstagskind auch von einer „Sternstunde" seines vergangenen Lebensjahres berichten.

5. Einen Sternenhimmel gestalten: Kleben Sie allen einen goldenen Stern auf die Stirn. Sie werden mit Staunen sehen, wie verändert und schön die Menschen dadurch aussehen werden. Geben Sie ihnen noch ein bis zwei dünne Tücher in die Hand: „Ihr seid jetzt Sterne, und die Tücher in eurer Hand sind eure Lichtstrahlen." Nun wird Barockmusik eingespielt. Vorschlag: Johann Sebastian Bach, „Air"; Händel, Menuett aus „Berenice". Alle bewegen sich dazu frei und ziehen wie Gestirne ihre Bahnen.

Anschließend legen Sie mit den Tüchern auf einem blauen Tuch als Untergrund einen Sternenhimmel aus. Sie können die „Liebesrosen" vom Hochzeitsritual (siehe S. 185 f.) auch als Sterne deuten und so besonders schöne Sterne entfalten.

6. Das Festmärchen: „Der Turm zu den Sternen" wird erzählt oder vorgelesen.

7. Märchenbild: Lassen Sie die Bilder des Märchens mit geschlossenen Augen noch einmal am inneren Auge vorbeiziehen. Dazu klingt leise ein Gong oder wird ein Regenrohr sanft geschüttelt. Zuletzt werden alle gebeten, noch einmal vom Turm der Königstochter aus auf die Sterne zu schauen. – Danach teilen alle mit, welches Bild für sie am wichtigsten war, und malen es. Zuletzt werden die Bilder betrachtet. Wer möchte, kann etwas zu seinem Bild und dazu, was ihn in diesem Märchen bewegt hat, erzählen.

8. Sterne basteln: Anstatt zu malen, können Sie auch einfache Sterne basteln lassen. Dabei kann man sich auch gut über das Märchen unterhalten.

9. Sternenmusik: Je nach Gästezahl legen sich das Geburtstagskind und drei bis vier Gäste rücklings auf den Boden, und zwar mit dem Kopf zur Mitte. Sie reichen einander die Hände, so dass ein Stern mit vier oder fünf Zacken entsteht.

Die übrigen Gäste stehen im Kreis um sie und singen oder summen die vokale A, E, I, O, U. Sie können jeweils in der Atempause Tonhöhe und Vokal wechseln. Es wird eine wunderbare „Sternenmusik" entstehen, welche die Menschen auf dem Boden in ein wohltuendes Klangbild einhüllt. Dann kommen andere Gäste an die Reihe. Wenn der Ehrengast möchte, kann er zuletzt noch einmal allein in die Mitte und bekommt als kostbares Geschenk eine besonders liebevoll gesungene Sternenmusik.

10. Abendessen: Sie können die Mahlzeit mit dem Vorlesen von Sternengedichten beenden.

11. Das Sternenritual (in Anlehnung an ein Ritual des japanischen Milchstraßenfestes Tanabata): Alle schreiben den Namen eines geliebten Menschen auf einen der Notizzettel und vielleicht auch einen Wunsch dazu. Möglich sind auch Zettel für weitere Menschen. Die Zettel werden mit den Wollfäden an einen großen Zweig gebunden. Diesen stecken Sie im Garten in die Erde, so dass alle ihn umschreiten können. In der Nacht können die Wünsche so zu den Sternen gelangen. Am nächsten Tag werden die Zettel ungelesen dem Feuer der Verwandlung anvertraut.

12. Sternenspaziergang: Machen Sie sich unter dem Nachthimmel zu einem Schweigespaziergang auf. Sie können ihn damit beenden, dass alle sich im Kreis aufstellen und die Hände dem Licht der Sterne entgegenhalten. Dabei kann folgender keltischer Segen gesprochen werden[54]:

Segen der Erde mit dir.
Segen des Meeres mit dir.
Segen des Windes mit dir.
Segen der Bäume mit dir.
Segen des Wassers mit dir.
Segen der Felsen mit dir.
Segen der Sterne mit dir.
Siebenfacher Segen komme über dich
Und über alles, was dir lieb ist.

Materialliste

Für 2.: Kärtchen mit (männlichen und weiblichen) griechischen Sternnamen, die Sie einem Sternatlas entnehmen können.
Für 3.: Eine große flache Schale mit Wasser. Für das Geburtstagskind zwei zusätzliche Sterne. Sie sollten vorher ausprobieren, ob das Papier geeignet ist bzw. ob die Zacken sich rasch entfalten, wenn der Stern auf das Wasser gelegt wird.
Für 5.: Für jeden Teilnehmer einen selbstklebenden Dekorationsstern (Haftetiketten aus der Papeterie), eine Sammlung dünner Tücher, ein großes dunkelblaues Tuch als Himmel, Musik.
Für 7.: Farbkreiden, weißes und azurblaues Zeichenpapier.
Für 8.: Material für die Sterne, Klebstoff, Scheren, Unterlagen.
Für 10.: Sternengedichte
Für 11.: Einen großen Zweig, Notizzettel, die an einer Ecke einmal gelocht sind, sowie Wollfäden zum Aufhängen.

Feste für andere Lebensübergänge

An zwei Beispielen soll gezeigt werden, wie einfach die Programme der Geburtstage auch für andere Gelegenheiten variiert werden können. So wird das Rosenfest zu einem Rosenritual für die Nachfeier einer standesamtlichen oder kirchlichen Trauung. Das Programm des Wurzel- und Flügelfestes kann leicht zu dem eines Abschiedsfestes umgestaltet werden. Darüber hinaus werden Programmvorschläge für die private Nachfeier bei einer Taufe und bei einer Bestattung gemacht – diese Programme fallen jedoch etwas kürzer aus, weil die „offizielle" Feier ihrerseits schon viel Zeit in Anspruch nehmen wird. Mit den Geburtstagsfesten und diesen vier weiteren zusätzlichen Festvorschlägen bekommen Sie ein Handwerkszeug an die Hand, mit dem Sie in Zukunft Ihre eigenen Themen in Feste umsetzen können.

Hochzeit: Ein Rosenritual

Vollendung

Liebste, ich schenk' dir
Meine Männlichkeit
Die Seele
Die durch meinen Körper spricht
Indes du mich empfängst als Frau
Bereit
In Liebe
Zu vollenden dies Gedicht

Liebster, ich schenk' dir
Meine Weiblichkeit
Die Wärme
Die aus meinem Herzen spricht
Indes verwandelt unsere
Einsamkeit
Die Liebe in vollendet Licht

Was erzählen die Volksmärchen von Hochzeiten?

Märchen als „poetische Zeugnisse gelebten Lebens“[55] erzählen oft von einer Hochzeit; es wäre aber zu kurz gegriffen, die Märchenhochzeiten nur mit Sitte und Moral einer patriarchischen Kultur erklären zu wollen: Die Hochzeit im Märchen ist vielmehr ein zentrales Ereignis und oft Höhe- oder Schlusspunkt einer Geschichte. Hier seien die einzelnen Entwicklungsstadien beschrieben, die der Hochzeit im Märchen vorausgehen bzw. ihr nachfolgen.

Der Beginn der Liebe

Viele Märchen schildern die Entwicklung eines Menschen vom Ende der Kindheit bis zum liebes- und verantwortungsfähigen Erwachsenenalter. In diese Zeit fällt auch das erste Verlieben. Es wird in den Märchen oft so beschrieben, dass der Held durch ein gemaltes Bildnis, durch ein Traum- oder Spiegelbild „entflammt“ wird. Die Prinzen brechen dann auf, um in weiter Ferne die unbekannte „Schöne der Erde“ oder „Die Tochter des Königs vom Siebenstern“ zu finden, wobei diese Bräute oft zuerst noch befreit werden oder erlöst werden müssen.

Die Suchwanderung

Es beginnt eine Wanderung ins Ungewisse, voller Gefahren und meist mit tödlicher Bedrohung. Sie ist auch ein Weg der Erprobung: Nur die wahrhaft Liebenden – und das sind im Märchen oft der dumme Sohn oder die verachtete Stieftochter – erreichen das Ziel, denn sie handeln aus anderem Bewusstsein heraus als ihre weltklugen Brüder und Schwestern. Sie wissen sich als Teil der Schöpfung, helfen selbstverständlich und ohne Berechnung, nehmen Rat und Hilfe an und äußern stets auch ihren Dank. So gewinnen sie Helfer und Begleiter, die ihnen bei der Lösung der gestellten Aufgaben beistehen und sie in jeder Gefahr beschützen. Die weltklugen Brüder und Schwestern jedoch scheitern auf diesem langen Reifungsweg.

Die Hochzeit

Wenn aber die Erlösung gelungen ist, wenn ein Paar zur Liebe und zueinander gefunden hat, wenn zuvor Getrenntes sich vereinigen kann – dann wird im Märchen „mit der größten Freude“ die Hochzeit gefeiert. „Erfüllte Liebe als Höhepunkt des Lebens ist auch das Ziel des Weges, den viele Märchen erzählen, freilich eines Weges, der durch viele Höhen und Tiefen führt, bis sich die Liebe bewährt und bewahrheitet hat.“[56] Auch im Märchen wird bei der Hochzeit ein Ritual der Freude, der Liebe und der Treue gefeiert, das die Beziehung der beiden Partner in eine klare Form bringt. An dieser Freude nimmt auch das ganze Volk teil, es feiert mit und wird so Zeuge des vollzogenen Übergangs in eine neue Lebensform.

Trennung und Wiedervereinigung – oder die erneute Hochzeit

Viele Märchen enden nicht mit der Hochzeit, sondern schildern in symbolischen Bildern, wie Mann und Frau danach miteinander umgehen. Sie berichten von räumlichen Trennungen, erneuten Verzauberungen, „falschen“ Bräuten, von Verleumdung und Untreue. Sie schildern Höhen und Tiefen des Ehelebens als eine erneute lange Suchwanderung. So muss die junge schwangere Frau etwa einen eisernen Stab bis zum Knauf abstoßen, eiserne Schuhe durchlaufen, einen eisernen Kessel mit ihren Tränen füllen und bis an der Welt Ende gehen, ehe sie ihren Liebsten wiederfindet. Oft muss auch der Mann auf gefahrvollen Wegen seine entschwundene Frau wiederfinden, ehe eine zweite Wiedervereinigung gefeiert werden kann. Einander finden, einander verlieren, einander wiederfinden und erneut verlieren … – dies wird von den Märchen in stets neuen Varianten als unvermeidliche Schwierigkeit „auf dem steinigen Weg zu einer glücklichen Beziehung“[57] geschildert.

Das Festmärchen: Die blaue Rose

Vor langer Zeit lebte in China ein Kaiser, der hatte zwei Kinder, einen Sohn und eine Tochter. Der Sohn war bereits verheiratet und hatte Kinder. Die Tochter aber war noch nicht vermählt, und der Kaiser wünschte sie mit einem ebenbürtigen Mann zu verheiraten, bevor er starb.

Diese Tochter war weit und breit berühmt wegen ihrer Schönheit. Sie hatte schöne braune Augen, und ihr Lachen klang wie Silberglocken. Ihre Füße waren die schmalsten, die man finden konnte. Obendrein war sie ebenso weise wie schön und sang die Lieder der größten Künstler wie niemand sonst im Land. Aber heiraten wollte sie nicht.

Sobald bekannt wurde, der Kaiser suche einen Freier für seine Tochter, kamen viele Jünglinge in den Palast des Kaisers. Der Minister empfing sie alle, führte sie in ein Gemach und erklärte ihnen, die Tochter des Kaisers gewinne nur derjenige, der ihr eine blaue Rose bringe. Diese Bedingung habe sie selber gestellt. Die erstaunten Freier fragten sich untereinander, wo sie wohl die blaue Rose finden könnten. Die meisten verzichteten sofort. Einige versuchten es, aber sie gaben es sehr bald wieder auf. So blieben zuletzt nur noch drei Freier übrig.

Der eine war ein reicher Kaufmann. Er ging in den größten Bazar und verlangte dort eine blaue Rose. Der Händler entschuldigte sich mit vielen Verbeugungen. „Eine blaue Rose habe ich noch niemals gehabt." Aber der Kaufmann befahl ihm, eine blaue Rose herbeizuschaffen, koste es, was es wolle. Der Händler versprach, sein Bestes zu tun.

Der zweite Freier war ein Krieger. Er setzte sich auf sein starkes Ross und ritt mit hundert Reitern zum Land der fünf Flüsse; dort regierte ein König, der die wertvollsten Schätze der Welt sein Eigen nannte. Der mutige Krieger verlangte aus diesen Schätzen eine blaue Rose und drohte, das Land zu vernichten, wenn er sie nicht erhalte. Der König, der nicht kämpfen wollte, er war ein friedfertiger Mann, übergab dem Fremden eine kostbare Edelsteinrose; und der Freier verließ mit diesem Edelstein das fremde Land. Er ging zum Palast, wurde sofort dem Kaiser vorgeführt und erzählte ihm sein Abenteuer. Der Kaiser rief seine Tochter. „Hier ist ein tapferer Held mit einer Rose. Hat er seine Aufgabe erfüllt?" Die Prinzessin nahm den kostbaren Stein in ihre schmalen Hände. Dann sagte sie: „Das ist keine Rose. Das ist ein Saphir, ein Edelstein. Solche Dinge habe ich genug." Sie dankte dem Krieger höflich, und der Freier verließ das Schloss.

Kaum hatte der Kaufmann von der Niederlage des Kriegers gehört, ging er aufs neue zum Händler und verlangte die blaue Rose. „Wenn du sie findest, werde ich dich reich und mächtig machen, denn dann bin ich der Schwiegersohn des Kaisers. Andernfalls aber töte ich dich." „Gib mir drei Tage Zeit", flehte der Händler, „ich werde die blaue Rose bestimmt finden." Der Kaufmann gab ihm drei Tage Zeit. Der arme Händler wusste ganz genau, dass es keine blauen Rosen gab, und am dritten Tag ging er zu seiner Frau und klagte ihr sein Leid.

Diese Frau nun war sehr klug. Sie ließ von einem zauberkundigen Mann eine Flüssigkeit herstellen, tränkte den Stiel einer weißen Rose darin und siehe, die Rose wurde blau. Der Kaufmann eilte mit der blauen Rose in den Kaiserpalast. Wieder fragte der Kaiser seine Tochter: „Schau, die herrliche blaue Rose! Hat dieser Freier die Aufgabe zu deiner Zufriedenheit vollbracht?" Die Prinzessin nahm die Rose in ihre Hand, und dann sagte sie: „Nein! Die Rose wurde künstlich gefärbt. Sie hat ihre weiße Farbe in Blau verwandelt. Wenn sich Vögel oder Schmetterlinge auf sie setzen, müssten sie sterben. Nehmt die Rose zurück." Der Kaufmann musste beschämt den Palast verlassen.

Der dritte Freier war ein sehr geschickter Staatsmann. Er rief den besten Künstler des Landes zu sich und sagte zu ihm: „Schaffe mir einen Becher von feinstem Porzellan, weich in den Farben und vollendet in Form, und male darauf eine blaue Rose." Der Künstler arbeitete drei Monate an dem Becher und schuf das Schönste, was er je geschaffen hatte. Der Staatsmann hatte große Freude an dem Becher und eilte beglückt ins Schloss. Der Kaiser ließ wieder seine Tochter kommen, stellte ihr den Freier vor und fragte, ob dieser seine Sache recht gemacht habe.

Die Prinzessin nahm den Becher in ihre Hände und sprach: „Es ist das vollendetste Kunstwerk, das ich je gesehen habe. Ich werde es aufbewahren, denn dieser Becher ist würdig, die blaue Rose dereinst aufzunehmen." Auch dieser Freier war enttäuscht. Doch dankte er der Prinzessin herzlich, dass sie seine Gabe angenommen hatte, und zog von dannen.

Nicht lange danach kam ein Wandersmann am Kaiserpalast vorüber. Er hatte noch nichts von der Geschichte mit der blauen Rose gehört, sondern zog seines Weges, schlug die Laute und sang die Lieder, die ihm gerade in den Kopf kamen.

Es war Abend, und da er müde war und die Sonne herrlich unterging, setzte er sich an die Mauer des kaiserlichen Gartens, spielte und sang und lauschte zwischendurch dem Quaken der Frösche und dem Murmeln des Flusses.

Neben Weidenbäumchen stehe ich
Und sehe, wie der Abend sinkt.
Über den Fluss kommt in mein Herz
Ein Liebesname, den ich noch nie gekannt.

Und aus der Wiese steigt ein Vogel auf.
Hoch fliegt er über den Strom.
In seiner Silberflut seh ich ein Blau aufblitzen
Wie ich es nie gesehn.

Da hörte er hinter sich eine Pforte gehen, und eine schlanke Gestalt trat heraus. Sie führte ihn in den Schatten des Zedernbaumes, und sie wisperten und flüsterten sich unter den Sternen tausend Dinge zu, während die Nacht zerrann wie silberner Nebel. „Sowie der Morgen kommt, werde ich zu deinem Vater gehen und um deine Hand bitten", sagte er. „Ach", klagte die Unbekannte, „ich bin die Tochter des Kaisers und habe die Bedingung gestellt, dass mich nur derjenige heiraten darf, der mir eine blaue Rose bringt." Der Wanderbursche lächelte. „Das ist sehr einfach. Ich werde die blaue Rose finden."

Der Morgen kam, und er brach vom Wegrand eine weiße Rose, die brachte er in den Palast des Kaisers. „Dieser fremde Straßensänger bringt dir das, was er unter einer blauen Rose versteht. Willst du sehen, ob sie vielleicht die richtige ist?", sagte der Kaiser lachend.

Die Prinzessin nahm die taufrische Rose in die Hand, und ohne zu zögern, sprach sie: „Ja, das ist die blaue Rose, die ich haben wollte." Alle am Hofe protestierten, denn die Rose war weiß und nicht blau. „Ich weiß, dass die Rose blau ist", sagte die Prinzessin, und freundlich fügte sie hinzu: „Vielleicht seid ihr alle farbenblind." Der Kaiser beschloss, die Rose habe blau zu sein, da die Prinzessin Recht behalten sollte und keiner daran zweifeln durfte, weder die Astrologen noch die Wissenschaftler noch ihre Schüler.

Die Prinzessin und der Straßensänger heirateten einander und lebten glücklich in einem Haus am See mit einem Garten voll weißer Rosen, die sie zeitlebens „blau" nannten. Der Kaiser aber war zufrieden, da er seine Tochter glücklich wusste, und gerne den Liedern seines Schwiegersohnes lauschte.

(Märchen aus China)

Es ist umstritten, ob dieses Märchen, das nur in der Sammlung von Lisa Tetzner zu finden ist, ein echtes Volksmärchen ist. Es eignet sich jedoch vorzüglich für eine Hochzeit und spricht auch eine Schwierigkeit der Eltern des Paares an. Diese sind manchmal heimlich oder offen nicht ganz mit der Wahl der Braut oder des Bräutigams einverstanden. Dieses Problem wird nun in den Bildern dieses Märchens sehr versöhnlich aufgegriffen und zu einer guten Lösung gebracht. Es erzählt, dass die Prinzessin gerade mit dem zuerst vom Vater abgelehnten Freier glücklich wird.

Die Festvorbereitung

Die Rose eignet sich von ihrer doppelten Gestalt her (sie hat wie die Ehe Blüten und Dornen) in besonderer Weise für ein Ritual bei der geselligen Nachfeier einer Hochzeit (lesen Sie deshalb auch die Hinführung zum Rosenfest auf S. 95 ff.). Vielleicht wird dieses Ritual samt dem dazu benötigten Set Nylontüchern Ihr Hochzeitsgeschenk für das Brautpaar.

Bausteine für ein Rosenritual bei einer Hochzeit

(Dauer: ca. eine Stunde)
Sollten Sie ein Ritual *anstelle* der kirchlichen oder standesamtlichen Trauung suchen, möchte ich Ihnen das Hochzeitsritual empfehlen, das Diane von Weltzien in ihrem Buch „Rituale neu erschaffen" beschrieben hat.

Für eine Feier nach der Trauung schlage ich folgende Festbausteine vor:

1. Rosenspalier: Bitten Sie das Hochzeitspaar, kurz den Raum zu verlassen, und informieren Sie die Gäste über das Ritual. Lassen Sie jeden eine Rose wählen und sich so zu einem Spalier aufstellen, dass die Rosen mit ausgestreckten Armen wie ein Dach zur Mitte gehalten werden. Das Paar wird wieder hereingerufen und schreitet durch das Spalier, während alle ein Glückwunschlied singen, z. B. „Viel Glück und viel Segen auf all euren Wegen". Am Ende des Spaliers liegen auf einer einfarbigen Decke zwei Sitzkissen, auf die sich das Paar setzt.

2. Das Umschreiten des Paares: Alle Gäste singen weiter, ordnen sich dabei zu einem Kreis und umschreiten das Paar einmal. Den mitfeiernden Kindern macht es sicher Spaß, dabei das sitzende Brautpaar mit Rosenblättern zu bestreuen.

3. Der Strauß der guten Wünsche: Sagen Sie als Leiterin oder Leiter des Rituals einige kurze Worte zur Symbolik der Rosen: „So wie Rosen Dornen haben, hat auch jedes menschliche Zusammenleben seine Schwierigkeiten. Deshalb wollen wir euch für euren gemeinsamen Weg gute Wünsche mitgeben. Jeder Gast hat *ein* Wort frei: Wir wünschen euch also: Der erste Gast überreicht seine Rose und sagt etwa „Zärtlichkeit", der nächste Gast wünscht „Geduld", der dritte „Verständnis" usw. Zuletzt wird das Paar einen großen Strauß sichtbar gewordener guter Wünsche in den Armen tragen!

4. Die Liebesrosen: Ergreifen Sie nun wieder das Wort: „Wir wünschen euch, dass nach jedem Streit, nach jeder Entfremdung, eure Liebe immer wieder neu aufblühen möge – so wie jetzt rund um euch Liebesrosen aufblühen werden." Zeigen Sie nun allen, wie diese Liebesrosen entstehen:

- Nehmen Sie eines der Nylontücher und stecken Sie einen Mittelpunkt etwa 3 cm lang in eine hohle Faust.
- Die Finger sind um den Zipfel geschlossen, und die Faust wird nach oben gedreht. Das Tuch wird so darüber verteilt, dass es über Faust und Arm gleichmäßig nach unten hängt.
- Dann wird das Tuch mit dem Zeigefinger der anderen Hand in das Loch zwischen Daumen und Zeigefinger der Faust gestopft, bis es ganz darin verschwunden ist.
- Dann wird das Tuch mit beiden Händen in der geschlossenen Faust zusammengedrückt. (Dieser Druck gibt die Energie zum „Aufblühen")
- Knien Sie sich an den Rand des Bodentuches und öffnen Sie *langsam* die Faust, wobei die andere Hand mithilft, und lassen Sie so die erste Liebesrose aus beiden Händen hervorblühen. Legen Sie sie auf dem Tuch ab. Danach sollten nie mehr als zwei Rosen gleichzeitig aufblühen, während alle still zusehen. Dazu können Sie noch das Rosengedicht von S. 95 vorlesen.

5. Ein Rosenmärchen: „Die blaue Rose" wird erzählt oder vorgelesen. Anschließend an den Märchen-Vortrag können Sie den Wunsch äußern, dass die jungen Eheleute ebenso glücklich werden mögen wie die Kaisertochter mit ihrem Wandersmann. – Sollte Ihnen dieses Märchen zu blumig sein, passt auch „Der verwünschte Zarewitsch" von S. 97 ff.

Materialliste

Für 1.: Je Gast eine Rose, die Sie zuvor unten eine Handbreit von den Dornen befreit haben; eine einfarbige Decke und zwei Sitzkissen.

Für 2.: Evtl. kleine Körbe mit Rosenblättern für die Kinder.

Für 3.: Eine große Vase.

Für 4.: Je ein Tuch pro Gast, bei einer großen Hochzeit ein Tuch für je zwei Gäste. Üben Sie das Erblühen der „Liebesrosen“ zuerst für sich daheim.

Für 5.: Lesen Sie sich das Märchen laut vor, lernen Sie es möglichst auswendig.

Taufe: Ein Regenbogenfest

Regenbogen

Gespannt
Von der Erde zum Himmel zur Erde
Werde!

Zeigt
In der Vielfalt der Farben
Die Vielfalt des Lebens

Steigt
In den Himmel
Nichts ist vergebens

Fällt zurück zur Erde
Werde!

Zur Symbolik des Regenbogens

Einige wenige indianische Märchen schildern den Regenbogen als eine von der Sonne geschaffene Brücke, über die getrennte Liebende zueinander gelangen können. In europäischen Volksmärchen ist mir kein Regenbogenmotiv bekannt, deshalb seien hier nur allgemeine Hinweise gegeben, wie der Regenbogen in früherer Zeit verstanden wurde.

Weil der Regenbogen Himmel und Erde zu verbinden scheint, galt er den Germanen als Verbindungsbrücke, über welche die Götter zur Erde kamen. – Die griechisch-römische Mythologie verehrte in Iris eine Göttin des Regenbogens. Iris war auch eine Botin der Götter, besonders der Juno. – In der alttestamentlichen jüdischen Tradition ist der Regenbogen das „Garantiezeichen" Gottes, dass hinfort keine Sintflut mehr die Erde zerstören wird. – In der alten christlichen Malerei wird Christus (zum Zeichen des neuen Bundes Gottes mit den Menschen) manchmal auf einem Regenbogen sitzend dargestellt. In altkirchlichen Hymnen ist der Regenbogen ein Name Marias. „Sie wird in altkirchlichen Hymnen als *arcus pulcher aetheri* (schöner Bogen des Himmels, mit Wortspiel arcus-arca = Bogen-Arche) akklamiert."[58]

Das Lichtzeichen des Regenbogens verbindet also in vielen Mythologien Himmel und Erde. Der Regenbogen gehört zu allen Elementen und vereint ihre Gegensätze: das Feuer der Sonne mit dem Wasser des Regens. Er ist im Luftraum angesiedelt und reicht doch bis zur Erde. Er vereint alle Farben des Lichts – und damit auch alle Farben des Lebens. So wird er zu einem geeigneten Symbol für das, was wir unserem Täufling wünschen: ein buntes Leben in Fülle und Ganzheit, das Irdisches und Göttliches verbindet.

Bei diesem Programm werden so viele Geschichten erzählt, dass ein gesondertes Festmärchen in diesem Fall überflüssig ist.

Die Festvorbereitung

Für den Taufgottesdienst möchte ich Ihnen einen Tanz vorschlagen, denn meist sind auch ältere Kinder dabei, für die es schön wäre, die Berührung ihres „Engels" spürbar zu erleben. Bitte sprechen Sie aber zuvor mit dem Geistlichen ab, ob, wann und wo ein Tanz möglich ist. Vergessen Sie auch nicht, die Bewegungen vorher zu Hause zur Musik zu üben, so dass Sie ganz sicher sind. – Das Programm für die Nachfeier geht davon aus, dass nach der gemeinsamen Mahlzeit sicher nur noch eine beschränkte Zeit zur Verfügung stehen wird.

Die Einladung

Sie kann ebenso wie Ihre Dekoration mit einem Regenbogen geschmückt werden. Bitten Sie Ihre Gäste, im Taufgottesdienst zusammen mit ihren älteren Kindern bei einem einfachen Tanz mitzumachen. Teilen Sie ihnen auch mit, dass danach ein Regenbogenfest gefeiert werden wird. Dazu mögen alle einen kleinen Gegenstand mitbringen, mit dem symbolisch ein guter Wunsch für den Täufling ausgedrückt werden kann. Beispiel: Sie bringen einen winzigen Plüschbären mit und schreiben als Wunsch auf ein gelochtes DIN-A4-Blatt: „Liebe Franziska, ich wünsche dir die Kraft der Bärin.“ – Dann soll auf das Blatt eine selbst erfundene Geschichte geschrieben werden, z. B. „Die Geschichte vom Bärenkind, das so gerne Honig aß“. Ganz unten wird ein Schnappschuss des Gastes (kein Passfoto) aufgeklebt und das Ganze mit einer Unterschrift versehen.

Bitten Sie den Paten und die Patin, zusätzlich eine Regenbogentruhe oder ein -schränkchen zu basteln. Dieses Behältnis sollte etwas größer als eine Schuhschachtel sein, stabil, gut zu öffnen und fest zu verschließen. – Außerdem sollten sie den Einband eines DIN-A4-Ringordners als Regenbogenbuch gestalten und viele gelochte Klarsichthüllen einlegen.

Bausteine für ein Regenbogenfest nach einer Taufe

Im Taufgottesdienst:

1. Ein Schutzengeltanz (Choreografie Sabine Pfeifer): Die Kinder bilden einen inneren Kreis und halten sich an den Händen, die Erwachsenen als „Schutzengel“ stehen in einem äußeren Kreis dahinter.

Die *Erwachsenen* tanzen: einen Schritt zurück,
Arme schräg nach oben zur Segenshaltung öffnen,
wieder einen Schritt nach vorne,
dem jetzt vorne stehenden Kind sanft mit beiden Händen vom Scheitel bis über den Rücken streichen. (Alle Bewegungen sind sehr ruhig, die

oben beschriebenen Gesten werden ungefähr zu je zwei Takten der Musik ausgeführt.)

Die *Kinder* gehen danach einen Schritt weiter. „Immer wenn euch euer Schutzengel gestreichelt hat, geht ihr einen Schritt weiter nach rechts."

Das Regenbogenfest zu Hause:

2. Regenbogentruhe und Regenbogenbuch: Truhe und Buch der Paten werden nun gefüllt, wobei die Mutter beginnt. Sie zeigt z. B. einen kleinen goldenen Stern und sagt: „Ich wünsche dir, liebe Franziska, dass deinem Leben immer ein guter Stern leuchten möge." Dann erzählt sie eine selbsterfundene, dazu passende Geschichte, die sie aufgeschrieben hat. Zuletzt legt sie den Stern in die Truhe und steckt ihr Geschichtenblatt in eine Klarsichthülle des Buches.

Die Truhe kann später weitere „Kostbarkeiten" des Kindes aufnehmen, aber auch als „Erinnerungsschatz" dienen: Wenn es größer ist, kann das Kind einen Gegenstand herausnehmen und darum bitten, dass die zugehörige Geschichte vorgelesen wird. Vielleicht erfinden Mutter und Kind gemeinsam eine neue Geschichte dazu. Oder zwei, drei Gegenstände kommen in einem neuen Märchen vor.

Das Regenbogenbuch enthält sicher viele brauchbare Gutenachtgeschichten (es können später weitere Geschichten, Gedichte und Bilder eingeheftet werden) und hält die Erinnerung an ein schönes Tauffest wach. Auch die guten Wünsche bleiben unvergessen (dazu tragen die Fotos der Personen bei, von denen die betreffenden Blätter stammen), und sie werden wieder wirksam, wenn sie zusammen mit der Geschichte vorgelesen werden.

3. Die Regenbogenkassette: Wenn noch Zeit ist, können Sie auch gemeinsam ein Märchen erfinden und auf Band sprechen. So beginnt beispielsweise die Mutter mit der Geschichte: „Es war einmal ein Junge, der hatte zum ersten Mal einen Regenbogen gesehen. Nun wollte er unbedingt wissen, wo der Regenbogen wohnt und woher er seine schönen Farben hat. Eines Tages ging er von zu Hause fort und …" (analog kann natürlich auch die Geschichte eines Mädchens erzählt werden). Hier nimmt der Vater den Faden auf und spinnt die Geschichte ein Stück weiter, dann der nächste Gast usw. Zuletzt sollte die Geschichte ein gutes Ende finden: Das Märchenkind muss wieder sicher zu Hause sein.

Diese Kassette wird das Kind später sicher gern und oft hören.

Materialliste

Sie können den Raum oder das Bettchen des Täuflings mit Streifen aus Krepppapier in den Regenbogenfarben dekorieren. Schön ist auch, wenn Regenbogenstreifen von der Eingangstür herunterhängen. Auch die Tischdekoration kann unter dem Zeichen des Regenbogens gestaltet werden. Sie brauchen:

Für 1.: Ein Abspielgerät und eine CD mit dem Chor „Denn er hat seinen Engeln befohlen über dir“ aus dem „Elias“-Oratorium von Mendelssohn-Bartholdy.

Für 2. brauchen auch die Eltern einen symbolischen Gegenstand und eine sich darauf beziehende Geschichte.

Für 3.: Einen Kassettenrekorder mit Aufnahmemöglichkeit und eine Leerkassette.

Beerdigung: Ein Lebensmosaik

Ausblick

Silhouetten verschwommener Berge
Täler voll schwarzer Särge
Verlorener Weg
Gebrochener Steg
Schmerz und Leid
Noch nicht befreit!

Chronik des Lebens
Kein Schritt ist vergebens
Kein Schritt ist verloren
Zur Rückkehr werden wir geboren

Der Weg geht immer weiter
Auf der Jakobsleiter

Was erzählen die Volksmärchen vom Tod?

Die Volksmärchen erzählen sehr oft vom Tod und nehmen sich seiner als eines ganz „normalen“ Themas an.[59]

Der Ursprung des Todes

Die Ursprungsmythen vieler Völker berichten übereinstimmend, dass die Menschen ursprünglich nicht sterben mussten. Erst durch ihr falsches oder schuldhaftes Verhalten kam der Tod in die Welt.

Die Gestalt des Todes

Anders als in den Sagen weckt der personifizierte Tod bei den Menschen, die ihm begegnen, keinen numinosen Schrecken. Er scheint vielmehr den Wesen zu gleichen, die der Märchenmensch auch sonst auf seinem Weg trifft. In einem bretonischen Märchen wird der Tod sogar als ein Jüngling beschrieben, „der so schön und so strahlend war wie die Sonne selbst“. Als Wohnort hat der „Gevatter Tod“ eine Lebenslichterhöhle oder er wohnt wie die Toten „im Berg“; meist aber wird er als ein Wanderer geschildert, der in göttlichem Auftrag die Menschen aus diesem Leben abruft: „Sein Bild erscheint wie eine schwarze Silhouette vor dem goldenen Hintergrund des Märchens.“[60] Manchmal können ihn die Menschen für kurze Zeit überlisten, letztlich aber entrinnen sie ihm nicht.

Die Todesreise

Oft kommen drei Brüder an einen Kreuzweg mit drei Wegweisern. Die beiden älteren wählen die ungefährlichen Wege nach rechts und links. Der mittlere Wegweiser aber lautet: „Wer den mittleren Weg reitet, wird den Tod erleiden.“ Der jüngste, der die Todesreise nicht scheut und den mittleren Weg wählt, gewinnt machtvolle Helfer und Begleiter, erreicht das Ziel und erringt die Braut. Seine Brüder aber scheitern. Andere Märchenhelden werden ins Land „Ich weiß nicht wo“ oder in „die Hölle“ oder in „die untere“ Welt geschickt:

Es gehört nicht nur Mut zu dieser Fahrt, man muss auch einen Beistand haben, einen Helfer, der einem Weisungen gibt und die Gefahren erschließt, so dass der Rückweg gelingt. Wem aber diese Reise gelungen ist, wer die geheimen Gaben aus der dunklen Welt mitgebracht hat, der ist zu großen Taten befähigt, auf ihn warten die Menschen, dass er sich als Heilbringer erweist und Not lindert, das Unglück abwendet, eine gerechte Herrschaft heraufführt und eine heilsame Glückszeit eröffnet."[61]

Diese Fahrten ins Reich der Toten führen oft über das Meer. Ein Fährmann, eine Charongestalt, fährt den Helden hinüber. In unserem Legendenmärchen tritt an seine Stelle der Erzengel Michael.

Der dankbare Tote

Im Märchen ist das Reich der Toten bzw. das der Ahnen durch räumliche Distanz von dem der Lebenden getrennt, doch klingt an, dass es zwischen beiden Verbindungen gibt.

Die Lebenden haben eine Verpflichtung gegenüber den Verstorbenen. Wer die „unerledigten Geschäfte" eines Toten bereinigt, etwa seine Schulden bezahlt und für seine Bestattung sorgt, gewinnt einen machtvollen Begleiter. Wer die vom Vater erbetene dreimalige Totenwache am Sarg oder am Grab nicht scheut, gewinnt dessen Zauberpferd mit dem schönen Namen „Siwka Burka, weise Kaurka" – und damit des Vaters Kraft, Weisheit und Hilfe für den weiteren Lebensweg.

Das Vermächtnis der Toten

Eng damit verbunden ist der Segen, den sterbende Eltern im Märchen oft ihren Kindern mitgeben – das können auch drei gute Ratschläge oder ein sichtbarer Talisman sein. So bekommt „die schöne Wassilissa" von ihrer Mutter eine Puppe, die ihr hilft, von der Baba Jaga unversehrt zurückzukehren. „Enge vitale Bindungen werden durch den Tod nicht abgerissen; ist das Kind noch klein, kehrt die tote Mutter oft zu ihrem Kind zurück"[62]: Sie pflegt ihr Kind oder beschenkt es, hilft ihm in der Not oder schwebt ihm als „blaue Blume des Glücks" wegweisend voran.

Der unwiderrufliche Tod

In den Zaubermärchen sterben immer nur die „anderen“, also die Gegenspieler (oder Schattenfiguren) der Hauptgestalt. Es sterben neben Hexen, Zauberern, bösen Stiefmüttern, „falschen“ Bräuten, verräterischen Dienern und anderen häufig auch die Eltern bzw. „der alte König“. Wenn wir die Gestalten eines Märchens auf der psychologischen Subjektstufe als verschiedene Seiten einer Persönlichkeit interpretieren, ist hier eine sehr tröstliche Lebensweisheit des Märchens verborgen: Wenn wir uns auf unserem Weg mit unseren Schattenseiten und unserem Eltern-Ich auseinandersetzen, so werden diese „sterben“ und unser Leben nicht weiter behindern. Auch im Märchen „Die große Tat“ stirbt der Jüngling nicht. Er bekommt die symbolische Zeit von vierzig Jahren zu seiner Lebensspanne dazugeschenkt – und das heißt: ausreichend Zeit für seine volle Individuation. Wichtiger als die Angst vor dem Tod ist diesem Jüngling der Wunsch, „nicht umsonst gelebt zu haben“. Dies war übrigens auch der Wahlspruch der Bogomilen und Katharer. In unserem Festmärchen sind Spuren ihres Glaubensgutes zu erkennen.

Der Tod als Verwandlung

Wird nun die Hauptgestalt eines Märchens getötet, geht eine Verwandlung vor sich: So taucht die ertränkte „weiße Braut“ sogleich als Ente wieder auf. Nachdem der junge König diese enthauptet hat (Erlösung ist oft eng mit dem Tod verknüpft), kehrt die „rechte“ Braut wieder ins Leben zurück. „Der weitaus größte Teil der Grimmschen Zaubermärchen hat dagegen seine weltanschauliche Heimat im sogenannten Animismus, für den der Gedanke der Seelenwanderung grundlegend ist: die Seele eines Menschen kann sich nacheinander in verschiedenen Wesen verkörpern.“[63] Märchenheld und -heldin sterben also nie für immer, ihr Tod ist nichts Endgültiges – Lebenswasser oder Blut, Springwurz oder Schlangenblätter, Kuss oder Zauberspruch und anderes mehr bringen sie wieder ins Leben zurück. Der Tod ist im Märchen also auch ein Symbol der Wandlung, er ist ein Durchgang zu größerer menschlicher Reife:

Das ist Leben, erzählt das Märchen: fortwährendes Sterben, das neues Leben zeugt. Im Erzählen und Hören rührt es uns an, denn bewusst oder unbewusst nehmen wir die Aufforderung wahr zu erkennen: Dir geht es nicht anders. Alle deine Abschiede sind Tode, alle deine Verluste sind tödlich, alle deine Leiden zerstören dich – aber nur, um dich zu verwandeln.[64]

Der Tod ist im Märchen keine Katastrophe. Er ist vielmehr ein Tor zu neuem Leben.

Das Festmärchen: Die große Tat

Es war einmal ein reicher Mann, der hatte einen einzigen Sohn. Als der herangewachsen war, wollte er nicht mehr daheim bleiben. Er bat seinen Vater um Geld, damit er in die Welt gehen könne, und das bekam er auch. Der Jüngling nahm Abschied und ging und ging, ohne zu wissen, wohin. Er ging lange Wege, und er ging kurze Wege, und als es Abend wurde, begegnete er einem ehrwürdigen alten Mann. Der grüßte ihn in Gottes Namen und fragte ihn: „Wohin gehst du?" – „Ich gehe in die weite Welt!", antwortete er. „Und weißt du schon, wo du übernachten wirst?", fragte der Alte wieder. „Nein, das weiß ich nicht", sagte der Jüngling und ging mit ihm weiter. „Nun, wenn du aus diesem Wald herauskommst, wird am Waldrand ein Haus stehen. Dort klopfe an und bitte um ein Nachtlager!" Sie kamen an einen Kreuzweg, und dort verschwand der Alte in anderer Richtung.

Als der Jüngling aus dem Wald herauskam, fürwahr, da erblickte er dort ein Haus. Man nahm ihm herzlich auf und bewirtete ihn. In dem Haus befand sich auch ein Kranker. Als die Nacht kam, da überfielen den Kranken Todesschmerzen. Da erschien plötzlich derselbe Alte, der dem Jüngling dieses Nachtlager empfohlen hatte. Er trat zu dem Kranken, nahm dessen Seele zu sich und verschwand wieder. Niemand außer dem Jüngling hatte ihn bemerkt.

Am nächsten Morgen bedankte sich der Jüngling für das Nachtlager und zog weiter. Er ging den ganzen Tag, und er ging lange Wege, und er ging kurze Wege. Als es Abend wurde, begegnete ihm abermals jener Greis, der grüßte ihn in Gottes Namen und fragte ihn: „Wohin gehst du?" – „Ich gehe in die weite Welt!" – „Und weißt du schon, wo du übernachten wirst?", fragte der Alte. „Nein, das weiß ich nicht", sagte der Jüngling. „Nun, am Ende der Wiese wirst du ein Häuschen finden. Dort kehre ein und übernachte", sagte der Alte und verschwand am nächsten Kreuzweg in eine andere Richtung.

Als der Jüngling zum Ende der Wiese kam, erblickte er das Haus und bat um ein Nachtlager. Er wurde wohl aufgenommen. Aber auch in diesem Haus war ein Kranker. Als die Nacht kam, überfielen den Kranken Todesschmerzen. Da erschien plötzlich wieder jener Greis, nahm dessen Seele zu sich und verschwand wieder, ohne dass jemand sonst im Haus ihn bemerkt hatte.

Am nächsten Tag verabschiedete sich der Jüngling von den Hausleuten und zog weiter. Er ging lange Wege, und er ging kurze Wege, und als es Abend wurde, begegnete ihm abermals jener Alte. Der Jüngling grüßte ihn und sagte: „Höre, Alter, du erscheinst immer wieder und verhilfst mir zu einem Nachtlager. Aber überall, wo ich übernachtet habe, fand ich einen Kranken. Immer kamst du zu ihnen und nahmst ihre Seelen mit dir. Sage mir: Wer bist du?" – „Ich bin der Erzengel Michael, der die Seelen sammelt." – „Und wirst du auch meine Seele zu dir nehmen?" – „Auch deine Seele werde ich zu mir nehmen, wie die Seelen aller Menschen." – „Und wann wird das sein?", fragte der Jüngling weiter.

„Sobald du dich vermählst. In selbiger Nacht werde ich deine Seele zu mir nehmen", antwortete der Alte und verschwand. Tief erstaunt hielt der Jüngling inne und dachte nach. Was sollte er tun? Er beschloss, nach Hause zurückzukehren, zu heiraten und damit den Tod wissentlich auf sich zu nehmen. „Wenn er meine Seele nimmt", sagte er zu sich, „soll er mich bereit finden!"

So kehrte er unverzüglich nach Hause zurück und erzählte seinen Eltern, dass er heiraten und jetzt daheim bleiben wolle. Die Eltern freuten sich und baten den Sohn, ein Mädchen auszuwählen.

„In unserer Nachbarschaft wohnt ein Lastträger, der hat eine Tochter", sprach er zu seiner Mutter. „Geh hin und freie das Mädchen für mich!" Bei sich aber dachte er: „Wenn es zum Sterben geht, möchte ich zuvor dieses arme Mädchen und seine Eltern glücklich gemacht haben." Die Eltern waren entsetzt und wollten ihm das Mädchen ausreden, denn, wie gesagt, sie waren reich wie der Zar, das Mädchen aber bitterarm. Nichts weiter besaß sie als ihre nackte Seele. Der Jüngling aber sprach: „Ich will keine andere, nur sie, sonst über mich die schwarze Erde und das grüne Gras!" In Wirklichkeit kannte er das Mädchen aber nicht näher, sondern er wollte ihr nur etwas Gutes tun, damit sie nach seinem Tod ihr Glück finden könnte.

Am Ende erhob sich die Mutter, begab sich in das Haus des Lastträgers und freite seine Tochter für ihren Sohn. Der Lastträger und seine Frau glaubten zuerst, sie treibe ihren Scherz mit ihnen. Aber als sie merkten, dass sie es ernst meinte, fragten sie ihre Tochter, ob sie den Jüngling heiraten wolle. Das Mädchen wurde vor Scham ganz rot im Gesicht und lief aus dem Zimmer. Die Eltern aber riefen ihr nach: „Sei glücklich! Gott gebe seinen Segen zu diesem Bund!"

Nun erbat sich der Jüngling zunächst einen Beutel Gold von seinem Vater und kaufte davon ein Haus für seine Schwiegereltern mit allem, was dazugehört. Dann bat er seinen Vater abermals um einen Beutel Gold und kaufte davon einen Brautstaat für das Mädchen, wie ihn nur eine Zarin hat. So kam schließlich der Tag der Vermählung heran, und die Hochzeit wurde mit großer Freude gefeiert. Die ganze Stadt strömte zum Hochzeitsfest heran, so wie es eben geschieht, wenn der reichste Jüngling der Stadt heiratet. Am Abend führte man das junge Paar in das Brautgemach. Da sagte der Bräutigam zu seiner Braut, sie möge schon schlafen gehen. Er selbst aber fing an, in heiligen Schriften zu lesen.

Um Mitternacht öffnete sich die Tür. In das Zimmer trat der Erzengel Michael in Gestalt jenes alten Mannes. Beim Eintreten grüßte er den Jüngling in Gottes Namen und sprach: „Wo bist du, Jüngling?"

Auch der Bräutigam grüßte in Gottes Namen und antwortete ihm: „Hier bin ich! Ich bin bereit, denn ich weiß gut, weshalb du gekommen bist: Meine Seele willst du zu dir nehmen!" Darauf antwortete der Engel: „Ich bin gekommen, wie es vorgesehen war. Doch der allmächtige Gott hat befohlen, dir für dein Leben noch vierzig Jahre zu geben, denn du hast auf Erden eine große Tat getan: Du hast den Tod wissend auf dich genommen, um dieses arme Mädchen glücklich zu machen!" So sprach der Erzengel und verschwand. Der Jüngling und seine Frau aber lebten in Liebe weiter.

(Märchen aus Serbien, bearbeitet von Heidi Heim)

Die Festvorbereitung

Viele Menschen möchten das kirchliche Beerdigungsritual um ein persönliches Element bereichern. Sehr geeignet dafür ist ein Lichtritual mit dem weithin bekannten Kanon „Mache dich auf und werde Licht". Dieser ist eigentlich ein Adventslied, lässt sich aber als Beerdigungslied ebenso gut verstehen: Beim Sterben beginnt sich die Materie des Leibes aufzulösen, das innere göttliche Licht des Menschen löst sich vom Körper und strebt danach, sich mit dem ewigen Licht zu vereinen. Wird der Kanon in diesem Bewusstsein gesungen und mit dem Wunsch, der Seele des Verstorbenen noch Liebe mit auf den Weg zu geben, so kann er ihr eine Hilfe sein auf ihrem Weg ins Licht. Es ist hilfreich, den Kanon auf einem Blatt abzudrucken, das für die Feier in der Friedhofskapelle ausliegt.

In vielen Gegenden ist es üblich, die Gäste nach der Beerdigung zu einem Kaffeetrinken in ein Gasthaus zu bitten. Bei dieser Mahlzeit herrscht aber oft Verlegenheit oder beklemmende Stille, denn man weiß nicht, was man mit den Tischnachbarn reden soll und darf. Eine gemeinsame Aktivität könnte hier für alle hilfreich und befreiend sein. Obwohl die Nachfeier sicher stark von der Persönlichkeit des Verstorbenen geprägt sein wird, können Sie stets folgende Elemente in Ihre Feier integrieren:

– einen anschaulichen Lebensrückblick, ein „Lebensmosaik“, bei dem Trauer und Dank, Weinen und Lachen ihren Ausdruck finden können,
– ein erzähltes oder vorgelesenes Volksmärchen, das das geistige Vermächtnis des Toten in seiner Bildersprache ausdrückt,
– einen Lichtertanz, der den Verstorbenen ehrt und das Gemeinschaftsgefühl der Trauernden stärkt.

Die Einladung

Lassen Sie den Kanon auf die Rückseite der Traueranzeige drucken oder legen Sie dafür ein Extrablatt bei. Geben Sie Ort und Zeit der Nachfeier an und bitten Sie, für das Lebensmosaik des oder der Verstorbenen einen „Mosaikstein“ in Form eines Blattes Papier (ca. 12 x 12 cm) mitzubringen, auf dem in bunten Farben ein Erlebnis mit ihm oder ihr bzw. eine besondere Eigenschaft gestaltet ist (mit Foto, Text, Collage, Zeichnung, Gedicht usw.).

Bausteine für die Beerdigungsnachfeier

1. Ein Lichtritual (für den Trauergottesdienst): Verteilen Sie Teelichter in Schälchen an die Trauergemeinde und entzünden Sie eine große

Kerze, von der Sie das Licht an Ihren Nachbarn weitergeben; das Licht macht nun schweigend die Runde, bis alle Teelichter brennen. Sprechen Sie dazu folgende Worte: „Wir wollen nun … (Name des oder der Verstorbenen) unsere Liebe und unsere guten Wünsche auf seinen/ihren Weg ins Licht mitgeben. Wir bitten die Lichtwesen aus der anderen Welt, seine/ihre Seele zu geleiten und ihr entgegenzukommen."

Die Musiker spielen den Kanon „Mache dich auf und werde Licht" einmal vor, das zweite Mal wird er von Musikern und Sängern noch einmal vorgetragen; dann stehen alle auf und singen ihn einstimmig. Bei der letzten Zeile („denn dein Licht kommt") werden alle Kerzen in die Höhe gehoben. Zuletzt wird der Kanon mehrstimmig gesungen; dabei heben die einzelnen Stimmgruppen jeweils bei der letzten Zeile ihre Kerzen. Singen Sie den Kanon lange, wie einen Wiederholgesang, bis er von selbst ausklingt.

2. Das Lebensmosaik (für die Nachfeier): Wenn alle Gäste zu essen und zu trinken haben, sprechen Sie einige einleitende Worte: „Jeder von Ihnen hatte besondere Erlebnisse mit … (Name der oder des Verstorbenen). Wer einen Mosaikstein für das Lebensmosaik mitgebracht hat, möge jetzt kurz etwas von dem erzählen, was darauf dargestellt ist. Wegbegleiter aus der Kindheit beginnen, gefolgt von solchen aus der Schulzeit usw. Sie alle können Ihren Beitrag mit einem Dank an den Verstorbenen abschließen."

Anschließend wird jeder Mosaikstein in Form eines Zettels oder Fotos aufgeklebt, so dass am Schluss ein chronologischer Lebensrückblick und zugleich ein buntes Lebensmosaik entstanden ist, das ein Stück Trauerarbeit leistet und den Hinterbliebenen Kraft und Trost geben kann.

3. Das Vermächtnis: Richten Sie wieder das Wort an die Trauergemeinde: „Uns allen ist noch Zeit zum Weiterleben in dieser Welt geschenkt. Wir haben viele Geschichten von … gehört. Alle Anwesenden mögen nun selbst entscheiden, was sie als Vermächtnis von diesem Leben ins eigene Sein aufnehmen möchten." Dann wird entweder das Lieblingsmärchen des Verstorbenen oder das auf die Situation ebenfalls passende Märchen „Die große Tat" erzählt oder vorgelesen.

4. Lichtertanz: Wenn Sie Platz und Lust zum Tanzen haben, können Sie einen Lichtertanz anschließen; am besten wählen Sie dazu ein langsames, positiv stimmendes Barockstück im Viervierteltakt aus, z. B. „Air“ von J. S. Bach.

Stellen Sie sich hintereinander im Kreis auf; die Tänzer halten in der linken Hand das Lichtschälchen, die rechte Hand liegt auf der linken Schulter des Vordermanns. Dazu machen Sie pro Takt folgende vier Schritte: rechts vor, links vor, rechts vor, links zurück.

Der Tanzführer kann den Kreis öffnen und eine Spirale oder andere freie Figuren beschreiben; der Tanz endet jedoch wieder im Kreis.
Zum Abschied geben sich alle Trauernden die Hand und wünschen einander einen guten Heimweg.

Materialliste

Für 1. und 4.: Eine große Kerze, pro Gast ein Teelicht in einem kleinen Glas- oder Plastikschälchen. Bitten Sie vorher einige Gäste aus der Trauergemeinde, den Kanon „Mache dich auf und werde Licht“ mit Instrumenten und Stimme vorzuüben. Kopierte Liedblätter mit dem Kanon für die Friedhofskapelle.

Für 2.: Ein sehr großer, quadratischer Bogen festes Tonpapier, der auf einer Stellwand oder an der Wand befestigt wird; Klebstoff und Klebstreifen.

Für 3.: Bereiten Sie das Lieblingsmärchen des Verstorbenen vor oder das hier vorgeschlagene Märchen „Die große Tat“, so dass Sie es flüssig sprechen können.

Für 4.: Außer den Lichtschälchen noch ein Abspielgerät und Musik.

Abschied: Ein Wurzel- und Flügelfest

Abschied

Das Meer singt wie gestern
Der Wind hält nicht still
Feuer leuchtet durch die Berge

Mein Herz ist schwer von Tränen
Und doch der Geist so leicht

Heimat
Im Wechsel der Welten
Im Wechsel der Zeiten
Ruht in mir

Was erzählen die Volksmärchen vom Abschied?

Märchen erzählen von Menschen, die sich auf den Weg machen und Altbekanntes verlassen. So gibt es sehr viele Abschiede im Märchen, von denen aber keiner dem anderen genau gleicht. Auch wenn ich im Folgenden Gemeinsamkeiten aufzeige, sollte doch jeder Märchenabschied auch für sich betrachtet werden.

Der häufigste Abschied ist der von den **Eltern**, bei dem ich den aus der Not erzwungenen und den freiwilligen unterscheiden möchte. Beim erzwungenen Verlassen des Elternhauses sind die Eltern häufig so arm, dass sie die Kinder nicht mehr ernähren können, so dass sie diese aussetzen oder sie fortschicken, sich selbst ihr Brot zu verdienen.

Dieser Abschied kann auch eine Flucht vor tödlicher Bedrohung, Verzauberung und Einengung sein: Da ist eine Stiefmutter, die die schöne Stieftochter oder den Stiefsohn hasst. Ein Königsvater glaubt falscher Verleumdung und will seinen Sohn erschießen lassen. Oder seine sechs Söhne sollen bei der Geburt des ersten Mädchens getötet werden. Oder ein übertrieben fürsorglicher Vater bzw. eine Zauberin sperren die Tochter in einem Turm ein. Manche Märcheneltern können auch nicht akzeptieren, wie ihr Kind aussieht, was es gelernt hat oder wie es die ihm aufgetragenen Aufgaben löst. Sie jagen ihr unverstandenes oder ungeliebtes Kind fort, wobei sie ihm oft noch eine extrem schwierige Aufgabe stellen, ohne deren Lösung es sich nicht mehr nach Hause trauen darf. In keltischen Märchen ist diese Aufgabe häufig zusätzlich mit einem Fluch bzw. einem Bannspruch verbunden. Oder ein Kind wurde noch vor seiner Geburt vom Vater dem Teufel, der Nixe oder der Zauberin versprochen und später von diesen Dunkelwesen geholt. Zum unfreiwilligen Abschied von dem Elternhaus gehört auch, wenn sich ein Kind verirrt oder von einem Dunkelwesen entführt wird. Dass auf der symbolischen Ebene mit der Armut der Eltern sicher nicht nur eine materielle gemeint ist, versteht sich von selbst. Ebenso sind mit den erwähnten anderen Märchenbildern symbolisch stets auch seelische Vorgänge gemeint, etwa Beziehungsschwierigkeiten zwischen Eltern und Kindern.

Es gibt aber auch viele freiwillige Abschiede von den Eltern. „Es war einmal ein Königssohn, dem gefiel's nicht mehr in seines Vaters Haus" – und so zieht er, wie es auch seinem Alter entspricht, in die Welt. Er will „sein Glück suchen", hat „Lust, die Welt zu sehen", „zieht auf Abenteuer aus" oder will „sich versuchen", wie es in schöner doppelsinniger Weise in unserem Festmärchen heißt. Auch Lern- und Wissbegierde ist ein häufiger Grund für das Ausziehen in die Welt. Das Märchen kennt auch die Wanderschaft des Handwerksburschen nach vollendeter Lehrzeit. – Einige Söhne und Töchter streben auch nach Höherem, sie suchen etwa „das Land, wo man nicht stirbt". Dieses Höhere kann auch eine ferne, zauberhafte Braut sein, etwa die „Königstochter vom goldenen Dache", deren Bild der Prinz gesehen hat, oder „die Rosenschöne", von der er nur den Namen gehört hat. Oder eine Königstochter verlässt den Vater, weil sie einen vollkommenen goldenen Kranz besitzen will, von dem sie zuvor geträumt hat.

Manchmal wird auch Abschied genommen nach einem einschneidenden inneren Erlebnis, etwa nach der Wegweisung eines Traums, nach einer erschreckenden Selbsterkenntnis, aber auch nach einer großen Freude: „Hans mein Igel" zieht aus, als er einmal mit dem Dudelsack etwas geschenkt bekommen hat, was er sich gewünscht hat. Dem „Tapferen Schneiderlein" verleiht der Stolz auf sieben erschlagene Fliegen den Mut zum Aufbruch. – Ein besonders schönes Abschiedsmotiv ist ein Verlassen des Elternhauses aus Liebe, aus Liebe etwa zu den erlösungsbedürftigen verwünschten Brüdern oder zu der geraubten Schwester.

Im Märchen ist es wichtig, ob der Abschied mit oder ohne die Zustimmung bzw. den Segen der Eltern geschieht: „Willst du das halbe Brot mit meinem Segen oder das ganze mit meinem Fluch?", fragt die Mutter jeden der drei Söhne. Wer den Segen wählt, dem gelingt das Leben. (Es gibt aber auch das Gegenbeispiel, dass einer gegen den Rat seiner kleinmütigen Mutter auszieht und dennoch eine Zaubergabe oder die Braut erlangt.) – Ist ein Kind noch klein, wenn seine Mutter stirbt, so reicht ihr Segen über den Tod hinaus, sie hilft und beschützt auch danach ihr Kind. Wir haben etwa in „Aschenputtel" oder in „Die schöne Wassilissa" einen solchen hinausgeschobenen Abschied. Es wäre interessant, der Frage nachzuspüren, ob und wie im jeweiligen Märchen später wieder Kontakt zu den Eltern aufgenommen wird.

Die zweithäufigste Trennung in den Märchen ist der **Abschied der Liebenden**. Braut und Bräutigam werden oft durch die Bosheit von Vater und Mutter oder einem dämonischen Wesens getrennt, beispielsweise der Hexe in „Jorinde und Joringel". Auch eifersüchtige Schwestern und Brüder, „falsche" Bräutigame und Bräute versuchen das Paar auseinander zu bringen. Nach der Hochzeit schläft der Mann nicht selten im entscheidenden Augenblick ein. Bei der Frau ist es oft die Neugier (sie will ihren

Tierbräutigam trotz seines Verbots vorzeitig in seiner wahren Gestalt sehen), welche die Eheleute trennt. Danach erfolgt eine lange Suchwanderung, um den bis ans Ende der Welt entschwundenen Mann oder die auf den Glasberg entrückte Frau wiederzufinden. Die Wanderung ist stets ein beschwerlicher Weg, und nur mit der Triebfeder der Liebe und mit dem Beistand hilfreicher Mächte kann sie bewältigt werden. Der Abschied von den märchenhaften Wegbegleitern gestaltet sich bewusst ausgesprochen oder eher beiläufig, manchmal auch plötzlich und geheimnisvoll, so wie die Engel der Bibel oft auch verschwinden.

Unser Festmärchen „Der gelernte Jäger" hat einige symbolische Kostbarkeiten, die es sich zu entdecken lohnt. Es erzählt auch von einigen außergewöhnlichen Abschieden.

Zunächst haben wir hier einen jungen Mann, der nach Handwerksburschenbrauch Abschied nimmt. Dann aber, was im Märchen ungewöhnlich ist, nimmt er von seinem erlernten Beruf Abschied und lernt etwas völlig Neues. Nach beendeter zweiter Lehre nimmt er wieder Abschied, um sich neu in der Welt „zu versuchen". Er vollbringt eine weitere erstaunliche Tat, als er nach dem Erschlagen des Riesen nicht auf eine Belohnung wartet, sondern nur die Riesenzungen als Zeichen seiner Tat mitnimmt. Die Freude, „dass er die schöne Jungfrau von ihren Feinden befreit hatte", genügt ihm. Auch die schlafende Königstochter rührt er trotz ihrer Schönheit nicht an, sondern nimmt nur vier Wahrzeichen von ihr mit und wandert dann weiter. Dieser Abschied ist bewundernswert, aber von seiner Motivation her verständlich, denn er half nicht des Lohnes wegen.

Die Königstochter ihrerseits kann offensichtlich die Dinge *hinter* den Dingen wahrnehmen. Sie erkennt in der analogen Denkweise der Märchen, dass dieser „einäugige und hässliche Hauptmann" auch einen hässlichen Charakter und ein dunkles Wesen hat. Sie nimmt lieber deutlich Abschied vom elterlichen Schloss und von ihrer hohen Stellung, um ihn nicht heiraten zu müssen. Nur durch diesen Abschied und Verzicht kann sie sich selbst bewahren und dem Edelsten in sich treu bleiben.

Die beiden opferbereiten Abschiede des Mannes und der Frau sowie die langen Jahre der Entbehrung danach führen in einer schicksalhaften Begegnung zum freudigen Wiederfinden und zur glücklichen Vereinigung der füreinander bestimmten Menschen. – Dieses Festmärchen kann uns Mut machen, immer wieder aufs Neue einen anstehenden Abschied zu wagen und dabei auf die wunderbaren Fügungen des Lebens zu vertrauen.

Das Festmärchen: Der gelernte Jäger

Es war einmal ein junger Bursch, der hatte die Schlosserhantierung gelernt und sprach zu seinem Vater, er wollte jetzt in die Welt gehen und sich versuchen. „Ja", sagt der Vater, „da bin ich zufrieden", und gab ihm etwas Geld auf die Reise. Also zog er herum und suchte Arbeit.

Auf eine Zeit, da wollt ihm das Schlosserwerk nicht mehr folgen und stand ihm auch nicht mehr an, aber er kriegte Lust zur Jägerei. Da begegnete ihm auf der Wanderschaft ein Jäger in grünem Kleide, der fragte, wo er herkäme und wo er hin wollte. Er wär ein Schlossergesell, sagte der Bursch, aber das Handwerk gefiele ihm nicht mehr, und hätte Lust zur Jägerei, ob er ihn als Lehrling annehmen wollte. „O ja, wenn du mit mir gehen willst." Da ging der junge Bursch mit, vermietete sich etliche Jahre bei ihm und lernte die Jägerei. Danach wollte er sich weiter versuchen, und der Jäger gab ihm nichts zum Lohn als eine Windbüchse, die hatte aber die Eigenschaft, wenn er damit einen Schuss tat, so traf er ohnfehlbar.

Da ging er fort und kam in einen sehr großen Wald, von dem konnte er in einem Tag das Ende nicht finden. Wie's Abend war, setzte er sich auf einen hohen Baum, damit er aus den wilden Tieren käme. Gegen Mitternacht zu, deuchte ihn, schimmerte ein kleines Lichtchen von weitem, da sah er durch die Äste darauf hin und behielt in acht, wo es war. Doch nahm er erst noch seinen Hut und warf ihn nach dem Licht zu herunter, dass er danach gehen wollte, wann er herabgestiegen wäre, als nach einem Zeichen. Nun kletterte er herunter, ging auf seinen Hut los, setzte ihn wieder auf und zog geradewegs fort. Je weiter er ging, je größer ward das Licht, und wie er nahe dabei kam, sah er, dass es ein gewaltiges Feuer war, und saßen drei Riesen dabei und hatten einen Ochsen am Spieß und ließen ihn braten. Nun sprach der eine: „Ich muss doch schmecken, ob das Fleisch bald zu essen ist", riss ein Stück herab und wollt' es in den Mund stecken, aber der Jäger schoss es ihm aus der Hand. „Nun ja", sprach der Riese, „da weht mir der Wind das Stück aus der Hand", und nahm sich ein anderes. Wie er eben anbeißen wollte, schoss es ihm der Jäger abermals weg; da gab der Riese dem, der neben ihm saß, eine Ohrfeige und rief zornig: „Was reißt du mir mein Stück weg?"

„Ich habe es nicht weggerissen", sprach der andere, „es wird dir's ein Scharfschütz weggeschossen haben." Der Riese nahm sich das dritte Stück, konnte es aber nicht in der Hand behalten, der Jäger schoss es ihm heraus. Da sprachen die Riesen: „Das muss ein guter Schütze sein, der den Bissen vor dem Maul wegschießt, so einer wäre uns nützlich", und riefen laut: „Komm herbei, du Scharfschütze, setze dich zu uns ans Feuer und iss dich satt, wir wollen dir nichts tun; aber kommst du nicht und wir holen dich mit Gewalt, so bist du verloren." Da trat der Bursch herzu und sagte, er wäre ein gelernter Jäger, und wonach er mit seiner Büchse ziele, das treffe er auch sicher und gewiss. Da sprachen sie, wenn er mit ihnen gehen wollte, sollte er's gut haben, und erzählten ihm, vor dem Wald sei ein großes Wasser, dahinter stände ein Turm, und in dem Turm säße eine schöne Königstochter, die wollten sie gern rauben. „Ja", sprach er, „die will ich bald geschafft haben." Sagten sie weiter: „Es ist aber noch etwas dabei, es liegt ein kleines Hündchen dort, das fängt gleich an zu bellen, wann sich jemand nähert, und sobald das bellt, wacht auch alles am königlichen Hofe auf; und deshalb können wir nicht hineinkommen; unterstehst du dich, das Hündchen totzuschießen?"

„Ja", sprach er, „das ist mir ein kleiner Spaß." Danach setzte er sich auf ein Schiff und fuhr über das Wasser, und wie er bald beim Land war, kam das Hündlein gelaufen und wollte bellen, aber er kriegte seine Windbüchse und schoss es tot. Wie die Riesen das sahen, freuten sie sich und meinten, sie hätten die Königstochter schon gewiss, aber der Jäger wollte erst sehen, wie die Sache beschaffen war, und sprach, sie sollten draußen bleiben, bis er sie riefe.

Da ging er in das Schloss, und es war mäuschenstill darin und schlief alles. Wie er das erste Zimmer aufmachte, hing da ein Säbel an der Wand, der war von purem Silber, und war ein goldener Stern darauf und des Königs Name; daneben aber lag auf einem Tisch ein versiegelter Brief, den brach er auf, und es stand darin, wer den Säbel hätte, könnte alles ums Leben bringen, was ihm vorkäme. Da nahm er den Säbel von der Wand, hing ihn um und ging weiter; da kam er in das Zimmer, wo die Königstochter lag und schlief; und sie war so schön, dass er still stand und sie betrachtete und den Atem anhielt. Er dachte bei sich selbst: „Wie darf ich eine unschuldige Jungfrau in die Gewalt der wilden Riesen bringen, die haben Böses im Sinn." Er schaute sich weiter um, da standen unter dem Bett ein Paar Pantoffeln, auf dem rechten stand ihres Vaters Name mit einem Stern und auf dem linken ihr eigener Name mit einem Stern. Sie hatte auch ein großes Halstuch um, von Seide mit Gold ausgestickt, auf der rechten Seite ihres Vaters Name, auf der linken ihr Name, alles mit goldenen Buchstaben. Da nahm der Jäger eine Schere und schnitt den rechten Schlippen ab und tat ihn in seinen Ranzen, und dann nahm er auch den rechten Pantoffel mit des Königs Namen und steckte ihn hinein.

Nun lag die Jungfrau noch immer und schlief, und sie war ganz in ihr Hemd eingenäht; da schnitt er auch ein Stückchen von dem Hemd ab und steckte es zu dem andern, doch tat er das alles, ohne sie anzurühren. Dann ging er fort und ließ sie ungestört schlafen, und als er wieder ans Tor kam, standen die Riesen noch draußen, warteten auf ihn und dachten, er würde die Königstochter bringen. Er rief ihnen aber zu, sie sollten hereinkommen, die Jungfrau wäre schon in seiner Gewalt; die Türe könnte er ihnen aber nicht aufmachen, aber da wäre ein Loch, durch welches sie kriechen müssten.

Nun kam der erste näher, da wickelte der Jäger des Riesen Haar um seine Hand, zog den Kopf herein und hieb ihn mit seinem Säbel in einem Streich ab und zog ihn dann vollends hinein. Dann rief er den zweiten und hieb ihm gleichfalls das Haupt ab, und endlich auch dem dritten, und war froh, dass er die schöne Jungfrau von ihren Feinden befreit hatte, und schnitt ihnen die Zungen aus und steckte sie in seinen Ranzen. Da dachte er: „Ich will heimgehen zu meinem Vater und ihm zeigen, was ich schon getan habe, dann will ich in der Welt herumziehen; das Glück, das mir Gott bescheren will, wird mich schon erreichen."

Der König in dem Schloss aber, als er aufwachte, erblickte er die drei Riesen, die da tot lagen. Dann ging er in die Schlafkammer seiner Tochter, weckte sie auf und fragte, wer das wohl gewesen wäre, der die Riesen ums Leben gebracht hätte. Da sagte sie: „Lieber Vater, ich weiß es nicht, ich habe geschlafen." Wie sie nun aufstand und ihre Pantoffeln anziehen wollte, da war der rechte weg, und wie sie ihr Halstuch betrachtete, war es durchschnitten und fehlte der rechte Schlippen, und wie sie ihr Hemd ansah, war ein Stückchen heraus. Der König ließ den ganzen Hof zusammenkommen, Soldaten und alles, was da war, und fragte, wer seine Tochter befreit und die Riesen ums Leben gebracht hätte.

Nun hatte er einen Hauptmann, der war einäugig und ein hässlicher Mensch, der sagte, er hätte es getan. Da sprach der alte König, so er das vollbracht hätte, sollte er seine Tochter auch heiraten. Die Jungfrau aber sagte: „Lieber Vater, dafür, dass ich den heiraten soll, will ich lieber in die Welt gehen, so weit, als mich meine Beine tragen."

Da sprach der König, wenn sie den nicht heiraten wollte, sollte sie die königlichen Kleider ausziehen und Bauernkleider antun und fortgehen; und sie sollte zu einem Töpfer gehen und einen Handel mit irdenem Geschirr anfangen. Da tat sie ihre königlichen Kleider aus und ging zu einem Töpfer und borgte sich einen Kram irden Werk; sie versprach ihm auch, wenn sie's am Abend verkauft hätte, wollte sie es bezahlen.

Nun sagte der König, sie sollte sich an eine Ecke damit setzen und es verkaufen, dann bestellte er etliche Bauernwagen, die sollten mittendurch fahren, dass alles in tausend Stücke ginge. Wie nun die Königstochter ihren Kram auf die Straße hingestellt hatte, kamen die Wagen und zerbrachen ihn zu lauter Scherben. Sie fing an zu weinen und sprach: „Ach Gott, wie will ich nun dem Töpfer bezahlen."

Der König aber hatte sie damit zwingen wollen, den Hauptmann zu heiraten, stattdessen ging sie wieder zum Töpfer und fragte ihn, ob er ihr noch einmal borgen wollte. Er antwortete, nein, sie sollte erst das vorige bezahlen. Da ging sie zu ihrem Vater, schrie und jammerte und sagte, sie wollte in die Welt hineingehen. Da sprach er: „Ich will dir draußen im dem Wald ein Häuschen bauen lassen, darin sollst du dein Lebtag sitzen und für jedermann kochen, du darfst aber kein Geld nehmen." Als das Häuschen fertig war, ward vor die Türe ein Schild gehängt, darauf stand geschrieben: „Heute umsonst, morgen für Geld." Da saß sie lange Zeit und sprach es sich in der Welt herum, da säße eine Jungfrau, die kochte umsonst, und das stände vor der Türe an einem Schild. Das hörte auch der Jäger und dachte: „Das wär etwas für dich, du bist doch arm und hast kein Geld." Er nahm also seine Windbüchse und seinen Ranzen, worin noch alles steckte, was er damals im Schloss als Wahrzeichen mitgenommen hatte, ging in den Wald und fand auch das Häuschen mit dem Schild „Heute umsonst, morgen für Geld".

Er hatte aber den Degen umhängen, womit er den drei Riesen den Kopf abgehauen hatte, trat so in das Häuschen hinein und ließ sich etwas zu essen geben. Er freute sich über das schöne Mädchen, es war aber auch bildschön. Sie fragte, wo er herkäme und hinwollte, da sagte er: „Ich reise in der Welt herum." Da fragte sie ihn, wo er den Degen herhätte, da stände ja ihres Vaters Namen darauf. Fragte er, ob sie des Königs Tochter wäre. „Ja", antwortete sie. „Mit diesem Säbel", sprach er, „habe ich drei Riesen den Kopf abgehauen", und holte zum Zeichen ihre Zungen aus dem Ranzen, dann zeigte er ihr auch den Pantoffel, den Schlippen vom Halstuch und das Stück vom Hemd. Da war sie voll Freude und sagte, er wäre derjenige, der sie erlöst hätte.

Darauf gingen sie zusammen zum alten König und holten ihn herbei, und sie führte ihn in ihre Kammer und sagte ihm, der Jäger wäre der rechte, der sie von den Riesen erlöst hätte. Und wie der alte König die Wahrzeichen alle sah, da konnte er nicht mehr zweifeln und sagte, es wäre ihm lieb, dass er wüsste, wie alles zugegangen wäre, und er sollte sie nun auch zur Gemahlin haben; darüber freute sich die Jungfrau von Herzen. Darauf kleideten sie ihn, als wenn er ein fremder Herr wäre, und der König ließ ein Gastmahl anstellen.

Als sie nun zu Tisch gingen, kam der Hauptmann auf die linke Seite der Königstochter zu sitzen, der Jäger aber auf die rechte; und der Hauptmann meinte, das wäre ein fremder Herr und wäre zum Besuch gekommen. Wie sie gegessen und getrunken hatten, sprach der alte König zum Hauptmann, er wollte ihm etwas aufgeben, das sollte er erraten: Wenn einer spräche, er hätte drei Riesen ums Leben gebracht, und er gefragt würde, wo die Zungen der Riesen wären, und er müsste zusehen und wären keine in ihren Köpfen, wie das zuginge. Da sagte der Hauptmann: „Sie werden keine gehabt haben."

„Nicht so", sagte der König, „jedes Getier hat eine Zunge", und fragte weiter, was der wert wäre, dass ihm widerführe. Antwortete der Hauptmann: „Der gehört in Stücken zerrissen zu werden." Da sagte der König, er hätte sich selber sein Urteil gesprochen, und ward der Hauptmann gefänglich gesetzt und dann in vier Stücke zerrissen, die Königstochter aber mit dem Jäger vermählt. Danach holte er seinen Vater und seine Mutter herbei, und die lebten in Freude bei ihrem Sohn, und nach des alten Königs Tod bekam er das Reich.

(Kinder- und Hausmärchen der Brüder Grimm)

Die Festvorbereitung

Die Wurzeln lockern, die Flügel zum Aufbruch ins Neue ausbreiten – das sind treffende Bilder für den seelischen Zustand vor einem Umzug, vor einem Stellenwechsel, beim Abschied vom Berufsleben oder von einem anderen Lebensabschnitt. Hier kann es schön und hilfreich sein, den tragenden Wurzelgrund des bisherigen Freundeskreises noch einmal zu erleben, gegenseitig Dank zu sagen und mit der Zeugenschaft und dem Segen liebender Menschen den Übergang ins Neue zu wagen. Es ist ratsam, dieses Fest drei oder vier Wochen vor der Hektik des eigentlichen Abschieds zu feiern. Bei einem Eintritt in den Ruhestand kann es auch danach sein. Bei der Gestaltung des Programms muss deutlich auf die Art des Abschieds Bezug genommen werden. Für einen Ruhestandsabschied würde als Festmärchen auch gut „Die Stiefel aus Büffelleder" aus den Kinder- und Hausmärchen der Brüder Grimm passen. Dieses Märchen ist nicht zuletzt eine humorvolle Ermutigung, neuen Problemen im Ruhestand mit Unerschrockenheit und ungewohnten, ja magischen Mitteln zu begegnen.

Die Einladung

Bitten Sie Ihre Gäste, eine Wurzel und eine Feder mitzubringen, an der ein kleiner Gegenstand mit einem Faden befestigt ist. Dieser soll symbolisch einen guten Wunsch für das Neue ausdrücken. Wer ein Instrument hat, kann es zum Improvisieren mitbringen.

Bausteine für ein Wurzel- und Flügelfest zum Abschied

1. Tanz: Sie können den Tanz vom Aprilfest verwenden (siehe S. 65).

2. Das Baum- und Windspiel: Auch dieses Spiel können Sie vom Aprilfest übernehmen. „Bäume“ sind hier jedoch die Gäste, die mit ihrer momentanen Situation ganz zufrieden sind und sich keine Veränderung wünschen. Der Wind wird als Schicksalswind bezeichnet und von denjenigen gespielt, die derzeit stärker in sich die Sehnsucht nach Neuem spüren. Nach dem ersten Durchgang wechseln Sie die Rollen und wiederholen das Spiel.

3. Teerunde

4. Eine Fantasiegeschichte: Viel Spaß macht es, gemeinsam in der Runde eine Geschichte zu erfinden und sich darin die Zukunft des oder der Scheidenden auszumalen. Eine solche Geschichte kann folgendermaßen beginnen: „Als Anne und Sebastian in Paris ankamen, sahen sie als erstes …“ oder: „Am ersten Tag in der neuen Firma tat Kalinka etwas Außergewöhnliches …“ oder: „Als Adrian im Ruhestand war, unternahm er als erstes …“

5. Das Baum- und Windspiel: Hier passt das Spiel vom Märzfest (siehe S. 66).

6. Ein Abschiedsmandala (Übergangsritual): Breiten Sie das große Tuch am Boden aus und legen Sie einen Edelstein, eine Blume oder einen anderen schönen Gegenstand in die Mitte. Als Symbol für die Verbundenheit mit dem Scheidenden legt der erste Gast seine Wurzel in der Mitte ab und spricht dazu einen Dank aus. Z. B.: „Ich danke dir für die vielen gemeinsamen Wanderungen, die zum Wurzelgrund meines Lebens gehörten.“ Anschließend zeigt er seinen symbolischen Gegenstand und verbindet ihn mit einem guten Wunsch für den Aufbruch ins Neue, z. B.: „Ich gebe dir diese kleine Hexe als Symbol weiblicher Kraft mit und wünsche dir, dass diese Feder dich über alle Widrigkeiten tragen möge.“ Er lässt dabei die kleine Hexe an der Feder hinuntersegeln, damit sie sich selbst einen Platz im Mandala sucht.

Wenn Sie wollen, können Sie den Scheidenden noch mit einem „neuen Gewand“ bekleiden, dessen Farben und Art zu seiner neuen Rolle oder seinem neuen Ort passen. Danach fassen sich alle an den Händen und umschreiten das Mandala zuerst langsam, dann immer schneller, bis der Kreis aufbricht und alle „in die Welt hinausfliegen“.

7. Ein vertontes Gedicht: Lesen Sie das Gedicht „Abschied“ von Sigrid Trinkle vor. Verteilen Sie die einzelnen Verse an die Gäste, und ordnen Sie den einzelnen Versen Instrumente zu.

Beispiel:
1. Zeile: Für „Meer“ eine Rassel
2. Zeile: Für „Wind“ ein mit den Fingern gekratztes Tamburin
3. Zeile: Für „Feuer“ eine Klangschale
4. Zeile: Für „Herz“ und „Tränen“ Klangstäbe oder eine Flöte
5. Zeile: Für „Geist“ ein Glockenspiel
6. Zeile: Für „Heimat“ Gong oder Cymbeln
7. Zeile: Für „Wechsel der Welten“: Trommel oder Tamburin, geschlagen
8. Zeile: Für „Wechsel der Zeiten“: Regenrohr
9. Zeile: Das „Ruht in mir“ wird von allen gemeinsam improvisiert.

Nun liest jeder seine Zeile vor und spielt anschließend seine Improvisation dazu. Der Schlussvers wird von allen gemeinsam gesprochen und dann improvisiert; dabei ist die Klangkulisse zunächst laut, schnell und bewegt und wird immer leiser und langsamer, bis sie zuletzt pianissimo und meditativ ausklingt. – Dieses Klangspiel kann ruhig wiederholt werden, wobei die Instrumente gewechselt werden. Es wird dann meist stimmiger und schöner.

8. Abendessen

9. Das Festmärchen: „Der gelernte Jäger“ wird erzählt oder vorgelesen.

10. Ausdrucksspiel (siehe S. 32): Dieses Märchen eignet sich besonders gut dazu, dem Ausdruck zu geben, was Abschied und Wiedersehen gefühlsmäßig bedeuten. Dabei wird wohltuend sein, dass diese Gefühle im Spiel nicht ausgesprochen werden müssen.

11. Die Rückenstärkung: Diejenigen, die von dem Verstorbenen Abschied nehmen, stellen sich mit dem Rücken nach außen in die Mitte, und die Freunde legen ihnen liebevoll und stärkend die Hände auf den Rücken.

12. Schlusstanz zu einer tröstenden, nicht zu schweren Musik.

Materialliste

Für 5.: Einige Wurzeln als Reserve.

Für 6.: Ein großes, einfarbiges Tuch als Unterlage; ein Edelstein, eine Blume oder ein anderer schöner Gegenstand als Mitte. Für das neue Gewand ein aus Krepppapier oder einem einfachen Stoff zugeschnittenes Kleid. Sie können aber genauso gut Ihre Tüchersammlung (siehe S. 32) nehmen und damit ein Gewand drapieren.

Für 7.: Kopien des Gedichts für alle Gäste; Instrumente wie Klangschalen, Rasseln, Tamburine, Klangstäbe, Regenstab usw.

Für 10.: Ihre Tüchersammlung (siehe S. 32).

Danksagung

Ein Buch steht am Ende des Schöpfungsprozesses eines einzelnen, aber es ist gleichzeitig das Werk von vielen: Ein Buch ist wie ein See, denn viele Bäche bringen ihm Wasser zu, der Wind bewegt ihn, der Regen tränkt ihn von oben, und die Sonne bescheint ihn. Ebenso strömten auch diesem Buch von vielen Seiten Wasser, Geist und Licht zu. Für alle Anregungen und Ideen, für Fragen und Kritik, Ermutigung und praktische Hilfe sage ich von Herzen Dank.

Nun ergießt sich der See in einen breiten Strom, der das Lebenswasser wahrer Feste in die Gärten vieler Menschen bringen möchte. Mögen durch sein Wasser auch in Ihrem Garten märchenhafte Festblumen in allen Regenbogenfarben aufblühen.

Anmerkungen

1 Frederik Hetmann, Mondhaus und Sonnenschloss, Stuttgart 1989, S. 108.
2 Platon, Gesetze 653 c–d, übersetzt von Josef Piper, in: Hubertus Halbfas. Das Welthaus, Düsseldorf 1983, S. 198.
3 Heidi Heim, Die Feste der Adlerfrau, Solothurn 1994, S. 12.
4 Stanislaw Grof, Geburt, Tod und Transzendenz, München: Kösel 1991, S. 76.
5 Grof, a.a.O., S. 328.
6 Grof, a.a.O., S. 243.
7 Josef Pieper, Zustimmung zur Welt, München 1963, S. 52.
8 Zsuzsanna E. Budapest, Das magische Jahr, München 1996, S. 23.
9 Marley Morgan, Traumfänger, München 1994, S. 220.
10 Christiane Schneider, Prospekt des Hauses „Chiara", Haus für Übergangskultur, Bremen.
11 Rainer Maria Rilke, Die Gedichte, Frankfurt a. M., 1986, S. 199.
12 Zitiert bei Wilhelm Hoerner, Zeit und Rhythmus, Stuttgart 1991, S. 205.
13 Thomas Ring, Astrologische Menschenkunde, Band 1, S. 84 ff.; Flensburger Hefte Nr. 31; Hoerner, a.a.O.
14 P. Willigis Jäger, Vortrag, Stuttgart, 9. 12. 1996.
15 Wenn Sie ein neues Thema suchen oder ein bestimmtes Thema feiern wollen, entwickle ich gern ein Programm mit einem passenden Märchen für Sie. Anfrage bitte schriftlich an: Quellenweg 4, 71384 Weinstadt.
16 In der dänischen Fassung des Märchens folgt am Ende noch eine weitere Motivkette, in der das Paar sich verliert, sucht und zuletzt wiederfindet. Da es mir aber nur auf das Motiv des gestörten Festes ankommt, gebe ich hier ausnahmsweise dieses Märchen verkürzt wieder.
17 Hetmann, a.a.O., S. 15.
18 Lukas 14, 15–24.
19 Klaus W. Vopel, Handbuch für Gruppenleiter, Salzhausen 1994, S. 15.
20 Christel Oehlmann, Garantiert erzählen lernen, Hamburg 1995, S. 40.
21 Barbara G. Walker, Die spirituellen Rituale der Frauen, München 1998, S. 15 f.
22 Siehe dazu das Sternenfest, S. 178 ff.
23 Jutta Ströte-Bender, Liebesgöttinnen, Köln 1994, S. 41.
24 Buffle Johnson, Die Große Mutter in ihren Tieren, Olten, 1990, S. 238.
25 Siehe auch das Festmärchen „Jon und die Trollriesin", S. 168.
26 CD „Antiche danze ed arie per linta", Deutsche Grammophon.
27 Enzyklopädie des Märchens, Berlin 1984, Band 4, S. 850.
28 Sehr empfehlenswert: William Anderson, Der grüne Mann, Solothurn 1993.
29 Vgl. Ingrid Riedel, Marc Chagalls Grüner Christus, Düsseldorf 1994.
30 Marie-Louise von Franz, Der ewige Jüngling, München 1987, S. 35.
31 Heidi Heim, Die Feste der Adlerfrau, Solothurn 1994, S. 197.
32 Vgl. Michael Gienger, Die Steinheilkunde, Saarbrücken 1995.
33 Max Lüthi, Das europäische Volksmärchen, München 1968, S. 29.

34 Eine Auswahl: Lüthi, a.a.O., Katalin Horn, Der Weg, in: Die Welt im Märchen, Kassel 1984; Johann Friedrich Konrad. Die Reise durchs Nadelöhr, Gütersloh 1988; Otto Betz, Lebensweg und Todesreise, Freiburg 1989.

35 Lüthi, a.a.O., S. 18.

36 Lüthi, a.a.O., S. 29.

37 Vgl. Heidi Heim, Wenn die Füchsin in den Weg tritt, Konstanz 1991.

38 Konrad, a.a.O., S. 10.

39 Volker Sommer, Rose und Eros, Rosenmuseum Steinfurt 1991, S. 15.

40 Anton Kenntemich, Rosen- und Blumenmärchen 2, Steinfurt 1995, S. 4.

41 Möglich wäre hier auch „Die blaue Rose", das Festmärchen des Hochzeitsrituals (s. S. 197).

42 Lutz Röhrich, In heller Freude, Lob und Mythos der Sonne, Freiburg 1992, S. 25.

43 Enzyklopädie des Märchens, Band 5, Berlin 1987, S. 1357.

44 CD/MC von Hans Spielmann: „A Lidele in Jiddisch".

45 Heino Gehrts, Von der Wirklichkeit der Märchen, Regensburg 1992, S. 52.

46 Gehrts, a.a.O., S. 76.

47 Gehrts, a.a.O., S. 76.

48 Gehrts, a.a.O., S. 49.

49 Verena Kast, Lufträume, in: Die vier Elemente im Traum, Solothurn 1993.

50 Ruth Rufer, Lebendig im Atem, Solothurn 1995, S. 68.

51 Wolfgang Schadewaldt, Sternsagen, Frankfurt 1976, S. 13.

52 Schadewaldt, a.a.O., S. 12.

53 Hubertus Halbfas, Religionsunterricht im 3. Schuljahr, Köln 1984.

54 Nach Wolfgang Poeplau, Stille hinter dem Wind, Wuppertal 1989, S. 16.

55 Jürgen Janning, Liebe und Eros im Märchen, Kassel 1988, S. 6.

56 Johann Friedrich Konrad, Wo die Blume zu finden ist, Gütersloh 1981, S. 7.

57 Linda Degh, „Die Hochzeit", in: Enzyklopädie des Märchens, Berlin 1990, Bd. 6, S. 1113.

58 Gerd Heinz-Mohr, Lexikon der Symbole, Köln 1983, S. 245.

59 Ursula Heindrichs, Tod und Wandel im Märchen, Regensburg 1991.

60 Leander Petzoldt, „Tod und Jenseits in Märchen und Sagen", in: Heindrichs, a.a.O., S. 36.

61 Otto Betz, „Lebensweg und Todesreise", in: Heindrichs, a.a.O., S. 23.

62 Lutz Röhrich, „Die Todesauffassung in den Gattungen der Volksdichtung", in: Heindrichs, a.a.O., S. 63.

63 Röhrich, a. a. O., S. 84

64 Felicitas Betz, „Tod und Wiedergeburt in einem sibirischen Märchen", in: Heindrichs, a.a.O., S. 112

Quellen und Bezugsquellen

„König Lindwurm“: *Nordische Märchen*, Band 1, Jena: Diederichs 1915.

„Das Wasser des Lebens“ und „Der gelernte Jäger“, *Kinder- und Hausmärchen der Brüder Grimm*, Köln: Diederichs 1982.

„Der Eisenhans“: *Kinder- und Hausmärchen der Brüder Grimm*, München: Diederichs 1996.

„Der Rote Fisch“: *Kaukasische Märchen*, Jena: Diederichs 1920.

„Die weiße Schwanenfrau“: *Die Wunderblume und andere Märchen der Völker der Sowjetunion*, Berlin: Kultur und Fortschritt 1957.

„Der grüne Ritter“: *Norwegische Märchen*, Stuttgart: Mellinger 1965.

„Das goldene Königreich“: *Deutsche Märchen seit Grimm*, Köln: Diederichs 1964.

„Der verwünschte Zarewitsch“: *Russische Volksmärchen*, Leipzig: Abel und Müller 1912.

„Feuer im Herzen“: nach *Das Buch aus reinem Silber*, Düsseldorf: Marion von Schröder 1984, und einer mündlichen Fassung von Gertrud Hempel (Neubearbeitung von Heidi Helm).

„Die Prinzessin hinter den drei Brücken“: *nach Taikon erzählt Zigeunermärchen*, Zürich: Artemis 1948 (Neubearbeitung von Heidi Heim).

„Die Herkunft der Musik“: Irene Nicholson, *Mexikanische Mythologie*, Wiesbaden: Erich Vollmer o. J.

„Jon und die Trollriesin“: *Isländische Volksmärchen*, Jena: Diederichs 1925 (Neubearbeitung von Heidi Heim).

„Der Turm zu den Sternen“: *Baskische Märchen*, Köln: Diederichs 1980.

„Die blaue Rose“: *Die schönsten Märchen der Welt für 365 und einen Tag*, Jena: Diederichs 1926.

„Die große Tat“: *Wege ins andere Land*, Stuttgart: Mellinger 1982 (Neubearbeitung von Heidi Heim).

„Windlied“: Luis Zett, *Rituelles Singen*, München: Kösel 1988.

Tanztonträger und -beschreibungen:
Hans Spielmann, Rollengasse 26, 72119 Ammerbuch
Dieter Balsies Versand, Eckenförder Str. 341, 24107 Kiel

Nylontücher:
Spielzeuggarten, 72074 Tübingen

Beispiel für eine Festeinladung

Liebe Wasser - Freundinnen und Wasser - Männer,

wir freuen uns, daß Ihr mit uns

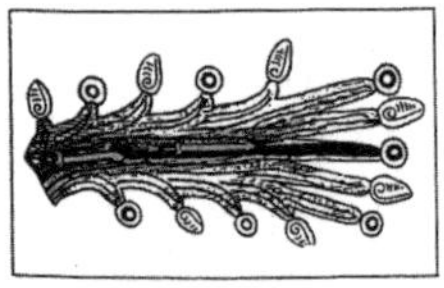

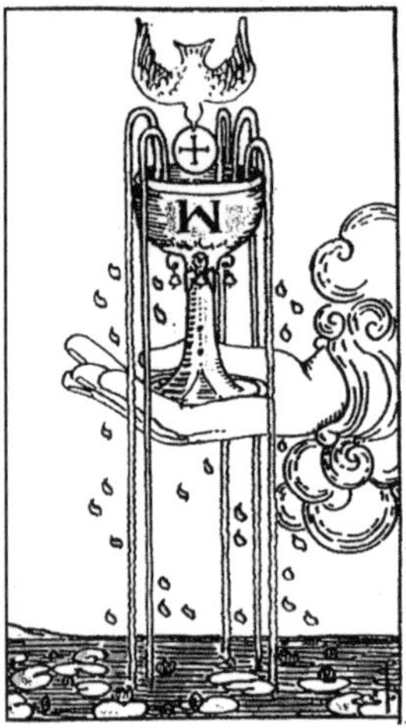

am Samstag, 28.7., 15 Uhr, ein

FEST DES WASSERS

feiern wollt.

Bringt bitte mit:

1) Postkarte oder ~~Foto~~ oder Gedicht oder Text zum Thema Wasser + zum Verschenken,
2) wer erzählen möchte: einen Wasser-Traum,
3) wenn es gibt: eine Flasche trinkbares Quellwasser von Eurem Wohnort,

4) bequeme Schuhe zum Tanzen
5) warme Sachen, Wollsocken f. d. Abend
6) Decke fürs Gras u. Sitzkissen (nur für Autofahrer)
7) wer mag, einen Kuchen oder Salat (bitte sagt vorher Bescheid).

Wir freuen uns sehr auf das Fest mit Euch und grüßen im Namen aller Nixen, Nymphen, Wassermänner und Nöcke

Heidi und Klaus,
vom Quellenweg aus

Weitere Bücher aus dem Verlag Via Nova:

Märchenlicht für Frauen in Trennung und Scheidung

Heilung von Herzenswunden

Heidi Christa Heim

Hardcover, 176 Seiten, 14 Frauenportraits – ISBN 3-936486-56-5

Frauen in Trennung und Scheidung können sich in den Frauenschicksalen der Märchen wiederfinden und dort Wegweisung und Sinn, Trost und Rückenstärkung finden. Märchen verstehen Trennung als Chance und Reifungsweg. Ihre Bilder und Handlungsfäden berühren jene Tiefenschichten der Seele, in denen ein Leben sich neu ordnen kann und in denen Heilung geschieht. In diesem Buch werden zwölf Zaubermärchen aus der Sicht der getrennt lebenden Frau betrachtet. Die Phasen weiblicher Trennungstrauer werden in Beziehung gesetzt zu den Stufen der Suchwanderung der Frau im Märchen. Anregungen zur inneren Schau einzelner Märchenbilder und behutsame Verständnishilfen zu den einzelnen Märchensymbolen schließen die Schatzkammer der Märchen auf, aus der jede Leserin sich dann holen kann, was für ihren eigenen Weg hilfreich und für ihre persönlichen Herzenswunden heilend ist. Dem Buch sind Frauenportraits des Jugendstils beigegeben, die Frauen als wunderbare Geschöpfe zeigen und so die mutmachende Tendenz des Buches verstärken.

Mit Kindern Spiritualität leben

Cornelia Miskiewicz

Hardcover, 200 Seiten – ISBN 3-936486-54-9

Kinder unserer Zeit werden immer offener für die geistige Welt. Sie machen sich Gedanken und haben Erlebnisse und Gefühle, die sie mit Erwachsenen oft nicht teilen können. Dieses Buch will einen gemeinsamen Weg ermöglichen. Die Verbindung von esoterischem Allgemeinwissen und Christentum ist wohl einmalig und ein realistischer Ausgangspunkt für eine Spiritualität, die im Alltag gelebt werden kann.

Das Buch enthält Briefe von Eltern und Briefe an Kinder über grundlegende spirituelle und religiöse Themen in kindgerechter Sprache: Wo kommen wir her? Tod, Engel, Elfen, Gebet, Meditation, Chakras. Die Liebe zu Gott und zu allen Geschöpfen auf dieser Erde! Dies ist ein Buch mit einem neuen Konzept! Voller Erlebnisse mit Kindern wird es den Leser und seine Kinder ermutigen, die eigene spirituelle Dimension anzunehmen und zu leben.

Kreative Wunscherfüllung

Die kosmischen und irdischen Gesetze des Wünschens

Hans Vater

Hardcover, 256 Seiten – ISBN 3-936486-16-6

Wunscherfüllung ist kein Luxus. Denn unerfüllte Wünsche halten uns fest; erfüllte Wünsche dagegen machen uns frei, voranzuschreiten zu neuen und beglückenderen Stufen des Lebens. Hans Vaters praktisches und zugleich tiefgründiges Weisheitsbuch gibt die Methoden und Techniken an die Hand, unsere Wünsche zu verwirklichen. Es analysiert eingehend die Gesetze und Prinzipien, die hinter den einzelnen Wunschtechniken stehen und die sie wirksam machen. Diese Gesetze sind die Regeln des großen kosmischen Schöpfungsspiels, welches wir in Gottes Auftrag mitgestalten und dessen Ziel es ist, uns zu der Einheit zurückzuführen, die wir in Wahrheit nie verlassen haben. Das Buch zeigt uns, wie wir durch die Anwendung der mächtigen Seinsgesetze unser Leben gesünder, glücklicher und erfolgreicher gestalten können. Das Verständnis dieser Gesetze hinterlässt beim Leser ein tiefes Gefühl der Geborgenheit und des Vertrauens in ein geordnetes und liebevolles Universum.

27 Perlen der Weisheit von Willigis Jäger

Keiko Nimura-Eckert (Hrsg.)
Gerd Aumeier (Fotoillustrationen)

Hardcover, 96 Seiten – ISBN 3-936486-44-1

Der bekannte Zenmeister und Kontemplationslehrer Willigis Jäger ist heute für viele Menschen zu einem Wegbegleiter auf dem Weg nach innen geworden. Eine langjährige Schülerin von Willigis Jäger, die Japanerin Dr. Keiko Nimura-Eckert, hat 27 Texte aus den Veröffentlichungen ihres Meisters mit Liebe und Achtsamkeit ausgesucht. (Die Zahl 27 ist in Japan eine heilige Zahl spirituellen Wachstums.) Sie geben Antwort auf die Grundfragen des Lebens, die heute so viele Menschen bewegen. Der Fotodesigner und Künstler Gerd Aumeier hat aus seiner eigenen meditativen Praxis schöpfend mit einer durchgehenden visuellen Symbolsprache spirituelle Inhalte in künstlerischen Farbillustrationen sichtbar gemacht. So ist ein attraktiver Band mit spirituellem und künstlerischem Tiefgang entstanden, der nicht nur zur persönlichen Besinnung einlädt und der Wahrheits- und Sinnsuche dient. Er ist sowohl in seiner äußeren Form als auch vom Inhalt her als ein anspruchsvolles Geschenk geeignet.

Das Herz wieder öffnen

Krisen als Entscheidung zur Wende

Ulrike Parnreiter-Fingerl

Hardcover, 184 Seiten – ISBN 3-936486-64-6

Ulrike Parnreiter-Fingerl legt offen ihre eigene große Krise als Studentin dar. Dabei wagt sie den Spagat, sich auf der einen Seite als die zu zeigen, die sie in ihren Gedichten zur jeweiligen Zeit war. Auf der anderen Seite interpretiert sie aus ihrer heutigen Sicht als Psychotherapeutin ihre damaligen Texte und reiht sie in das durchgängige Thema der Herzöffnung ein." Wir müssen über Krisen reden, damit wir nicht allein sind mit und in ihnen. Krisen sind keine Schande. Krisen können vielmehr wertvolle Wendepunkte im Leben sein, wenn wir es wagen, in unseren Ab-Grund zu steigen und uns in unserer Tiefe neu zu entdecken." Ein ehrliches Buch, voller Weisheit und Spiritualität, voller Liebe und Kraft. Ein bedingungslos positives Buch und ein Lichtblick für alle, die gerade im Dunklen stehen.

Hundert Wege der Hoffnung

Edition Spirituelle Romane

Robin Rice

Paperback, 296 Seiten – ISBN 3-936486-71-9

Spirituelle Heiler auf der ganzen Welt haben der Hauptfigur dieses spannenden Romans, Mary, immer wieder gesagt, sie sei „Die Eine", haben ihr jedoch nicht offenbart, worin ihre Aufgabe besteht. So folgt sie scheinbaren Zufällen wie Brosamen, bis sie schließlich im Canyon de Chelly in Arizona zu ihrer Ganzheit und zu ihrem wahren Selbst findet. In dieser lebendig und sehr spannend erzählten Geschichte schickt die Autorin ihre Heldin Mary auf eine Reise, während der sie durch visionäre Erfahrungen und mit der Hilfe eines weisen Lehrers das Reich universeller Wahrheiten betritt. Unterschiedliche spirituelle Traditionen werden zu einem harmonischen Ganzen vereint, und gemeinsam mit Mary entdeckt der Leser, dass es auf dieser Welt weit mehr gibt, als unsere fünf Sinne wahrzunehmen vermögen. Der Roman wurde schon in mehrere Sprachen übersetzt.

Das Paradies ist in dir

Der Weisheit des Körpers vertrauen –
Lebensfreude durch Aktivierung der Körperintelligenz

Maruscha Magyarosy

Paperback, 280 Seiten, 60 Grafiken – ISBN 3-936486-77-8

Nie zuvor war uns der Körper so wichtig wie heute. Wir trimmen ihn, stylen ihn, probieren Diäten aus.... Doch hören wir auch auf seine Stimme? Wie der Körper seine eigene Weisheit und Intelligenz aktivieren und entfalten kann, zeigt uns das leicht anwendbare und äußerst effektive Körper-, Atem- und Bewusstseinstraining der bekannten Autorin Maruscha Magyarosy.
Der Körper wird als Manifestation der höchsten Schöpferkraft zum weisen Ratgeber für ein gesundes, glückliches, erfolgreiches und erleuchtetes Leben, wenn wir auf seine Stimme hören und seiner Weisheit und Intelligenz lauschen.

Aus dem Inhalt: Hineinspüren in den Körper – die Energie wieder fließen lassen; den Atem als Puls des Lebens erfahren; durch Harmonisierung der Gehirnhälften die Vitalenergie steigern; die Kraft des Gedankens, die Macht des Wortes und die Magie der Vorstellung erleben; das verlorene Paradies im eigenen Herzen wiederfinden.

Die 7 Lebens-Fragen

Anleitung zur strategischen Führung des Unternehmens „Ich"

Gion Chresta

Paperback, 224 Seiten, 12 Grafiken – ISBN 3-936486-79-4

Mangel an positiver Führung kann man nicht nur in Wirtschaft und Politik sehen, sondern auch in der Schwierigkeit vieler Menschen, sich selbst zu führen. Sie tun sich schwer mit den widerstreitenden Kräften in der eigenen Persönlichkeit, denn sie haben ihr inneres Potenzial noch zu wenig entwickelt, ihre Ausrichtung noch nicht wirklich erkannt, ihre Ganzheit noch nicht gefunden. Die 7 Lebens-Fragen, auf denen dieses Buch aufgebaut ist, bilden das grundlegende Werkzeug-Set zum Erlernen von Selbstführung. Sie fokussieren auf das Wesentliche im Leben jedes Menschen: Was will ich wirklich? Wozu bin ich hier? Was erfüllt mich zutiefst mit Freude? u.a.m. Ihre Handhabung wird klar und verständlich erläutert und mit vielen konkreten Übungsvorschlägen praktisch erfahrbar gemacht. Daraus kann jeder seine persönliche Lebens-Strategie formen. Sie verleiht dem eigenen Lebensweg Tiefe und Sinn und eröffnet ihm zugleich eine Fülle von neuen Handlungsmöglichkeiten im beruflichen und privaten Bereich.

Kraftquelle Lächeln

Ihr Schlüssel zu Gesundheit, Schönheit, Erfolg,
persönlicher Lebensfreude und spirituellem Wachstum

Ursula Rücker-Vennemann

Hardcover, 168 Seiten – ISBN 3-936486-82-4

Die Fähigkeit zu lächeln ist uns von der Natur mitgegeben worden. Dieses Lächeln ist nicht nur eine stärkende Verbindung zwischen zwei Menschen und hat nicht nur eine unmittelbar positive Wirkung auf den ganzen Körper, es baut auch Brücken in die spirituelle Welt. Das Buch "Kraftquelle Lächeln" ist ein praktischer und anschaulicher Ratgeber. Es macht auf anschauliche Weise deutlich, auf welche Weise sich Lächeln auf den Organismus und die Funktion der Gehirnzellen auswirkt. Wir können dieses Lächeln deshalb nutzen als Heilkraft für unsere körperliche, emotionale und geistige Gesundheit; Fitmacher für unsere Gehirnzellen; Jungbrunnen und Schönheitselixier; Brücke des Vertrauens zu anderen Menschen; zur Stärkung unserer persönlichen Lebensfreude und als Quelle für spirituelles Wachstum. Deshalb ist das Lächeln das zentrale Thema dieses Buches. Es werden nicht nur Fakten und Hintergrundinformationen vermittelt, sondern auch viele ausführliche Meditationsanleitungen zum "inneren Lächeln" angeboten, die Ihnen helfen, sich diese Kraft bewusst und ihre positive Wirkungen dauerhaft zu Eigen zu machen.

Meditation hilft heilen

Der Übungsweg des Herzens

Peter Wild

Paperback, 252 Seiten – ISBN 3-936486-58-1

Peter Wild zeigt in seinem neuesten Buch auf, dass und wie die Meditation zu einem Vorgang der Heilung werden kann. Was er in Kursen und Ausbildungen weitergibt, macht er nun in Buchform zugänglich. Von der großen Kunst der Vermittlung, von der seine Kurse leben, lebt auch das Buch.

Das Buch führt in unterschiedliche Ausrichtungen der Meditation ein:
- die Meditation als Weg zu den eigenen Ressourcen,
- die Meditation als Sensibilisierung für die innere heilende Kraft,
- die Meditation als Umgang mit dieser heilenden Kraft im Dienst der Selbstheilung,
- die Meditation als Sendung dieser heilenden Kraft zu anderen Menschen.

Peter Wild versteht es, alte spirituelle Heiltraditionen im Licht der modernen Erkenntnisse (Psychotherapie, Neurologie, Traumaforschung) verständlich zu machen. Zudem knüpft er an der oft vergessenen Tatsache an, dass am Anfang der christlichen Tradition ein Heiler steht: Jesus von Nazareth hat geheilt und den Heilungsauftrag in aller Selbstverständlichkeit weitergegeben.

Energie-Balance finden

Wege zu mehr Wohlbefinden und Gesundheit, zu Ausgeglichenheit und Leistungsfähigkeit

Dr. Franz Decker

Paperback, 264 Seiten, 72 Abbildungen – ISBN 3-936486-50-6

Wir leben heute in einem Zeitalter der Energiekrise. Immer mehr Menschen empfinden die Energieknappheit und die Fehlleitung von Energie als Krise, als Disbalance der Körperenergie, Geist- und Psyche-Energie, als Ausgebranntsein und Befindlichkeitsstörung. Energiebedarf und Energiepotenzial, Energieverbrauch und -regeneration sind aus dem Gleichgewicht gekommen. Das vorliegende Buch von Prof. Dr. Franz Decker stellt im ersten Teil die zeitbedingten Energieströmungen und das menschliche Energie-System dar. Der Hauptteil enthält eine Vielzahl von Strategien zur körperlichen, geistigen und seelischen Energie-Mobilisierung und -Balance und untersucht dabei auch die Bedeutung von Ernährung, von Licht, Farben und Musik zur Energieregulierung. Das Buch beruht auf wissenschaftlichen Erkenntnissen und auf eigenen Erfahrungen des Autors und verbindet diese mit einer Vielzahl von Energieübungen.

Die unbegrenzten Dimensionen deiner spirituellen Kraft

Ein inspirierender Wegweiser zur persönlichen Freiheit

Nick Williams

Paperback, 288 Seiten – ISBN 3-936486-70-0

Macht und Kraft faszinieren uns alle. Doch in weiten Teilen der Welt können wir beobachten, welche verheerenden Folgen es hat, wenn Macht falsch verstanden wird. Nick Williams spricht in diesem bahnbrechenden Buch von einer ganz anderen Macht: der Macht der Liebe, der Inspiration und der Kreativität. Wir können eine unglaublich positive Entwicklung erfahren, wenn wir die mystische Kraft der Liebe in den Mittelpunkt unseres Lebens stellen. Der Autor erinnert uns daran, dass wir aus uns selbst heraus ungeheuer kraftvoll und nicht darauf angewiesen sind, Macht von außen verliehen zu bekommen. Unsere spirituelle Kraft liegt in dem Wissen, dass wir die Quelle unserer Gedanken transformieren können: von der Angst zur Liebe. Nick Williams zeigt uns in praktischen Schritten, wie das gelingt.